持続可能なまちづくり

データで見る豊かさ

馬奈木俊介・中村寛樹・松永千晶 著

中央経済社

はじめに

地方創生の言葉は普及しましたが、未だに成功例はありません。うまくいっている地域は地方創生以前からうまくいっており、他の地域は地方創生という言葉が使われることになってうまくいったわけではありません。地方創生とは、東京一極集中を是正し、地方の人口減少に歯止めをかけ、日本全体の活力を上げることを目的とした一連の政策です。成功例がないということは、まだ適切な目標、評価ルールがないことでもあり、その地方創生の目標や評価ツールとなる新しい提案をすることが本書の目的です。

NHKニュース（2017年12月8日）によると、

国や地域の豊かさを示す新たな経済指標、「新国富指標」を活用したまちづくりを進めようと、久山町は、この指標を研究する九州大学都市研究センターと連携協定を結び、全国で初めて指標を生かした予算編成を行うことになりました。

「新国富指標」は、経済の持続的な発展につながる「資本」が国や地域にどれだけあるか、教育

や健康、自然なども含めて換算した新たな経済指標で……連携協定では、この豊かさを持続するため、都市研究センターが町に施策の助言などを行うことになっていて、町は、早速、この指標で町の豊かさに影響する保育所の運営やバスの運行などといった事業を選び出し、……来年度の予算に反映させることにしています。

と本書で紹介する新しい地方創生のための考え方をもとにした地方創生活動が紹介されました。本書ではその考え方、どう反映するかを紹介します。この背景となるのは、以下に説明する国連の取り組みです。

２０１５年9月の国連総会において、世界の貧困と飢餓の撲滅を最大目標としていたこれまでの「ミレニアム開発目標（ＭＤＧｓ：Millennium Development Goals）」に続いて、「持続可能な発展目標（ＳＤＧｓ：Sustainable Development Goals）」が採択されたように、豊かさやそのための経済発展・開発には「持続可能性」が必要不可欠であるとされています。この意識の変化は国や地方自治体はもちろん、企業にとっても例外ではなく、これからの国や地域の政策、そして企業運営や投資の判断基準として「持続可能性」が重視されています。

折しも、１９７２年のローマ・クラブの『成長の限界』での問題提起、１９８７年の国連ブルントラント委員会の〝Our Common Future（邦題：『我ら共有の未来』）〟での持続可能な発展の定義からそれぞれ45年、30年が過ぎようとしています。この間、世界では持続可能性についてその判断基準や評価方法についても議論を重ね、様々な試みがなされてきました。しかし、「豊かさ」が内包する多様さやそれに対する価値観の移ろいやすさゆえに、GDPをはじめとする既存の社会・経済指標のなかで、持続可能性を網羅的に測ることのできる単一指標として認められるものは未だに存在しません。

第I部では、人類の発展の歴史とそのなかで生じた諸問題と、持続可能な発展をめぐる国際的な議論について振り返りながら、社会の豊かさを測る社会・経済指標のなかでも新しい、「新国富指標」について述べていきます。対象の豊かさの「持続可能性」を表すこと、金銭的あるいはモノだけではない多様な豊かさを考慮していることが、新国富指標が他の指標と一線を画す特徴であるといえます。さらに、それぞれの指標によって明らかとなった国や地域の豊かさについて、他の社会・経済指標との比較や適用事例など、様々なデータを示しながら説明します。

続いて、第II部では、第I部とは反対のアプローチから社会の持続可能性について整理すると同時に、持続可能な社会づくりについて、たくさんの事例をご紹介しながら見ていきたいと思います。ここでいう反対のアプローチとは、つまりこういうことです。第I部では、社会の豊かさおよび持続可能性を、新しい指標を用いて国、地域および企業レベルで測定し、その結果をもとに比較や分析を行います。一方で、第II部では、豊かさとは反対のもの、つまり、貧困や飢餓をはじめとする、世界が抱える様々な社会的課題およびその課題の解決という側面から、ソーシャル・アントレプレナーシップをキーワードとして見ていこうと思います。

その際、歴史とグローバルの視点から、世界が抱える社会的課題とは何か、さらに、その課題解決のためにどのように持続可能な社会づくりの議論を行ってきたかを、国際的な議論の経緯や内容、さらには、用語の定義などにも言及しつつ、幅広くみていきたいと思います。

そして、その後、実際の持続可能な社会づくりの事例を見ていきます。実際の事例では特に、第Ⅱ部のキーワードとなるソーシャル・アントレプレナーシップやソーシャル・ビジネスの国内外の代表的な事例の紹介のみならず、1つの特定の事例を取り上げます。そして、その事例をもとに、ソーシャル・アントレプレナーシップやソーシャル・ビジネスをどのように評価し、その評価をもとに、どのようにさらなる事業戦略を立てていくか、そして、それが結果的にどのように持続可能な社会づくりに貢献するかというところまで議論できるよう、試みています。社会の評価は、どのような社会的課題を、どのくらい解決しているか、その積み重ねで決まるといっても過言ではありません。社会的課題を1つずつ解決していくことが、豊かさに確実につながっていくのです。

最後に、中央経済社ホールディングスの山本継会長、酒井隆氏には本書の企画段階から完成に至るまで、細部にわたり多大なサポートをしていただきました。ここに記して深く感謝の意を表します。

令和元年5月

馬奈木　俊介

目次

目　次

目　次

目　次

第 I 部

社会の豊かさを測る新しい社会・経済指標

第1章

持続可能な発展の国際的議論と新国富指標

◆人類の発展の歴史

有史以来の人類の歴史は、開発の歴史といっても過言ではないでしょう。開発というと、荒野を開墾することや、新しい技術や製品を実用化することがまず想像されるかもしれません。しかし、それだけではありません。知恵や能力などを導きだし活用させることを意味したり、英語でいえば development、つまり、発展を意味したりもします。つまり、開発の意味するところは、人類の知を駆使した物的および質的豊かさの拡大や、科学技術の発展、文化の発展であり、人類の可能性を広げることであるということができます。

そもそも、人類の数百万年の歴史のうちの大半は、人類は、自然の生態系の一員にすぎませんでした。日本の科学史家・文明史家である伊東俊太郎氏のいうところの、人類誕生以来の5回の変革（人類革命、農業革命、都市革命、精神革命、科学・産業革命）を経て、人類は発展し続け、現在のような人類社会を形成していったということができるのです。そこで、まず、この5回の変革について、簡単にみていきましょう。伊東俊太郎氏によると、次のようにまとめることができます。

第一は、人類革命で、人類誕生を指します。言語の発明と道具の製作の2つにより、初めて人類の自然に対する働きかけがはじまったといわれています。そして、第二の農業革命は、1万2000年前に西アジアではじまりました。農業革命とは、食料の能動的生産と確保のことで、これにより、人類の定住がはじまりました。これまでの人類の生活において、最大の制約要因だった食糧獲得から解放され、自然生態系が保持できる限界をはるかに超えて人口が増加しはじめました。人類は、地球規模に広がっていきました。しかし、同時に、人類に必要な食糧を増産しなければいけません。そこで、食糧増産のために自然を消耗することになります。食糧が増産されると人口はさらに増加します。人口が増えると食糧がいっそう必要になります。したがって、また自然は消耗されます。この結果、人類は、自然を消耗し続けねばならないという悪循環に陥りました。

第三の変革は、都市革命です。都市革命は、5500年前にメソポタミアではじまり、エジプト、インド、中国がそのあとにつづいたといわれています。古代文明の勃興といえるでしょう。大規模農耕の発達と生産力の増大とともに、都市というものが誕生するようになりました。都市という人工空間が出現し、食糧生産と居住地域の場が切り離されたのです。そして、この都市という広域の人工空間に、大量の食糧や資源、水などを投入することで、人口も消費も増加していきました。しかし、都市内で大量に排出される屎尿やごみ、汚染物質によって、生活環境の悪化がはじまります。都市の存続のために自然は消耗され続け、都市は、今日にいたるまで、環境に最も重圧を与える生活様式となったのでした。そして、同時に、都市国家という、今日の国家の先がけになるものができ、法の制定や、他の都市との間での経済関係の成立、科学の発達、宗教の体系化、文字の誕生へとつながっていきます。

第四の革命は、少し様相が異なり、物質的な変革というよりもむしろ、人類の精神的・内面的変革といえます。それは、紀元前8～4世紀にイスラエル、ギリシャ、インド、中国でほぼ並行して進行した、精神革命と呼ばれるものです。イスラエルでは旧約聖書の預言者、ギリシャではソクラテスやプラトンらの哲学者、インドではゴータマ・ブッダ、中国では孔子らを中心とする諸子百家などが、普遍的な原理に基づいて世界を合理的・統一的に説明する高度宗教や哲学を生み出しました。ここでは、人間の救済・悟りということが中心になっており、今までのような経済や社会の変革ではなく、人間の精神的・内面的変革でした。

その一方で、そのあとに起こった科学・産業革命は、物質・生産性に関する変革であり、地球環境に最も多大な影響を与えるものとなりました。科学・産業革命は、17世紀の西ヨーロッパで起こったといわれ、この変革は現代にまでつながります。この時に、ガリレオやニュートンによって近代科学は成立しました。近代科学は、ヨーロッパのみならず、全世界に広がり、物質的構造を変換しました。この科学・産業革命には、20世紀の後半からはじまった情報革命も含まれます。また、この科学・産業革命によって、エネルギー利用の効率化が進められ、情報革命によって情報の大量利用とコントロールが可能となり、さらには、資本主義の膨張力もあいまって、産業化が世界全体で一気に起こったのです。

人類は、この産業革命の後、ますます、人口の増大と、経済の拡大に成功しました。その結果、人類のみならず、全生物の生存基盤である地球の維持能力を超え、農牧地の不足や、資源エネルギーの枯渇、生態系の破壊、環境汚染など、人類の生存さえ危ぶまれる事態になっていきました。さらに悪いことに、このように人類が築き上げた、社会システムの内部においても、資源や食料の分配、貧富の格差、政治の腐敗、都市機能の麻痺、内戦・民族抗争の激化など、様々な社会問題が起きてくるようになったのです。

ここまで、ざっと大まかにではありますが、人類の歴史を振り返ってきました、そのなかで、いくつか重要なキーワードが出てきたと思います。そこで、その重要なキーワードのうち、次節以降、特に人口増加、経済発展、環境問題に着目して、より詳しく、データも参照しながら見ていこうと思います。

◆人口増加・経済発展・環境問題

データで見てみると、人口が持続して増加するようになったのは、イギリスで産業革命が起こった

18世紀以降ということがわかります（**図表1－1**）。経済の発展と、それに伴う所得の増加が、出生率を増加させたことは間違いないですが、それ以上に、死亡率低下の影響が大きかったといわれています。産業革命は、西ヨーロッパから拡大していきましたが、中国南部やロシアでも18世紀から人口は急増しました。とはいえ、人口変動、とりわけ出生率の変化は、所得だけでなく、様々な社会的・文化的な要因によって影響を受けることもあり、人口増加が、地域を越えた共通の原因によるものであったかは不明です。

そもそも、人間が地球上に現れてから２００万年あまりの大半の期間、人類の数は非常に限られたものでした。人間が最初に農耕をはじめた約1万２０００年前には、世界の人口は５００万人にすぎなかったと推定されています。西暦がはじまるほぼ２０００年前には、世界の人口は約２億５０００万人に増え、西暦1世紀から産業革命のはじまる１７５０年ごろまでに、人口は3倍の約7億３０００万人に達しました。その後、１７５０～１９５０年の２００年間に全世界で17億人に増えたといわれています。しかし、そこから１９５０～１９９０年のわずか40年間で世界の人口は再び倍以上となり、総数は約50億人となったのです。そして、21世紀に入り、世界の人口は60億人以上と推定されています。

近年における、全体的な人口の急激な増加の要因としては、近代医学の急速な技術的発達と近代的な衛生設備が世界中に普及したことにより、これまでの高死亡率が低下したことが挙げられます。それ以前は、飢餓、栄養失調、疫病、戦争などの相乗作用により死亡率は高かったのです。死亡率が著

〔図表１－１〕　世界人口推計の推移（紀元前～2050年）

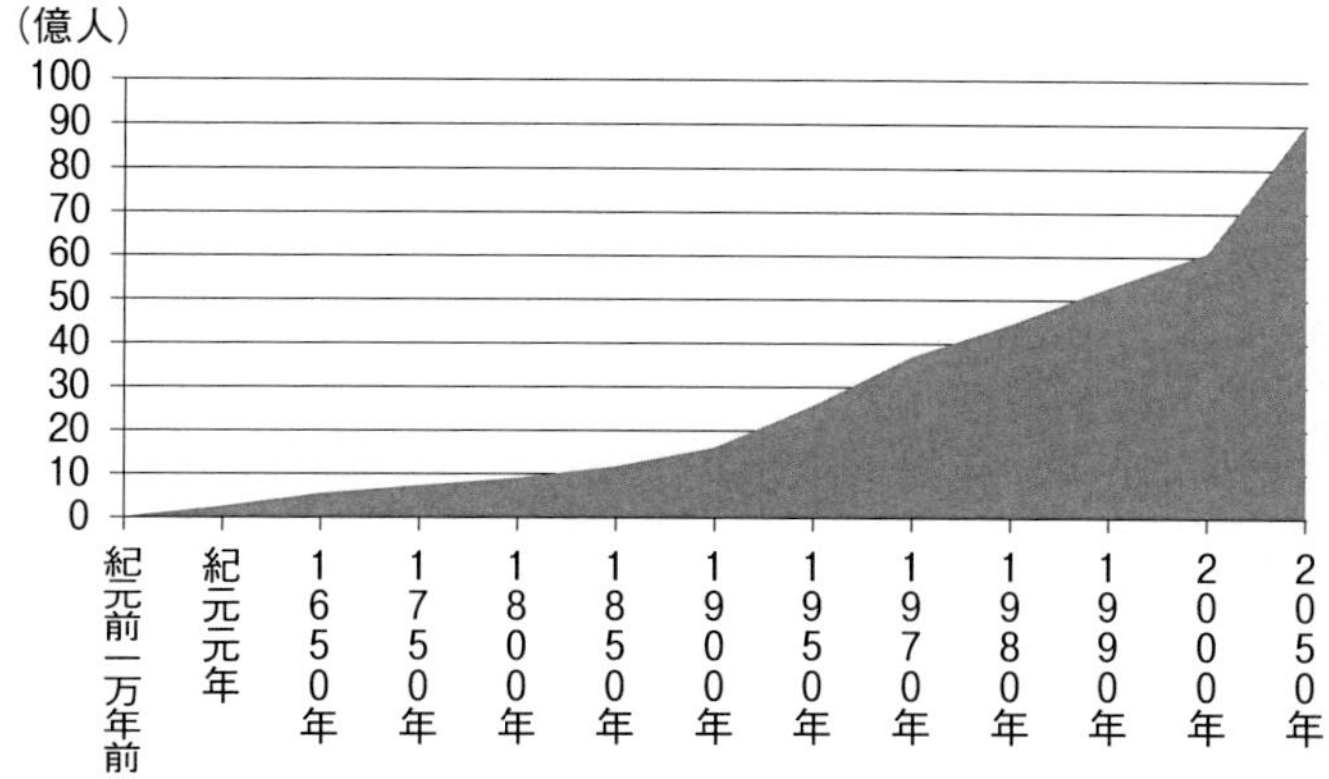

（出所）Todaro and Smith（2003）（＝2004、岡田靖夫訳）より筆者作成

しく下がることで、結果として、特に発展途上国を中心として、空前の人口増加をもたらしました。

　では、近年および将来の人口の推移を地域別にみてみるとどうでしょうか。国連の統計データの実績値および将来予測値によると、アジア、アフリカ、ラテンアメリカといった発展途上国を多く含む地域が、より人口増加が大きくなると推定しています。人口の増加率は、アジア、アフリカが高く、総増加量は、中国、インドを含むアジアが圧倒的に多いといわれています。先進国を多く含むヨーロッパと北アメリカは、アジア、アフリカ、ラテンアメリカと比べると人口の増加は少ないといわれています。先進国のなかには、日本のように人口が減少していくと予測されている国も少なくありません。現在、アジアの人口はすでに最も多いですが、２０５０年ではその総人口数は他の地域と比べて圧倒的に多くなり、その比率は世界の約半分にのぼると予測されています。国別に見ると、アメリカ、中国、インド、ブラジルの人口が多く、アメリカを除くと発展途上国が多いのが特徴といえます。このことは、今後、発展途上国が経済発展を続けていくことを考えると、現在以上に、環境問題を含めた人口増加に起因する様々な問題が、より一層、深刻化していくだろうということを示唆しているのです。

ところで、経済発展と環境との関係は、概して、人間にとっての「地球の環境容量」のなかでの、人間社会や都市と自然の分配であるということができます。「地球の環境容量」とは少しわかりにくい言葉ですが、要は、人類が社会的・経済的発展をするために許容される、地球システム上の境界を捉えた概念ということができます。その境界内であれば、地球システムは回復力を発揮できますが、これを超えてしまうと、地球システムが大きな変動を招く危険があるということです。

この「環境容量」という考え方は、「地球システムの境界」や、「プラネタリー・バウンダリー」という呼び方もされます。近年の研究成果では、この地球システムが健全な状態を保つには、次の9つの項目が重要であるといわれています。その9つとは、①気候変動、②海洋酸性化、③成層圏オゾンの減少、④窒素およびリンの生物地球化学的循環の変化、⑤地球規模での淡水利用、⑥土地利用変化、⑦生物多様性、⑧エアロゾルの負荷、⑨化学物質による汚染です。そして、そのうち、すでに、①気候変動、④生物地球化学的循環の変化、⑥土地利用変化の3分野、⑦生物多様性の減少では、地球システムの境界を超えた、あるいは、超えつつあるという驚きの結果も示されているのです。

環境問題の多くは、経済活動や開発の規模拡大に伴って発生してきたため、これまで環境保全と経済発展は対立すると考えられてきました。そこで、次に、経済発展と環境問題との関係についてもう

〔図表１－２〕　経済発展と環境負荷との関係の概念図

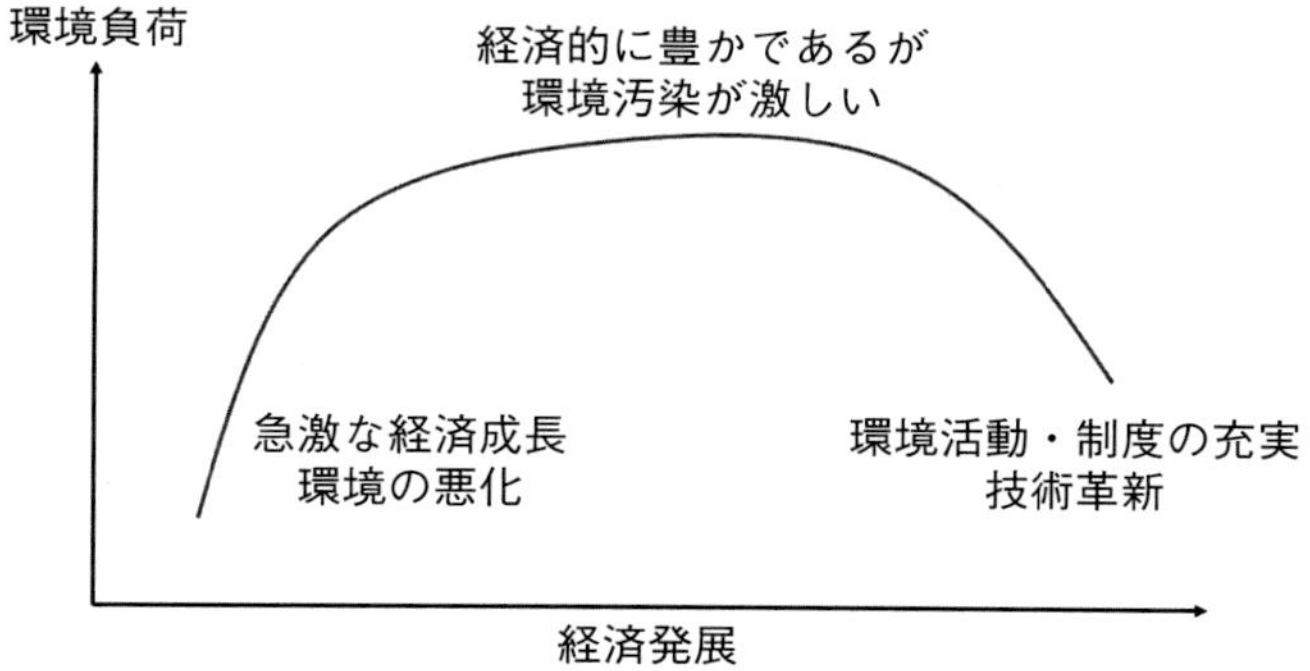

（出所）筆者作成

少し詳しく見ていきましょう。具体的に、環境問題のうち、大気汚染を取り上げてみます。例えば、二酸化硫黄や浮遊粒子状物質の場合、低所得国では所得の増加に伴って大気汚染は悪化することがわかっています。しかし、高所得国では所得の増加に伴って大気汚染は改善する傾向がみられるのです。このような関係は、単純化すると逆Ｕ字型の曲線として示されます（**図表１－２**）。ここで、**図表１－２**の縦軸は環境負荷指標、横軸は１人当たり所得で表される経済発展指標を表しています。この図は、転換点となる水準以下の経済発展レベルでは、所得増加とともに環境悪化が進み、転換点を超えると所得増加が環境改善につながることを示しています。この図のことを、環境クズネッツ曲線と呼びます。

この図は、同時に、経済レベルが低いときは環境を重視しない人々も、ある程度経済レベルが高くなると環境への需要が高まる傾向があることを示しています。この逆Ｕ字型の環境クズネッツ曲線は、①発展途上国においては、経済発展とともに環境問題が顕在化していくこと、②先進国では、徐々に環境問題が改善されることをうまく説明しています。つまり，環境保全と経済発展の対立は，ある転換点を境に減っていくということです。

しかしながら，この環境クズネッツ曲線に関する様々な研究で，このような環境クズネッツ曲線は常に成立するものではなく，環境汚染物質として何を例にとるかなどで結果が異なることが指摘されています。例えば，二酸化炭素に代表される温室効果ガスについては，他の環境汚染物質と比較して，逆U字型曲線は観察されないか，観察されたとしても転換点は高い所得水準となることが学術的な研究でわかってきています。むしろ，温室効果ガスに関しては，所得の増加とともに一貫して増加することが確認されたと示している研究もあるほどです。

これらの理由の背景としては，次のことが考えられます。大気汚染は，直接的に，人々の健康に被害を及ぼし，生活の質に悪影響を与えます。一方で，二酸化炭素のような温室効果ガスがもたらす気候変動は，局所的ではなく，全世界的，長期的な変化です。温室効果ガスがもたらす気候変動は，長きにわたって地球全体に大きな被害をもたらすものの，一部の国々を除いて，すぐには，人々は，その被害を実感しません。つまり，たとえ経済レベルが高くなっても，二酸化炭素の排出削減に，人々がすぐに積極的になるとは限らないのです。

とはいえ，前述したように，人類の人口増加や経済発展，都市化により，前述のとおり，「地球システムの境界」は越えつつあります。気候変動の原因とされる二酸化炭素などの温室効果ガスの削減は，世界全体で早急になされなければなりません。大事なことは，自然や地球システムを代償にした過度な開発を行わずに、持続可能な発展を遂げることなのです。開発とは外部に向けた物量的拡大を意味しますが、持続可能な発展が意味するところは、内部的・質的向上も重視する概念です。ここでは、持続可能な発展という概念そのものが非常に大事になります。

◆持続可能な発展の国際的議論

持続可能な発展という概念をより理解するために、次に、環境運動や環境と開発に関する国際会議など、もう少し国際的な議論の動向を振り返っていきましょう。

環境運動初期

環境問題に関して、世界的な規模で取り組もうという、国際的な運動がはじまった時期は、あまり明確にはなっていません。顕著にそのような運動が見られるようになったのは、20世紀に入ってからのことです。もちろん、それ以前にも、個々の地域において、環境問題と呼ぶことのできる問題は多数生じていたでしょう。しかし、それを環境問題と認識し、国際的な議題として取り上げられることはなかったといえます。例えば、１９０９年には、パリにおける自然保護のための国際会議において、国際的な自然保護機関の設立が提唱されましたが、当時、各国の政府からはほとんど賛同を得られなかったのです。また、その後、１９１３年には、自然の国際保護に関する諮問委員会が発足しましたが、第一次世界大戦の勃発により自然と消滅しました。
それが、近年に近づくに従って徐々に変化していきます。現在では、気候変動問題の顕在化に伴って、環境問題はとても関心の寄せられている問題となっているのです。では、どのように発展したのでしょうか。環境に関する運動は、異なった時代、場所で、地域の環境問題に取り組む個々の動きがあり、それぞれが重なって、世界的な運動になっていったといわれています。特に、19世紀半ばから後半にかけて、それぞれ異なった環境問題に対する、異なった理由によって、個々の人々が団体を組織するようになりました。そして、第二次世界大戦が終結すると、地域的な団体は統合されます。それからゆっくりと国家的な運動に成長し、複雑で、多様化した世界的な運動にまで発展してきたのです。

第二次世界大戦後、環境問題に関する国際的な活動の多くは、国家主導ではなく、国連機関主導によるものであったといえます。１９４９年には、国連食糧農業機関（ＦＡＯ）や世界保健機関（ＷＨＯ）などが共同主催した「資源の保全と利用に関する国連科学会議（ＵＮＳＣＣＵＲ）」が、戦後はじめて大規模に開催されました。そして、その後、徐々に環境問題として取り組む分野や領域が拡大していくようになりました。

環境運動は、特にヨーロッパの先進国では、産業革命によってもたらされた技術や経済、社会の変革による自然破壊や生活環境の悪化への反動としての運動に、その起源があります。一方、ヨーロッパからの入植地である、北米やオーストラリア、南アフリカ、アフリカの植民地では、天然資源の収奪に対する反対運動として、環境運動が登場してきました。

一方で、日本においては、一般によく知られているとおり、戦前では、明治11年（1878年）の栃木県の足尾銅山の鉱毒垂れ流しによる足尾銅山鉱毒事件からはじまり、明治25年（1893年）の別子銅山煙害事件（愛媛）、大正11年（1922年）のカドミウムによる神通川イタイイタイ病（富山）が問題となりました。さらに、第二次世界大戦後になると、公害問題はさらに悪化します。昭和31年（1956年）には、九州熊本県の水俣湾沿岸で発生した、現在では日本の公害病の原点といわれる水俣病、昭和36年（1961年）には、四日市の石油コンビナートの稼働による四日市喘息被害（三重）、昭和39年（1964年）には、阿賀野川で第二水俣病（新潟）が発生しました。イタイイタイ病、四日市喘息、水俣病、第二水俣病を指して四大公害病と呼びます。

しかしながら、多くの先進国で大気汚染や水質汚濁などの国内の公害問題が深刻化していった一方で、公害問題は、あくまで国内の問題であり、世界全体で取り組むべき問題ではなかったのです。つまり、まだこの時点では、地球環境問題についてはあまり認識されておらず、国際的な関心を集めていなかったといえるでしょう。

地球環境問題、つまり地球規模の問題が注目されるようになり、それゆえ、世界的な環境運動が高まったのは、次の大きな問題に直面してからであったといえるでしょう。その問題こそ、本書ですでに述べた、発展途上国における急激な人口増加と、先進国における急速な経済発展に伴う資源の大量消費の結果としての自然資源の枯渇や、人口増加の結果としての食糧不足に関する懸念でした。そして、その問題に関する認識が世界中で共有されると同時に、世界的な対応が必要であるという動きが高まってきたのです。

また、環境運動に関して、象徴的な大きな出来事があります。1962年、レイチェル・カーソン氏によって執筆された『沈黙の春』のアメリカでの出版です。レイチェル・カーソン氏は、農業として広く用いられていたＤＤＴという農薬を自然界に散布し続けると、食物連鎖や自然の循環機能を通じて人類にも計り知れない悪影響を及ぼすというメッセージを、寓話を通じて著書のなかで表現しました。その本は、ハードカバーで約50万部売れ、31週間にわたってニューヨーク・タイムズ紙のベストセラーに入ったのです。

さらに、その6年後の1968年には、ギャレット・ハーディン氏による「共有地の悲劇」という論文が、著名な科学雑誌「サイエンス」で発表されました。その論文では、大多数が利用できる共有資源が乱獲されることによって資源の枯渇を招いてしまうということを、共有地（コモンズといいます）である牧草地に複数の農民が牛を放牧するという例を用いて説明しています。そこでは、農民は利益の最大化を求めてより多くの牛を放牧しようとします。それが、自身の所有地、つまり、私有地であれば、牛が牧草を食べ尽くさないように数を調整するのですが、共有地では、自身が牛を増やさないと他の農民が牛を増やしてしまいます。それでは自身の取り分が減ってしまうので、結果的に、共有地では、牛を無尽蔵に増やし続けることになるというのです。

農民が共有地を自由に利用する限り、資源である牧草地は荒れ果てて、結果としてすべての農民が被害を受けることになります。この論文では、地球を共有地である牧草地にたとえ、多くの人の地球環境問題に関する関心と理解を促しました。何らかの国際的な規模での規制がなければ、地球の資源は争奪され、枯渇してしまうということをうまく表現したのです。

なお、この「共有地の悲劇」が発表された１９６８年の９月には、パリで地球環境問題を検討する国際会議「生物圏会議」が開催されました。そして、さらに２年後の１９７０年４月には、30万人以上のアメリカ人が「アース・デイ」と呼ばれる史上最大規模の環境デモに参加しました。その当時、メディアは、環境問題が主要な社会問題になったと書きたてたといいます。

このように環境運動が活発になっていくなかで、イギリスのエドワード・ヒース首相は、環境省を創設しました。また、アメリカではリチャード・ニクソン大統領と連邦議会が「国家環境政策法」を制定するとともに、環境保護局の設立に踏み切りました。これらの動きと並行して、他方で、過去最大の国連会議である「ストックホルム会議」が準備作業に入っていました。このストックホルムで開催される国際会議には、環境問題を地球規模で議論するために１００か国を超える国の代表が集まることになっていたのです。環境運動は、この１９６０年初頭から１９７０年初頭の間で急速に活発化し、北米、ヨーロッパ、日本での大衆運動を引き起こしていったのです。

国連人間環境会議（ストックホルム会議）からブルントラント委員会へ

さて、前述したストックホルム会議は、１９７２年６月にスウェーデンの首都ストックホルムで、世界中から114か国の代表が集まり開催されました。ストックホルム会議とは、環境問題から「かけがえのない地球（Only One Earth）」を守るためにどうすればいいかを話し合う国際会議のことで、「国連人間環境会議（United Nations Conference on the Human Environment）」と正式にはいいます。このストックホルム会議は、世界的な環境運動の発展のなかで画期的な出来事となりました。この会議が、地球環境の政治・社会・経済的な問題の改善に向けて行動を起こすために、各国の政府間で議論された最初の国際的な会議となったのです。この会議の目的は、国連内で人間環境の問題を包括的に検討する基盤づくりにありました。

具体的には、ストックホルム会議では、世界の人々が協力して地球を守ろうという、8項目の共通見解（前文）と、26項目の原則により構成されている「人間環境宣言」が宣言され、「環境国際行動計画」が採択されました。宣言では、環境問題に取り組む際の原則「人間環境の保全と向上に関し、世界の人々を導くための共通の見解と原則」を明らかにし、環境問題が人類に対する脅威であり、国際的に取り組むべきことと明言されたのです。また、現在および将来の世代のための人間環境保護と向上が人類にとっての大きな目標であるとし、環境や自然資源の保護責任、環境教育の必要性などが提示されました。

そして、以上のことを実行するため、ストックホルム会議後まもなく、国連に環境問題を専門的に扱う、国際連合環境計画（ＵＮＥＰ）が、ケニアのナイロビに設立されることとなりました。これらをきっかけとして、環境運動は、政治的で地球的なものへと大きな転換を遂げたのです。特に、環境問題の優先度をめぐって認識の違う発展途上国と先進国は、会議を通じて議論を戦わすようになりました。つまり、開発が環境汚染や自然破壊を引き起こすことを強調する先進国と、未開発・貧困などが最も重要な人間環境の問題であると主張する発展途上国とが激しく対立するようになったのです。このことを南北問題とも呼びます。

さらに、同じ年に、ローマ・クラブによるレポート『成長の限界』が発表されました。ローマ・クラブとは天然資源の枯渇化、環境汚染、発展途上国における人口爆発などの問題に関する共有意識を持った科学者の集まりでした。そのローマ・クラブが、マサチューセッツ工科大学のデニス・メドウズ教授を主査とする17人の研究者による国際チームに委託してとりまとめたものが『成長の限界』です。その国際研究チームは、全地球システムをモデル化し、研究を行いました。レポートでは、人口増加や工業化、環境汚染などの現在の傾向が続けば１００年以内に地球上の成長は限界に達すると警鐘を鳴らし、こうした成長の趨勢を変更することの必要性を訴えました。そして、その達成のために行動を開始するのは、早ければ早いほど成功する機会が大きいと指摘したのです。

さて、ストックホルム会議までには、先進国の多くの環境主義者は、経済成長至上論に疑問をもち、それを拒否していました。経済成長は、環境破壊の最大原因とみなされ、資本主義の経済社会的な価値観を拒否していたのです。そして既存の政府や経済機関に頼らずに、価値観の変化を求めようとしていました。

一方、発展途上国の多くは、環境規制や対策は受け入れがたい重荷であり、経済発展を阻害するものと考えていました。そして前述した『成長の限界』レポートに対しても，自分たちの要求と優先事項，つまり経済発展と貧困からの脱却の現状にまったくそぐわないと反発したのです。

そうこうしているうちに，ストックホルム会議から10年後の１９８２年5月，ケニアのナイロビで国連環境計画（ＵＮＥＰ）特別管理理事会特別会合ナイロビ会議（Special Session of the United Nations General Assembly / Nairobi Conference）が開催されました。そして，その会議では，「ナイロビ宣言」などが採択されたのです。ナイロビ会議では，先進国と発展途上国との環境と開発をめぐる論議についての共通の土俵が初めてつくられたといわれています。

具体的には，ストックホルム会議からナイロビ会議までの過去10年間の成果を振り返ると同時に，今後10年間の環境の動向と優先課題に関する検討，特に地球環境の保全の重要性に関する議論が行われました。この時，発展途上国においても，環境問題の広がりと深刻さを経験したことにより，自国における資源の適正な管理と，将来の発展のためには環境問題の解決が必要不可欠であるとの認識が高まっていました。そして，多くの先進諸国が，地球的規模の環境問題への取り組みの重要性を強調し，発展途上国に援助を行う際には被援助国の環境に特に留意する必要があることを指摘する一方で，多くの発展途上国は，資源・環境と開発の間の相互関連の重要性を説いたのです。

ところで，日本は，高い見地から環境問題について提言を行う委員会「環境と開発に関する世界委員会（ＷＣＥＤ）」を設けることを提案しました。その結果，ＷＣＥＤの初会合が，１９８４年10月にジュネーブにおいて開かれました。この会合の初代議長は，ノルウェーの元首相グロ・ハルレム・

ブルントラント氏が就任し、23人からなる委員の内訳は、発展途上国から12人、西側先進国から7人、共産圏から4人でした。ブルントラント氏の名前から、この会議のことをブルントラント委員会と呼びます。

この委員会は、エネルギー、産業、食糧、安全保障、人間居住、国際経済関係など8つの重要課題を選び、西暦2000年の視点からそれらを検討しました。1985年3月から1987年2月まで75件以上の研究や報告を支援するとともに、10か国で会議や公聴会を主催し、代表的な個人や組織から意見を聴取したのです。また、1987年には東京で委員会が開催され、『我ら共有の未来（Our Common Future)』と題する委員会報告が出版されました。

このような活動の結果、ストックホルム会議から10年以上を経て、経済発展と環境は、もはや両立不可能なものではない、という認識が生まれてきました。両者の妥協は可能であり必須であるとし、ここにきてはじめて「持続可能な発展」という新しい概念が提示されました。報告書『我ら共有の未来』では、「持続可能な発展」の概念は、「将来の世代の欲求を満たしつつ、現在の世代の欲求も満足させるような発展・開発」と定義されています。

リオ宣言とアジェンダ21

前述のブルントラント委員会では、環境と開発の関連を理解することの必要性や、環境保護は経済成長を妨害するものでなく、成長に必要な補完的要因であることが特に強調されました。そして、これまでの進展を再検討し、未来の行動を決定するために、国際会議の開催を呼びかけました。その結果、1989年12月、国連総会は会議の開催に同意する決議を可決し、ブラジルがその開催国を引き受けました。ブラジルという先進国ではない国での開催は、大きな政治的意味と象徴性があったのです。

そして、1992年6月3日から14日にかけて、ブラジルのリオデジャネイロにおいて、環境と開発に関する国際連合会議（United Nations Conference on Environment and Development：UNCED）は開催されました。この会議には、世界178か国の代表に加え、産業団体、市民団体などの非政府組織（NGO）が参加し、のべ4万人を越える人々が集う国連史上最大規模の会議となり、世界的に大きな影響を与えました。

この会議では、各国の政策の国別報告書とUNCEDへの要望書を提出するように呼びかけられ、1992年末までには世界のほとんどの国が報告書を提出しました。同時に、国連機関や各国政府、NGOを含む会議がいくつも開催され、持続可能な発展に関する議論がなされ、その結論がUNCEDに提出されました。そして、それらの成果として、持続可能な発展に向けた地球規模での新たなパートナーシップの構築に向けた、「環境と開発に関するリオデジャネイロ宣言」（リオ宣言）が発表されます。

リオ宣言は、前文と27項目にわたる原則からなります。このなかには、開発の目的の第一は、人間生活を豊かにすることであり、環境保護が無条件に優先するわけではない、という発展途上国の立場を反映した第一原則「人類は、持続可能な発展の中心にある。人類は、自然と調和しつつ健康で生産的な生活を送る資格を有する」をはじめとして、「現世代と将来世代との間での公平性」（原則３）や「共通だが差異ある責任」（原則７）など、これ以降の地球環境問題のキーワードとなる用語が複数登場しました。また、国の役割のみならず、個人の役割にも注目が向けられ、女性（原則20）や青少年（原則21）、原住民（原則22）の役割にも言及されていることが特徴的といえます。

そしてさらに、この宣言の諸原則を実施するための行動計画である「アジェンダ21」も合意されました。アジェンダ21では、持続可能な発展の概念を国連の恒久原則にすると宣言したのです。また、アジェンダ21の実施状況を監視するために、国連の経済社会理事会の下に「持続可能な発展委員会」が設置されると同時に、アジェンダ21の実施主体となりうる地方公共団体の行動計画「ローカル・アジェンダ21」が策定されました。日本においても、環境庁（当時）が、ローカル・アジェンダ21の策定指針を作成するために「ローカル・アジェンダ21策定指針検討会」を開催し、検討を進めました。そして、１９９５年には「ローカル・アジェンダ21策定ガイド」を公表しました。

その後、２００２年の8月から9月には、ＵＮＣＥＤの10周年記念会議である「持続可能な発展に関する世界首脳会議」が、南アフリカ共和国のヨハネスブルグで、国際連合により開催されました。そこでは、アジェンダ21の実施状況に関する包括的なレビューが行われると同時に、21世紀の地球に生きる我々の新たな課題について話し合われました。そして、その評価に基づき、最終日には、実施計画と、持続可能な発展に関する「ヨハネスブルグ宣言」が採択されました。ヨハネスブルグ宣言では、環境や貧困などの問題に触れたうえで、水や衛生、エネルギー、食糧などへの資源へのアクセス改善、国際的に合意されたODA（政府開発援助）達成への努力などが唱えられました。

◆人類の抱える社会課題と解決目標――MDGsからSDGsへ

ここまでは、環境問題とそれに関連する国際的な議論の動向についてみてきました。しかし、環境問題に限らず、世界には様々な課題があります。我々人類が長い時間をかけて築いてきた人間社会は、人類の発展に大きく寄与した一方で、常に完全な状態にはありません。常に何らかの問題を抱えています。そのように、我々人類が抱える問題は、一般に社会問題や社会的課題と呼ばれます。その問題・課題を解決することが、人類の大きな目標といっても過言ではありません。ここからは、環境問題を含めた社会問題や社会的課題の解決に向けた国際的議論・動向についてみていきます。

ミレニアム開発目標（MDGs：Millennium Development Goals）

1998年、コフィ・アナン事務総長のリーダーシップのもと開催された国連総会において、貧困撲滅を中心とする国際開発が国連の重要課題として設定されました。その結果、2000年9月に開催された国連ミレニアム・サミットで「国連ミレニアム宣言」が189か国によって採択され、その1年後に「開発及び貧困撲滅」を世界の主要課題の中心の1つとして掲げた「ミレニアム開発目標―

貧困撲滅と生活改善（ＭＤＧｓ：Millennium Development Goals: eradicating poverty and improving lives)」が打ち出されました。ＭＤＧｓは、２０００年から２０１５年までを対象期間とし、その最大の目標は、副題にも掲げられているとおり、主にアジアやアフリカの発展途上国の極度の貧困と飢餓の撲滅を掲げていました。

ＭＤＧｓでは、内容は多岐にわたり、主に8つの分野について開発目標を示すための指標項目が列挙されています。具体的には、目標1　極度の貧困および飢餓の撲滅、目標2　普遍的初等教育の達成、目標3　男女平等および女性の地位強化の推進、目標4　乳幼児死亡率の削減、目標5　妊産婦の健康の改善、目標6　ＨＩＶ／エイズ、マラリア、その他の疾病の蔓延防止、目標7　環境の持続可能性確保、目標8　開発のためのグローバルなパートナーシップの推進、です。これらの目標ごとに、ターゲットと指標が設定されており、いわば、三重構造になっています。

まず、目標1　極度の貧困および飢餓の撲滅に関してです。目標1は、貧困と飢餓の撲滅は、人間開発における根幹である、という認識を前提に定められました。そして、具体的には、所得の向上や、いわゆる社会的弱者の雇用、飢餓の撲滅に重点が置かれ、それぞれの進捗度を測るための指標が設定されました。

次に、目標2　普遍的初等教育の達成についてです。この目標は、すべての児童が初等教育を受けることを目指して掲げられた目標でした。教育目標は、国の発展の基盤となるものといえます。具体的なターゲットは、すべての子供が男女の区別なく初等教育の全課程を修了することであり、この進捗を測るため目標の指標として、純就学率、最終学年まで到達する生徒の割合、識字率などが設定されました。この純就学率とは、ある学年に在籍すべき年齢の人口に対する、その学年に在籍する年齢の生徒数の割合のことです。例えば、ある国に小学校6年間の適齢児童数が100人いて、そのうち50人が学校に登録すれば純就学率は50%になります。

その次の目標3　男女平等および女性の地位強化の推進は、目標2とも関連します。目標3は、家族や社会における女性差別を是正すべく設定されたものですが、この背景には、発展途上国において、女性は家事労働力として従事するため、就学への理解が得られにくいことなどがありました。それゆえ、目標3の具体的なターゲットは、すべての教育レベルにおける男女格差を解消することでした。そして、これを測る指標として、男子学生に対する女子学生の比率や、女性賃金労働者の割合、そして国会における女性議員の割合が設定されました。

ＭＤＧｓにおける目標4、5および6は健康に関するものとなっています。

まず、目標4です。目標4　乳幼児死亡率の削減は、1990年において5歳未満の子供の死亡数が年間1260万人であったことを受けて、発展途上国における乳児死亡率を削減すべく設定された目標です。具体的な目標は、2015年までに乳児と5歳未満の幼児の死亡率を3分の1に削減するというものでした。そして、その目標の指標として、乳児・5歳未満の幼児の死亡率およびはしかの予防接種を受けた一歳児の割合が設定されました。

次に、目標5では、妊産婦の健康の改善が掲げられました。目標5では、具体的に、妊産婦の死亡率を４分の１に削減すること、および、２０１５年を最終目標として、できるだけ早期に、適齢期に達したすべての人が基礎保健システムを通じて性と生殖に関する医療保健サービス（リプロダクティブ・ヘルス・サービス）を享受できるようにすることが掲げられました。ちなみに、リプロダクティブ・ヘルスとは、性と生殖に関する健康と訳されるもので、１９９４年にエジプトのカイロで開かれた国際人口開発会議（ＩＣＰＤ）にて提唱された概念です。簡単にいうと、リプロダクティブ・ヘルスは、人々が安全で満ち足りた性生活を営むことができ、生殖能力を持ち、子どもを持つか持たないか、いつ持つか、何人持つかを決める自由をもつことを意味します。人間の生殖システムおよびその機能と活動過程におけるすべての側面において、単に疾病や障害がないというばかりでなく、身体的、精神的、社会的に完全に良好な状態にあることを指すものです。なお、目標５のターゲットを測る具体的な指標としては、妊産婦死亡率、医師・助産婦の立ち会いによる出産の割合、避妊具普及率、青年期女子による出産率、産前ケアの機会、家族計画の必要性が満たされていない割合、の６つが設定されました。

目標６は、ＨＩＶ／エイズ、マラリア、その他の疾病の蔓延防止です。特にＨＩＶ／エイズについては、ＭＤＧｓの根幹部分である目標１の貧困削減に深く結びついています。目標６では、具体的に、①ＨＩＶ／エイズの蔓延を２０１５年までに食い止め、その後減少させる、②２０１０年までにＨＩＶ／エイズの治療への普遍的アクセスを実現する、③マラリアおよびその他の主要な疾病の発生を２０１５年までに食い止め、その後発生率を減少させる、の３つが掲げられました。

目標7は、環境問題に関するものです。分野は、国家の環境政策・計画や二酸化炭素排出量の削減、生物多様性の保全、水資源の確保、都市におけるスラム居住者の生活改善など多岐にわたります。世界のなかで、環境問題の影響を受けやすいのは、環境対策を講じる能力や技術を持たない発展途上国や社会的弱者であり、それゆえ掲げられた目標といえます。

最後に、目標8。開発のためのグローバルなパートナーシップの推進は、目標1から7を実現させるために必要な、実施のための手段に関する目標です。具体的には、資金や貿易、能力開発、パートナーシップ等、発展途上国のMDGsの達成のために先進国が行う支援について掲げられました。

持続可能な開発目標（SDGs：Sustainable Development Goals）

一定程度の成果が得られたMDGsですが、これまで見てきたとおり、主要な目標は貧困削減や教育、健康、衛生に関するものであり、何が持続可能な発展なのかというような、持続可能性という視点は必ずしも十分に示されてはいませんでした。そこで、MDGsの目標最終年である2015年以降の国際的な目標には、持続可能性を重視した目標である持続可能な開発目標（SDGs：Sustainable Development Goals）が設定されました。

SDGsの起源は、2012年に開催された、通称「リオ＋20」と呼ばれる国連持続可能な発展会議の準備会合にあるといわれます。SDGsは、その1年前の2011年9月の国連総会において、コロンビア政府により、リオ＋20における成果の1つとして提案されました。その後、30か国の代表を集めたコンサルテーションがボゴタにて開かれ、ＳＤＧｓの概念が議論されたといいます。
そして、リオ＋20が近づくとともに、ＳＤＧｓへの期待はさらに高まっていき、最終的には成果報告書「我々が求める未来（The Future We Want）」で、ＳＤＧｓに関して記されました。その際、ＳＤＧｓは、行動指針であること、簡潔であること、意欲的であること、すべての国に普遍的に適用できることが明示されました。ＳＤＧｓはＭＤＧｓと同様、目標、ターゲット、指標という三重構造で構成されており、17の目標と１６９のターゲットから成り立っています。次に17の目標を列記します。

目標１　あらゆる場所のあらゆる貧困を終わらせる
目標２　飢餓を終わらせ、食糧安全保障および栄養改善を実現し、持続可能な農業を促進
目標３　あらゆる年齢のすべての人々の健康的な生活を確保し、福祉を促進
目標４　すべての人々への包括的かつ公平な質の高い教育を提供し、生涯学習の機会を促進
目標５　ジェンダー平等を達成し、すべての女性および女子のエンパワーメントを行う
目標６　すべての人々の水と衛生の利用可能性と持続可能な管理を確保
目標７　すべての人々の安価かつ信頼できる持続可能な現代的エネルギーへのアクセスを確保
目標８　包括的かつ持続可能な経済成長、およびすべての人々の完全かつ生産的な雇用とディーセント・ワーク（適切な雇用）を促進
目標９　レジリエントなインフラ構築、包括的かつ持続可能な産業化の促進、およびイノベーショ

ンの拡大

目標10　各国内および各国間の不平等を是正

目標11　包括的で安全かつレジリエントで持続可能な都市および人間居住を実現

目標12　持続可能な生産消費形態を確保

目標13　気候変動およびその影響を軽減するための緊急対策を講じる

目標14　持続可能な発展のために海洋資源を保全し、持続的に利用する

目標15・陸域生態系の保護・回復・持続可能な利用の推進、森林の持続可能な管理、砂漠化への対処、ならびに土地の劣化の阻止・防止および生物多様性の損失の阻止を促進

目標16　持続可能な発展のための平和で包括的な社会の促進、すべての人々への司法へのアクセス提供、およびあらゆるレベルにおいて効果的で説明責任のある包括的な制度の構築を図る

目標17　持続可能な発展のための実施手段を強化し、グローバル・パートナーシップを活性化する

これらの目標は、目標の1つひとつが他の目標と関連していることが特徴となっています。MDGsと比べると持続可能性の3本柱である環境、社会、経済の3つの側面が相互に関連しているのです。SDGsには、MDGsに含まれていた貧困削減・教育・保健・男女平等に関する目標に加え、持続可能性を考慮した多くの目標が含まれています。例えば、目標8のような雇用と経済成長に関するもの、目標9のように技術革新およびインフラストラクチャーに関するもの、目標12のように消費と生

産などの経済開発に関する目標においても、持続可能性を重視することが強調されていることがわかります。ＳＤＧｓは、持続可能な発展という課題を、包括的に網羅することで、課題の整理や関連づけが行われているといえます。さらに、ＳＤＧｓは発展途上国のみではなく先進国も含めた普遍的な目標となっており、各国における独自のターゲットや指標の補完的な設定を求めています。それにより、各国の課題に即したものを目指しているのです。

また、ＳＤＧｓの策定過程においては、多様な実施主体が参加するという新しいアプローチが試みられました。持続可能な発展を実現するには、多様な実施主体が、協力し合って、行動を行うことが重要です。市民や企業、ＮＧＯなどあらゆる実施主体が、自分たちの活動が環境や開発に及ぼす影響をより理解し、持続可能な社会を実現するための行動をするようにならなければなりません。そのためには、教育や啓発を促進し、関連する様々な情報を提供することも重要です。そのため、ＭＤＧｓの時と同様に、世界の著名人がＳＤＧｓを周知し、実施につなげるためのメッセージを発したり、イベントを開催したりしています。

このような活動を具体的に実施するためには、資金も必要となります。ＳＤＧｓを実施していくには、年間に数兆円もの資金が必要であるというような試算もあり、莫大な資金が必要といえるでしょう。もちろん発展途上国には、十分な資金はなく、引き続きＯＤＡのような開発資金はさることながら、ＯＤＡ以外の開発資金をどう調達するか、また、そのような資金を、初期投資として、うまく現地での活動に活用し、新たな資金を生み出す継続的な取り組みが必要不可欠です。

ＳＤＧｓに掲げられている目標を達成していく過程において、ＯＤＡの増額は、必要不可欠ではありますが、今後の資金調達で必要なことは、ＯＤＡ以外の資金源であるといえるでしょう。ＯＤＡを民間からの直接投資を増やすためのきっかけとして利用し、地元の人々や企業が、積極的に現地で新たな事業を立ち上げたり、起業したりする、現地のソーシャル・アントレプレナーの存在も必要不可欠となるといえるでしょう。

◆ＳＤＧｓと新国富指標

ところで、ＳＤＧｓおよびその背景にある公文書では、ＳＤＧｓを達成するために実施される施策が有効かどうか、また、それをどのように判断すべきかについては言及されていません。現在、広く用いられている国民経済計算システム（System of National Accounts：ＳＮＡｓ）は、消費や投資、雇用、財政支出など資源のフローを記録するものであり、一定期間の経済規模を表す国内総生産を測定するように設計されています。しかしながら、ＳＤＧｓの持続可能性を判断するには、ストックである富を包括的に測定する新しいＳＮＡｓが必要であるといえます。

そのようななか、リオ＋20会議で公開された、インクルーシヴ・ウェルス・レポート（以下、新国富報告書）２０１２において、持続可能性の判断基準として、世界に、ある指標が提示されました。それが、「新国富指標」と呼ばれる、ストックである富を包括的に測定する新しい指標です。新国富

〔図表1－3〕　新国富指標における各資本とSDGsとの関係

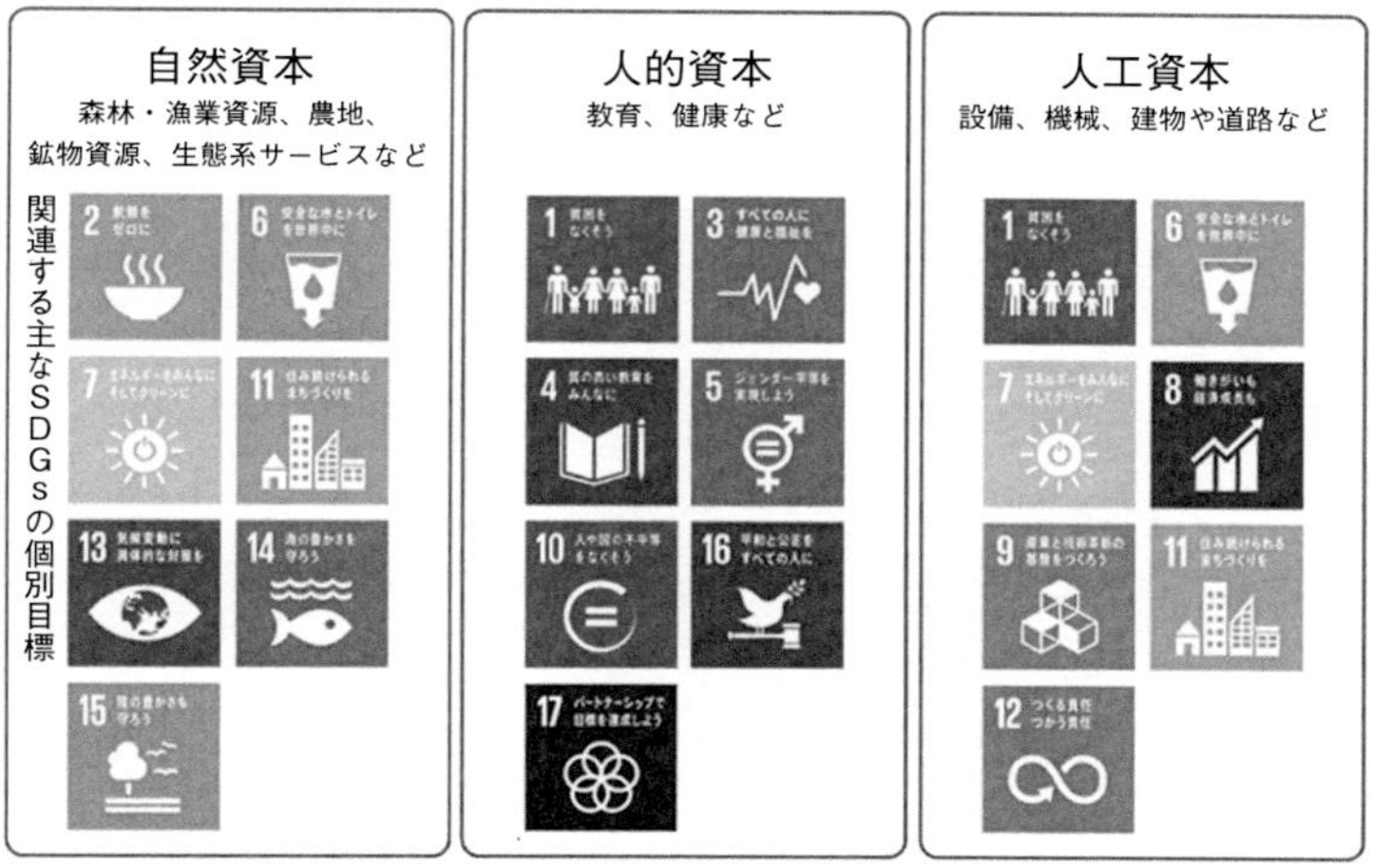

（出所）馬奈木ら（2016）『新国富論―新たな経済指標で地方創生』を基に作成

指標は、簡単にいうと、経済の生産能力を、国家の人工資本、人的資源、および自然資本の合計の値で測ります。新国富指標における各資本とSDGsとの関係は、**図表1－3**のとおりです。

ところで、国内総生産、いわゆるGDPでは、資本の償却は記録されません。例えば、自然資本を使い果たすことで、一定期間においてGDPの増加が可能となった場合、その自然資本の枯渇については記録されません。急激な資源の消耗を伴う国内総生産の増加は、同時に、経済の生産能力の縮小を意味しており、やがて持続不可能になることを意味しているのです。つまり、持続可能な成長とは、国内総生産の成長ではなく、新国富指標の成長を意味すべきであるといえます。

これまで、経済学者らを中心として、過去の新国富指標の推計が実施されてきました。国連大学および国連環境計画による「新国富報告書201

4（Inclusive Wealth Report 2014：UNU-IHDP and UNEP（2014））」では、１９９０年から２０１０年までの期間における、１４０か国の新国富指標の変化が測定されています。その結果、サンプル国のうち、ポジティブなレートで新国富指標が成長した国の割合は92％である一方、１人当たりの新国富指標の成長がポジティブであった国の割合は60％であることがわかりました。これは、世界全体の人口増加が、ＳＤＧｓの形成においても懸念すべきポイントであることを示唆しているのです。

また、新国富報告書では、多くの国々において、国内総生産と新国富指標は正反対の方向を向いており、国内総生産は増加傾向、新国富指標は減少傾向にあることが示されています。つまり、人類は、限られた地球資源を消耗して経済活動を行っているということを意味しているのです。

持続可能性を評価するためには、まず、2時点以上での新国富指標に関する情報を得ることが必要です。ある時点で保有していた新国富が、もう1つの時点においてどのように変化しているかによって、その持続性を測ることができます。つまり、前の時点に比べて、新国富が増加していれば持続可能であるといえる可能性が高いし、減少していればこのままでは持続不可能になる可能性があるといえるのです。

次章以降では、この「新国富指標」を詳細にみていくと同時に、新国富指標と持続可能性との関係、さらに、この新国富指標を用いて世界や日本の豊かさを比較していきたいと思います。

●参考文献

伊東俊太郎（２００７）「環境問題と科学文明」季刊『公共研究』第四巻第二号（２００７年９月）、千葉大学、37－50頁。

井村秀文・松岡俊二・下村恭民編著（２００４）『環境と開発』日本評論社。

石見徹（２００４）『開発と環境の政治経済学』東京大学出版会。

蟹江憲史編著（２０１７）『持続可能な開発目標とは何か　２０３０年へ向けた変革のアジェンダ』ミネルヴァ書房。

亀山康子（２００３）『地球環境政策』昭和堂。

川田順造・岩井克人・鴨武彦・恒川惠市・原洋之介・山内昌之編（１９９８）『地球の環境と開発』岩波書店。

中村寛樹（２００７）「地球温暖化問題を越えて―環境文化による第三のアプローチ」『季刊　政策・経営研究』Ｖｏｌ．４、三菱ＵＦＪリサーチ&コンサルティング株式会社、２０７－２１９頁。

馬奈木俊介・池田真也・中村寛樹（２０１６）『新国富論―新たな経済指標で地方創生』（岩波ブックレットＮｏ．９６１）岩波書店。

三浦永光編（２００４）『国際関係の中の環境問題』有信堂。

吉田文和・宮本憲一編（２００２）『環境と開発』岩波書店。

Daly, H. (1990) Towards Some Operational Principles of Sustainable Development, *Ecological Eco-*

nomics Vol. 2, issuel, 1-6.

Dasgupta, P., Duraiappah, A., Managi, S., Barbier, E., Collins, R., Fraumeni, B., Gundimenda, H., Liu, G., and Mumford, K. J. (2015) How to Measure Sustainable Progress, *Science* 13(35), 748.

McCormick, J. (1995) *The Global Environmental Movement* the second edition, John Wiley and Sons.（ジョン・マコーミック著、石弘之・山口裕司訳『地球環境運動全史』岩波書店、１９９８年）

Meadows, D. H. et al. (1972) *The Limits to Growth*, Universe Books.（ドネラ・H・メドウズほか著、大来佐武郎監訳『成長の限界―ローマ・クラブ「人類の危機」レポート』ダイヤモンド社、１９７２年）

Meadows, D. H. et al. (1992) *Beyond the Limits*, Post Mills, Vermont：Chelsea Green Publishing Company.（ドネラ・H・メドウズほか著、茅陽一監訳『限界を超えて』ダイヤモンド社、１９９２年）

Todaro, M. P. and Smith, S. C. (2003) *Economic Development* Eighth Edition, Pearson Education Limited.（マイケル・P・トダロ、ステファン・C・スミス著、岡田靖夫訳『トダロとスミスの開発経済学』国際協力出版会、２００４年）

United Nations Population Devision, World Population Database.

UNU-IHDP and UNEP (2014) *Inclusive Wealth Report 2014: Measuring Progress Toward Sustainability*（新国富報告書２０１４）, Cambridge：Cambridge University Press.

World Bank, World Development Indicators Database.

第2章

新国富指標とは

◆「新国富論」——新国富指標と持続可能性の関係

2012年6月に開催された「国連持続可能な開発会議（リオ＋20）」において『新国富報告書2012（Inclusive Wealth Report 2012）』が公開されました。このなかで、持続可能性の判断基準となりうる単一の経済指標として提示されたのが「新国富指標」です。これまで曖昧だった、国や地域の政策で持続可能性が改善されたかどうかを、この指標の増減で簡便に判断できるという点で優れており、SDGsの成果指標として大きく期待されています（Dasgupta et al., 2015）。

新国富指標の主な特徴としては、国や地域の持続可能性を表すものであること、多様な豊かさを同時に取り扱うことが挙げられます。後で詳しく述べますが、新国富指標は、人工資本・人的資本・自然資本という大きく分けて3つの資本群により構成され、国や地域における多様な豊かさを表します。

お金やモノだけではなく、人や自然などに由来する豊かさを金銭価値という共通の指標で表すことで、それぞれの国や地域の豊かさへの寄与を明らかにすることができます。これは、各国・地域の発展にとっての強み（弱み）は何か、社会を豊かにするための政策は何かを考えるうえで重要な情報となります。

では、もう1つの特徴に関係する持続可能性は新国富指標とどうつながるのでしょうか。それは、新国富指標の基本概念である「新国富論」が示す、新国富と福祉、豊かさ、そして持続可能性の関係によって説明することができます（馬奈木ら、2016）。ここで注意したいのは、新国富論はそもそも経済学の思考から生まれたものであり、経済的枠組みで社会の豊かさを生み出すしくみを捉えているということです。新国富指標の算出方法はケンブリッジ大学名誉教授パーサ・ダスグプタ氏や、ノーベル経済学賞受賞者の故・ケネス・アロー氏らにより構築された公共経済学の理論に基づいたものです。先に述べた新国富指標の特徴にも関係しますが、もともと金銭価値では表せないものについても金銭価値化が可能な範囲のものに限られます。それゆえ、世の中のありとあらゆる豊かさを捉えるには限界がありますが、現時点では持続可能性を測るには最も合理的なアプローチの1つであると考えます。

新国富指標とは、「現在を生きる我々、そして将来の世代が得るであろう福祉を生み出す、社会が保有する富の金銭的価値」を指します。ここでいう「福祉（well-being）」とは、人が享受する広義での幸福を意味しています。一見「豊かさ」と同じもののようですが、新国富論における「豊かさ」

〔図表２－１〕　新国富論の理論的枠組み

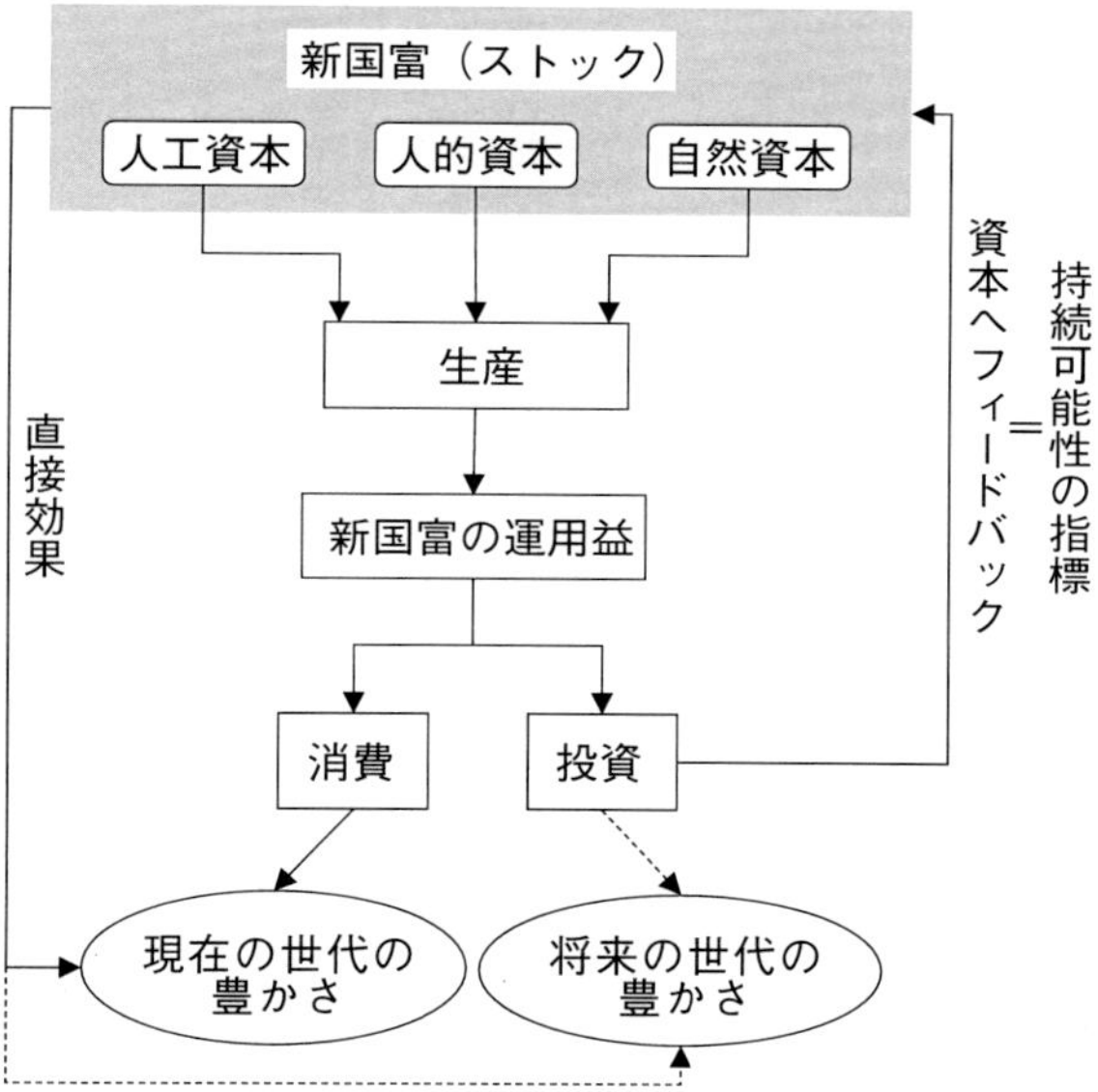

（出所）馬奈木ら（2016）図１より

は現在の世代だけでなく、子や孫、その先の子孫などを含む将来世代が享受する福祉までをも含めたものです。この福祉は、ある一定期間内に得られるものとして捉えられる、経済学でいうところのフローの特徴を持っています。一方で、「社会が保有する富」とは、ある時点での貯蔵量として捉えられるストックの特徴を持っており、新国富と呼ぶ資本の総体として測ることができます。つまり、ストックである新国富がフローである福祉を生み出しているのです。その関係を示したのが**図表２－１**です。

まず、ある社会における生産活動にストックである新国富が供されます。新国富は人工資本、人的資本、自然資本により構成されており、生産活動に供されることで、フローとして捉えられるアウトプットを生み出します。これは投資にたとえれば新国富の運用益に相当するものです。具体的には、直接的か間接的かの違いはありますが、人工資本からは工場で生産された家電製品や、道路など、自然資本からは家具や住宅に使用される木材など、人的資本からは労働生産性の向上やそれによる所得の増加などのアウトプット（新国富の運用益）が生じます。

次に、生み出されたアウトプットは消費と投資（個人でいえば貯蓄）という、2つの用途に供されます。このうち消費を経て得られるのが、我々現代の世代の豊かさ、つまり福祉です。この現代の福祉の水準は消費の多寡によって決まります。他方、投資は新国富の各資本ストックに蓄えられ、次の世代以降の将来における生産活動と消費を経て、将来の世代の豊かさへとつながっていくのです。仮に現世代の福祉のために極端にアウトプットを消費に費やしてしまえば、将来世代の福祉は下がってしまうことになります。逆に、過剰に投資を増やせば現世代の福祉が下がってしまいます。このようなトレードオフの関係から、消費と投資はバランスをとる必要があります。

ここで、持続可能性、正確には豊かさの持続可能性につながるのは、現時点の新国富が経済活動を経て生み出したアウトプットのうち、投資によって新たに蓄積された新国富です。現在の新国富に比べて、年単位で考えると、翌年以降の新国富が減少していく社会においては、年を経るごとに得られる福祉は減少し、最終的にはなくなってしまいます。福祉がない状態が実際に存在しうるのか想像がつきませんが、そのような社会が持続可能ではないことは明らかです。逆に、新国富が年々増加すれば、年を経るごとに得られる福祉は増加していきます。社会の豊かさが持続可能であるためには、少なくとも新国富の価値が前年以上である必要があります。つまり、新国富の金銭的価値を表す新国富指標が時系列的に増加していると持続可能であるといえ、その程度は新国富指標の成長率によって判断することができます。

◆新国富指標の計算方法

新国富指標は、大きく分けて２つのプロセスを経て求められます。まず、新国富を構成する人工資本、人的資本、自然資本の３つの資本群の価値を計算します。このうち、人的資本と自然資本はそれぞれ教育資本・健康資本、農地資本・森林資本・漁業資本・鉱物資本に細分化されます。続いて、それらの各資本を足し合わせ、最終的な調整を行うことで新国富指標が求められます。最終的な調整には、調整項目と呼ばれる、①資源輸入に伴う他国の自然資本減耗の自国への振替、②原油価格上昇から得られるキャピタルゲイン、③二酸化炭素排出による自然の損失額などが含まれます。各資本とその他の調整項目の内容を**図表２−２**に示します。

最初のプロセスで得られる各資本の価値は、「資本ストック量×シャドウ・プライス（潜在資本価格）」という式により計算します。資本ストック量は森林体積や教育年数ごとの人口などが相当し、シャドウ・プライスはその１単位当たりの金銭価値です。ここで注意したいのは、シャドウ・プライ

〔図表２－２〕　新国富の構成

人工資本	人的資本	自然資本	その他
・住宅ストック ・工場、機械等 ・公共資本	・教育 ・健康	・石油、ガス、鉱物資源 ・漁業・森林資源 ・生態系サービス ・二酸化炭素排出	・原油価格の上昇 ・資源貿易の影響 ・人口変化

（注）CO_2（二酸化炭素）排出は自然資本を減耗させる項目であるが、計算上はその他の項目（調整項目）として扱っている。また、新国富報告書2014では調整項目に全要素生産性（TFP）の影響が含められているが、我々の独自計算では現時点（2017年10月）では除外しているため、表からは除いている。
（出所）馬奈木ら（2016）図３より

スには現在の各資本に対する価値である市場価格以外に、将来の世代の福祉に与える価値も含めるという点です。詳細については本書では述べませんが、この計算で単位の異なる各資本のストック量を、将来の世代も含めた豊かさの金銭価値という共通の指標にすることができます。

◆各資本の計算方法

それぞれの資本は先にも述べたように「資本ストック量×シャドウ・プライス（潜在資本価格）」という式により数値化されます。ここでは**図表２－３**に示される各資本群の資本ストック量やシャドウ・プライスがどのように得られるものかを簡単に説明します。

まず道路や橋梁、上下水道などのインフラストラクチャーや機械、工場、そしてそこで生産された製品などの人工資本です。人工資本については既存の指標の

〔図表２－３〕　新国富指標計算のフローチャート

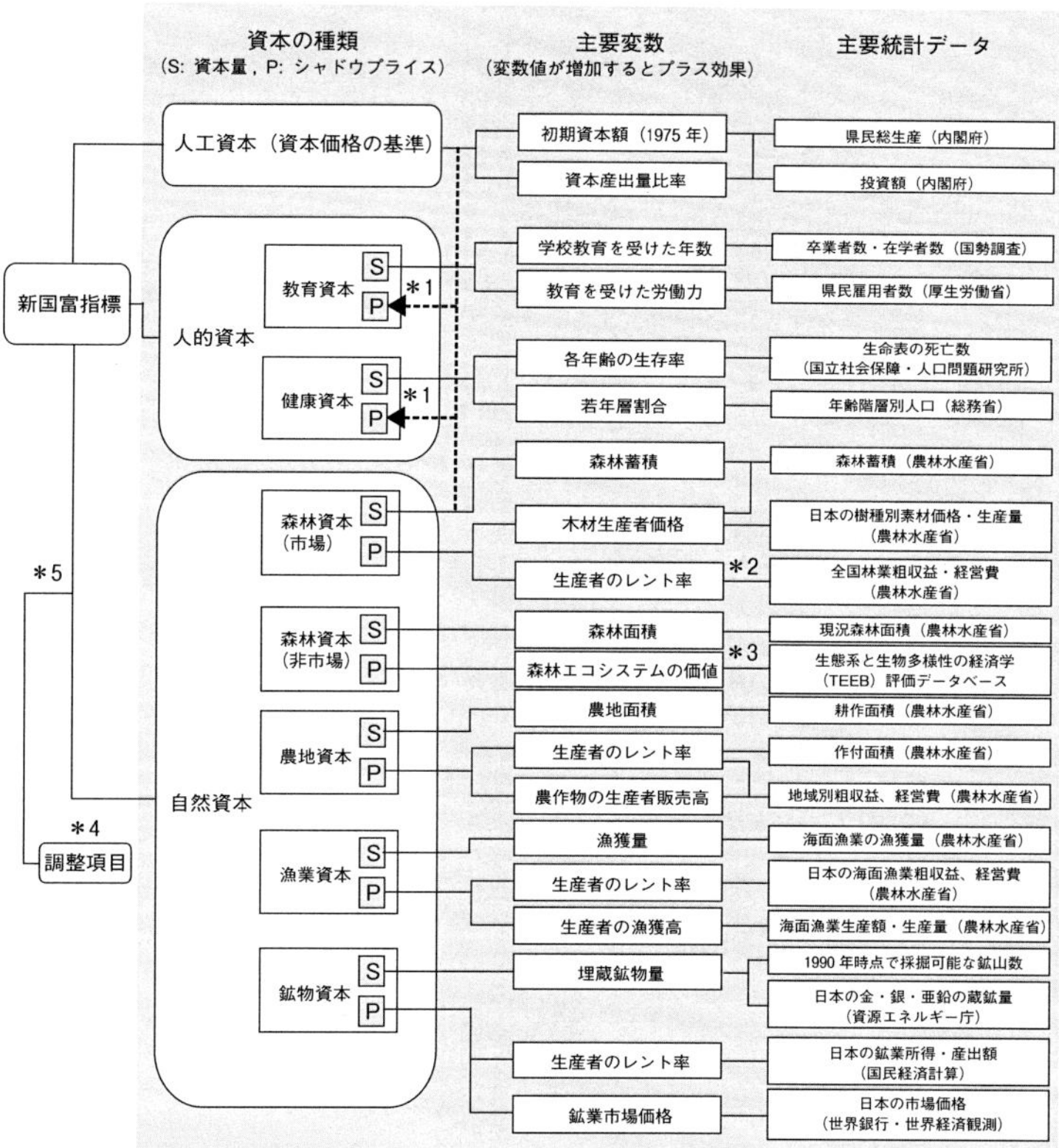

（注）＊１　資本の配賦状態に依存する人的資本ごとの生産効率性を用いて算出される（他の資本計算後）。

＊２　レント率とは、資本を１単位増やした時の、その時点での収益率を指す。ここでは生産者が１単位資本を増やした時の収益率であるため、マージン率（＝（売上－生産費用）／売上）と読み替えてもよい。

＊３　水源涵養・吸水・気候緩和・土壌保全機能を含む。

＊４　二酸化炭素排出による自然資本の減耗、資源貿易に伴う減耗した自然資本の調整などが含まれる。

＊５　新国富指標計算後に調整項目は加えられ、それを調整済新国富指標と呼ぶ。

（出所）馬奈木編著（2017）図表補－２より

社会資本ストックとほぼ同義のもので、過去の投資により形成された資本が積み重なったものと考えられています。具体的には公共投資と民間投資額の合計を過去から積み重ねており、もともと金銭価値で表されているため、人工資本の価値はシャドウ・プライスを用いることなく求められます。この場合シャドウ・プライスの値が1であると考えることもでき、人工資本の価値は他の資本の基準価格となりうるものです。

次に、森林や農地、漁業資源や鉱物などの自然資本は、それぞれに関する資本についてストック量を算出したものにシャドウ・プライスを乗じて個別に価値を求め、それらを合算して求めています。ここで、森林資本については、生産過程を経て木材として市場に出回り消費される市場的な価値と、水源涵養などエコシステムとしての直接的な福祉価値があります。それぞれのシャドウ・プライスは異なるため、市場的価値と非市場的価値に分けて計算をしています。

続いて、人的資本についてです。人的資本は教育資本と健康資本に分けられ、それぞれより長期間かつ高度な学校教育を受けることと長寿命であることの価値に相当します。いずれも教育を受けることと寿命が延びることで生産性が向上することに焦点を当て、それぞれの寄与度であるシャドウ・プライスを算出し、教育を受けた年数と各世代の余命を資本ストックとみなし、価値を計算しています。

最後に求められた人工資本、自然資本、人的資本を合算すると新国富指標が求められます。さらに新国富指標に対し、調整項目を加えることで調整済新国富指標が得られます。

以上、新国富論と新国富指標の理論的および技術的概要について述べてきました。本書で初めて新国富を知ったという方には少々難しい内容だったかもしれません。そこでより新国富について理解していただけるよう、次章以降では、実際に計算された新国富指標を用いて、世界各国と日本、都道府県そして市区町村の豊かさを見ていきます。さらに、新国富指標の実用例や進行中の新国富関連プロジェクトについてご紹介します。

●参考文献

馬奈木俊介・池田真也・中村寛樹（２０１６）『新国富論―新たな経済指標で地方創生』（岩波ブックレットＮｏ．９６１）岩波書店。

馬奈木俊介編著（２０１７）『豊かさの価値評価―新国富指標の構築』中央経済社。

Dasgupta, P., Duraiappah, A., Managi, S., Barbier, E., Collins, R., Fraumeni, B., Gundimeda, H., Liu, G., and Mumford, K. J. (2015) How to Measure Sustainable Progress, *Science* 13(35), 748.

第3章

『新国富報告書』から見る世界の豊かさ

◆『新国富報告書2018』の特長

「実際の新国富指標はどれくらいなのか?」　この問いに対して、世界各国の新国富指標を公表しているのが『新国富報告書』です。今までに『新国富報告書2012（Inclusive Wealth Report 2012）』、『新国富報告書2014（Inclusive Wealth Report 2014）』の2つの報告書（UNU-IHDP and UNEP, 2012; 2014）が発表されています。これは、ノーベル経済学賞受賞者の故・ケネス・アロー氏や、英ケンブリッジ大学のパーサ・ダスグプタ名誉教授といった現代経済学の偉人と評される面々が国連を巻き込み推進した「富の計測プロジェクト」の成果をまとめたものです。さらに、2017年3月に国連機関などがベルリンで開催した環境会合において、最新の研究成果が発表されました。この内容は、『新国富報告書2018（Inclusive Wealth Report 2018）』として公表予定です。

最初の『新国富報告書２０１２』（以下、ＩＷＲ２０１２）に対して、続く『新国富報告書２０１４』（同ＩＷＲ２０１４）と最新の『新国富報告書２０１８』（同ＩＷＲ２０１８）では、以下の４点において進展が見られます。

１つめは、ＩＷＲ２０１２では世界20か国のみが指標算出の対象であったものが、ＩＷＲ２０１４以降は世界１４０か国にまで拡張され、指標の時系列での変遷を捉えることを可能にしたことです。これは世界のほぼすべてのＧＤＰ（56兆８３５０億ドル）と人口（68億８５００万人）をカバーするものとなっています。

２つめは、ＩＷＲ２０１２、ＩＷＲ２０１４の対象期間がそれぞれ１９９０年～２００８年（19年間）と１９９０年～２０１０年（21年間）だったのに対し、ＩＷＲ２０１８では１９９０年～２０１４年（25年間）に延長された点です。これにより、四半世紀という長期の新国富指標やその成長率の変遷をみることが可能になりました。

３つめは、過去の報告書では再生可能な資源に由来する自然資本として、森林資本と農地資本を考慮していましたが、ＩＷＲ２０１８では新たに漁業資本が追加されたことです。漁業資本は、再生可能でありながら変動の大きい資源のなかでも重要なものの１つとされています。実際には、ＩＷＲ２０１２でも１９９０年～２００６年における4か国の漁業資本という小規模なものではありますが、漁業ストック量とシャドウ・プライスに基づいた計算がなされていました。それに対し、ＩＷＲ

2018ではより精度の高い計算を行ったうえで、対象国を広げています。

4つめは、人的資本の計算方法の改良・更新です。少し専門的な用語になりますが、フロンティア分析（Frontier analysis）と呼ばれるノンパラメトリックな方法で人的資本に属する教育資本と健康資本のシャドウ・プライスを算出しています（馬奈木編著、2017）。

さらに、IWR2018では第1章で説明した調整項目に、TFP（全要素生産性）を追加しています。TFPとは生産性を表す指標の1つで、技術革新や業務効率化、規制緩和、ブランド価値など、労働と資本だけでは説明できない成長要素を考慮したものです。具体的には、新国富指標の成長率にTFPを含む各調整項目の成長率を加算したものを調整済新国富指標の成長率としています。

◆データで見る世界各国の豊かさ

ここからは最新のIWR2018のデータを示しながら、世界140か国の豊かさについて様々な視点から見ていきます。なお、新国富指標は金銭価値、つまり金額で表されるものですが、特に指定のある場合を除いてすべて米ドル（USD）で表記しています。また、GDPなどと同様に、景気や物価の変動を除くため、2005年の米ドルに換算しています。

世界の新国富指標の変遷

新国富指標の時系列変化から、その国が持続可能かどうかを判断することができます。ここで、国どうしで持続可能性の比較を行う場合は、新国富指標の成長率を見る必要があります。豊かさにつながる人口や国土、経済状況などの「規模」が国によって異なるためです。これらの「規模」が大きい国では新国富指標が大きくなり、成長率が同じであっても、新国富指標の成長「額」は「規模」に比例するため国によって異なります。国どうしでどれくらい持続可能かを比較するには成長の「度合い」、つまり成長率を用いる必要があるのです。

以上の点を踏まえて、１９９０年から２０１４年までの世界１４０か国の調整済新国富指標（総額）と人口１人当たり調整済新国富指標の年平均成長率（％）をグラフに示したのが**図表３－１**と**図表３－２**です。調整済新国富指標（総額）については、１４０か国中１２４か国、全体の89％がプラス成長となっています。一方、人口１人当たりについては、96か国、全体の69％にとどまっています。さらに調整済新国富指標（総額）と人口１人当たりの調整済新国富指標の年平均成長率の関係を国別に示したものが**図表３－３**です。グラフの縦軸が人口１人当たり成長率（％）、横軸が総額（国全体）の成長率（％）です。これを見ると、総額の成長率がプラスの１２４か国中１１０か国においては2つの成長率は正の相関関係にあるといえます。このうち、95か国が総額・人口１人当たりのいずれもプラス成長にあります。逆に、ブルガリア、コンゴ、ガボン、ガンビア、ギリシャ、クロアチア、ハイチ、ジャマイカ、ラオス、ラトビア、スーダン、セルビア、シリア、ウクライナ、ベトナムの15か

〔図表３－１〕　世界140か国の調整済新国富指標（総額）の年平均成長率

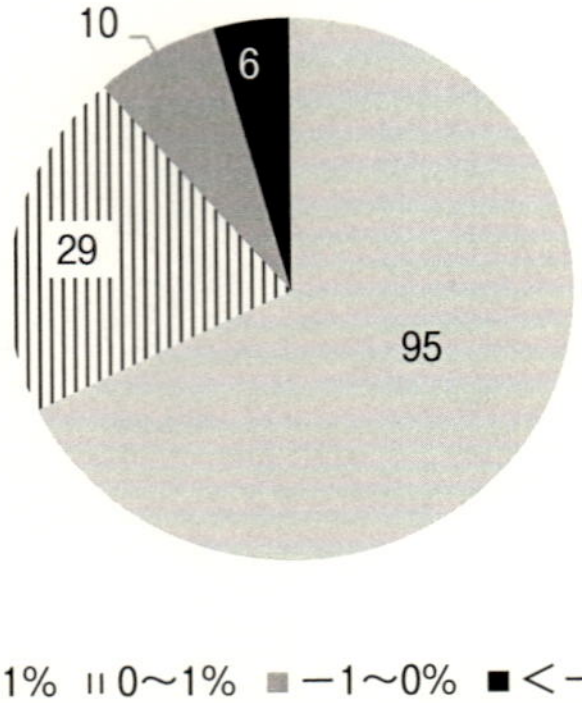

イラク	12.68%
日本	0.67%
ブルガリア	−2.57%

（出所）Inclusive Wealth Report 2018のデータを基に九州大学都市研究センター作成

〔図表３－２〕　世界140か国の人口1人当たり調整済新国富指標の年平均成長率

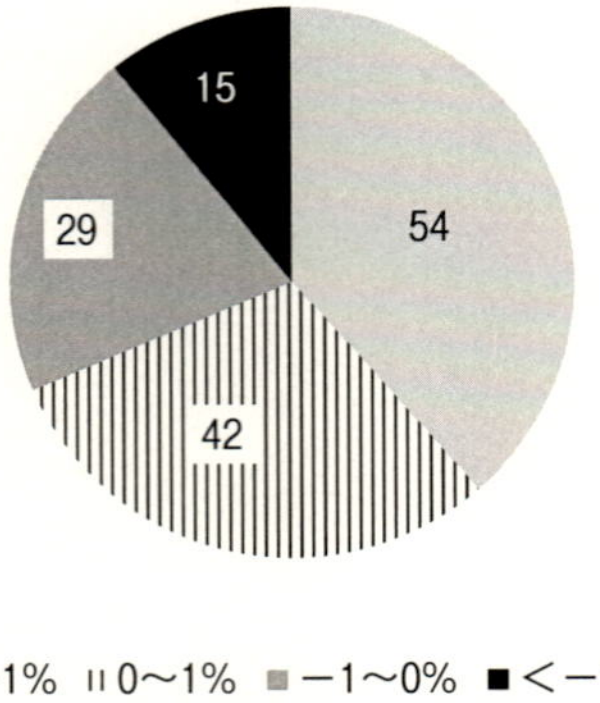

イラク	9.77%
日本	0.55%
コンゴ	−4.66%

（出所）Inclusive Wealth Report 2018のデータを基に九州大学都市研究センター作成

国がいずれもマイナス成長の状態にあります。例外としては、エストニアだけが人口１人当たりの成長率がプラスとなっています。また、残る29か国は国全体の成長率はプラスなのに対し、人口１人当たりの成長率はマイナスになっており、負の相関関係にあります。

新国富指標に対する各資本のシェアとその変遷

新国富指標を構成する２つの資本の変遷を見てみましょう。**図表３－４ａ**、**図表３－４ｂ**は１９９０年～２０１４年の国全体の新国富指標（総額）と人工資本（Produced Capital：ＰＣ）・人的資本（Human Capital：ＨＣ）・自然資本（Natural Capital：ＮＣ）の年平均成長率です。新国富指標および人工資本、人的資本については、１４０か国のうちそれぞれ１３５か国、１３３か国、１３６か国とほとんどの国でプラス成長なのに対し、自然資本がプラス成長なのはたった31か国です。このことから、多くの国で人工資本や人的資本などの成長と引き換えに自然資本の成長を損なう傾向にあると推察されます。

ＧＤＰとの比較

新国富指標が世に出る前から、国の経済や社会的成果を評価するための指標は数多く存在します。例えば、ＧＤＰ（Gross Domestic Product：国内総生産）、ＨＤＩ（Human Development Index：人間開発指数）、Happiness（幸福度）などがその代表格です。計測の目的や対象が異なるため、一長

人口１人当たり調整済新国富指標の成長率の関係

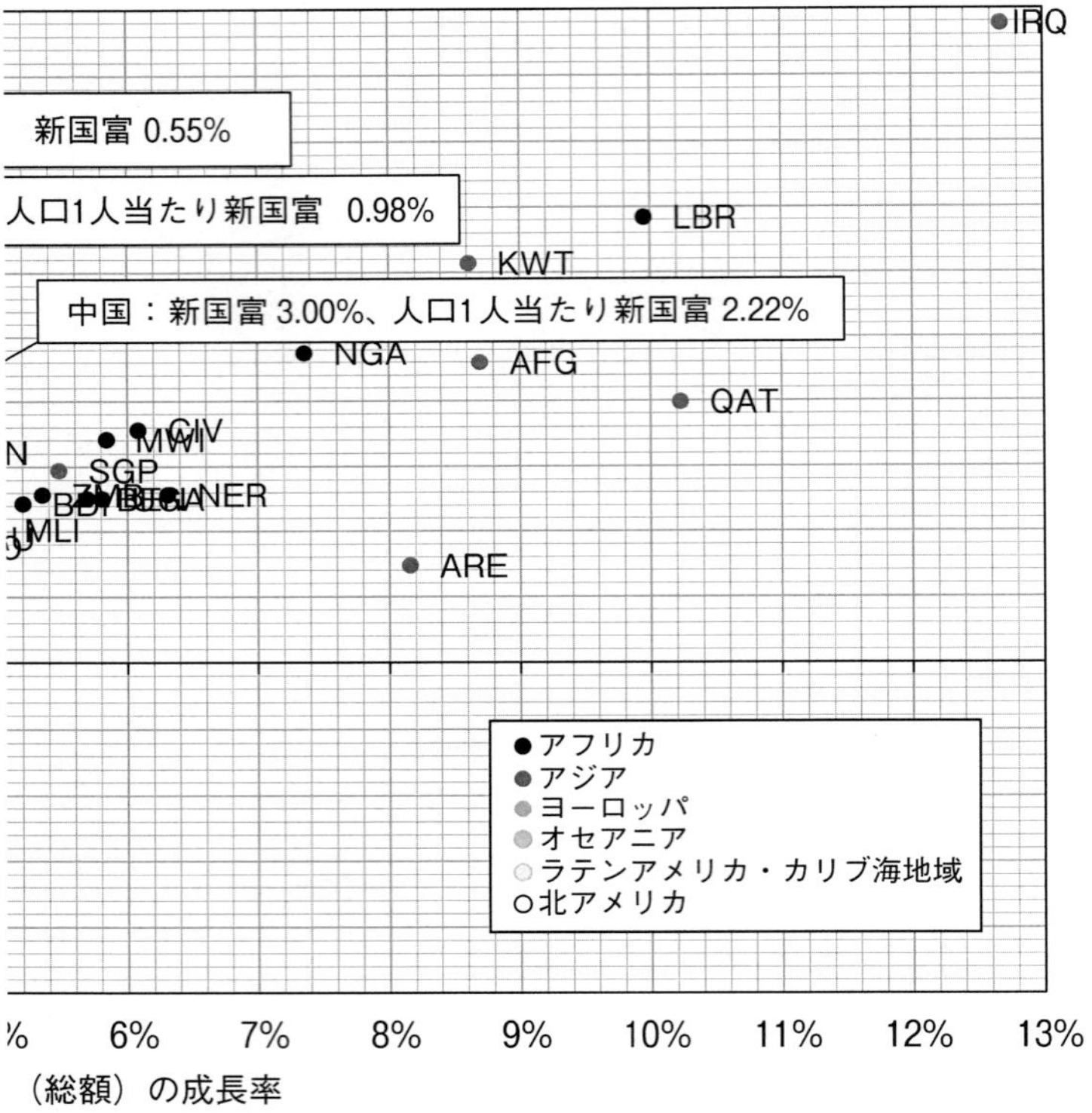

〔図表3－3〕　調整済新国富指標（総額）と

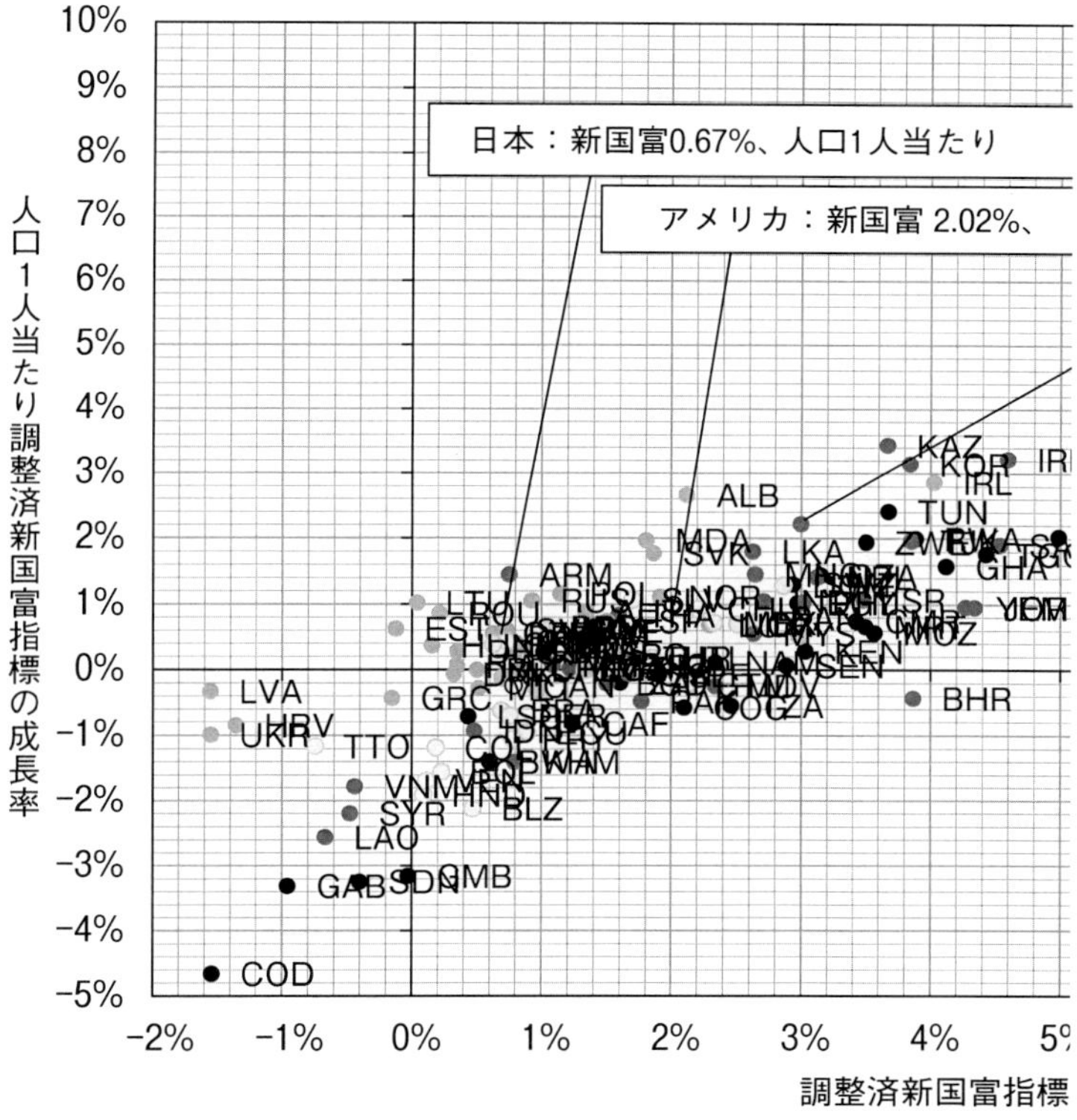

（出所）Inclusive Wealth Report 2018のデータを基に九州大学都市研究センター作成

各資本群の年平均成長率（1990－2014）その１

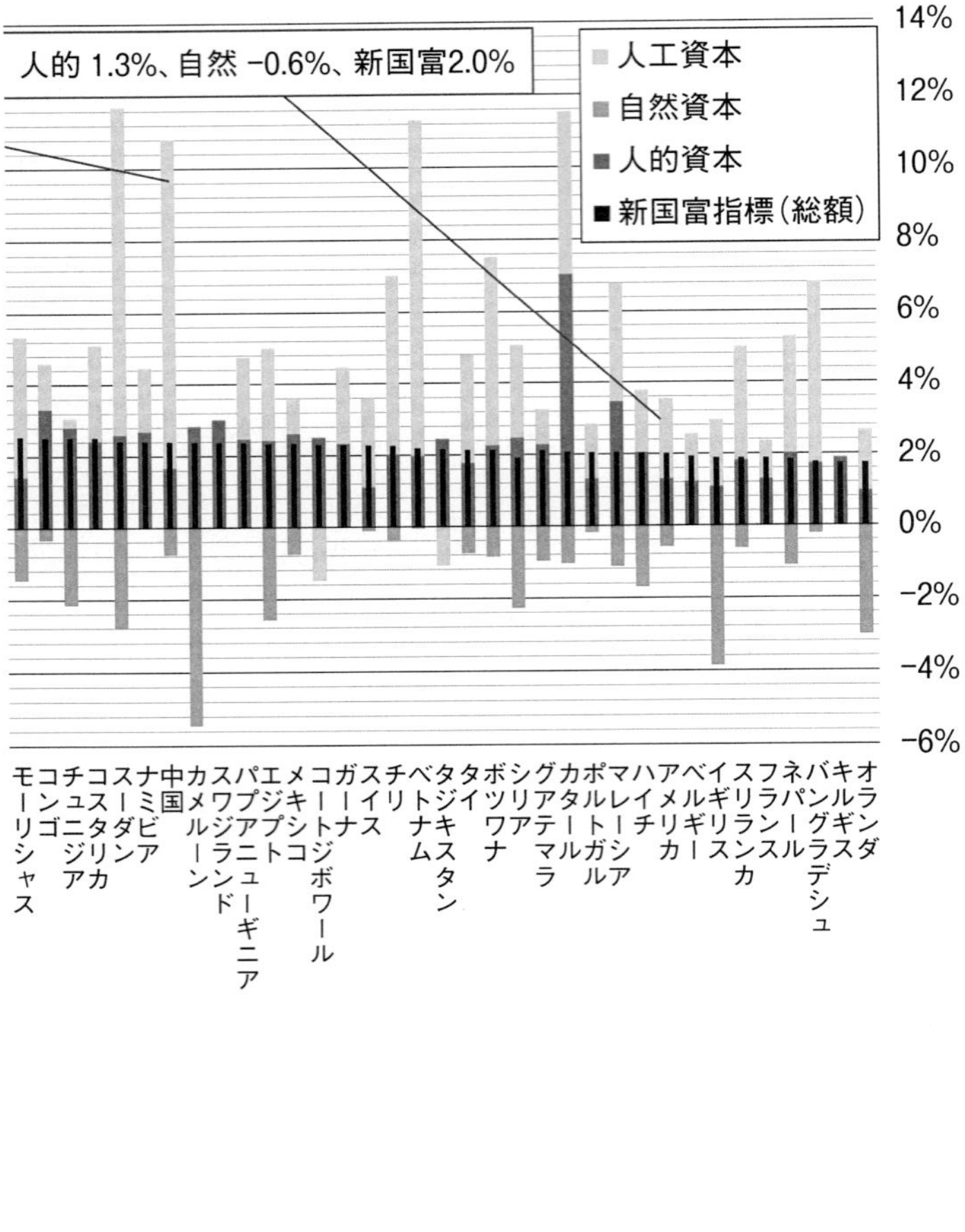

〔図表3－4a〕 新国富指標（総額）と

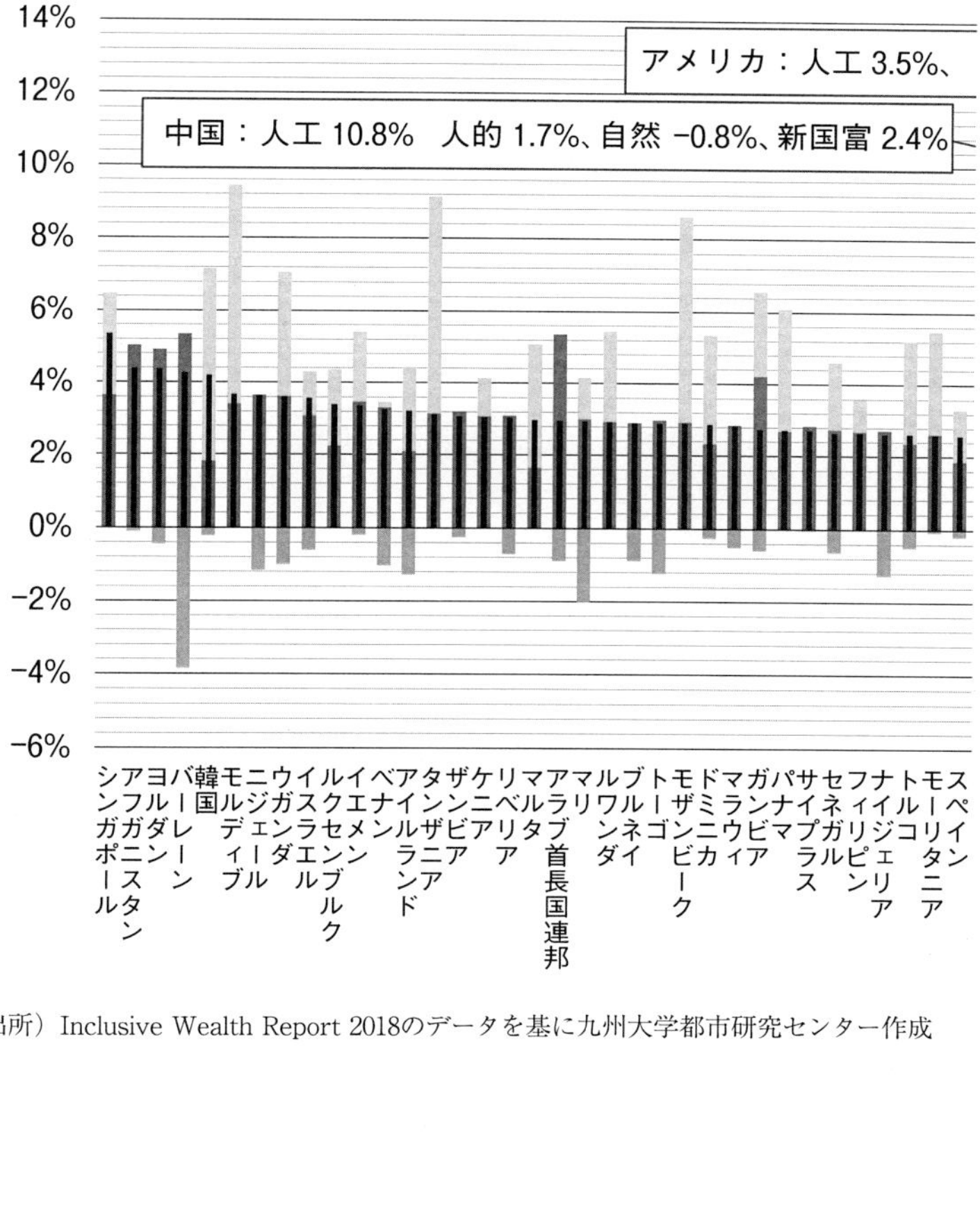

（出所）Inclusive Wealth Report 2018のデータを基に九州大学都市研究センター作成

各資本群の年平均成長率（1990－2014）その2

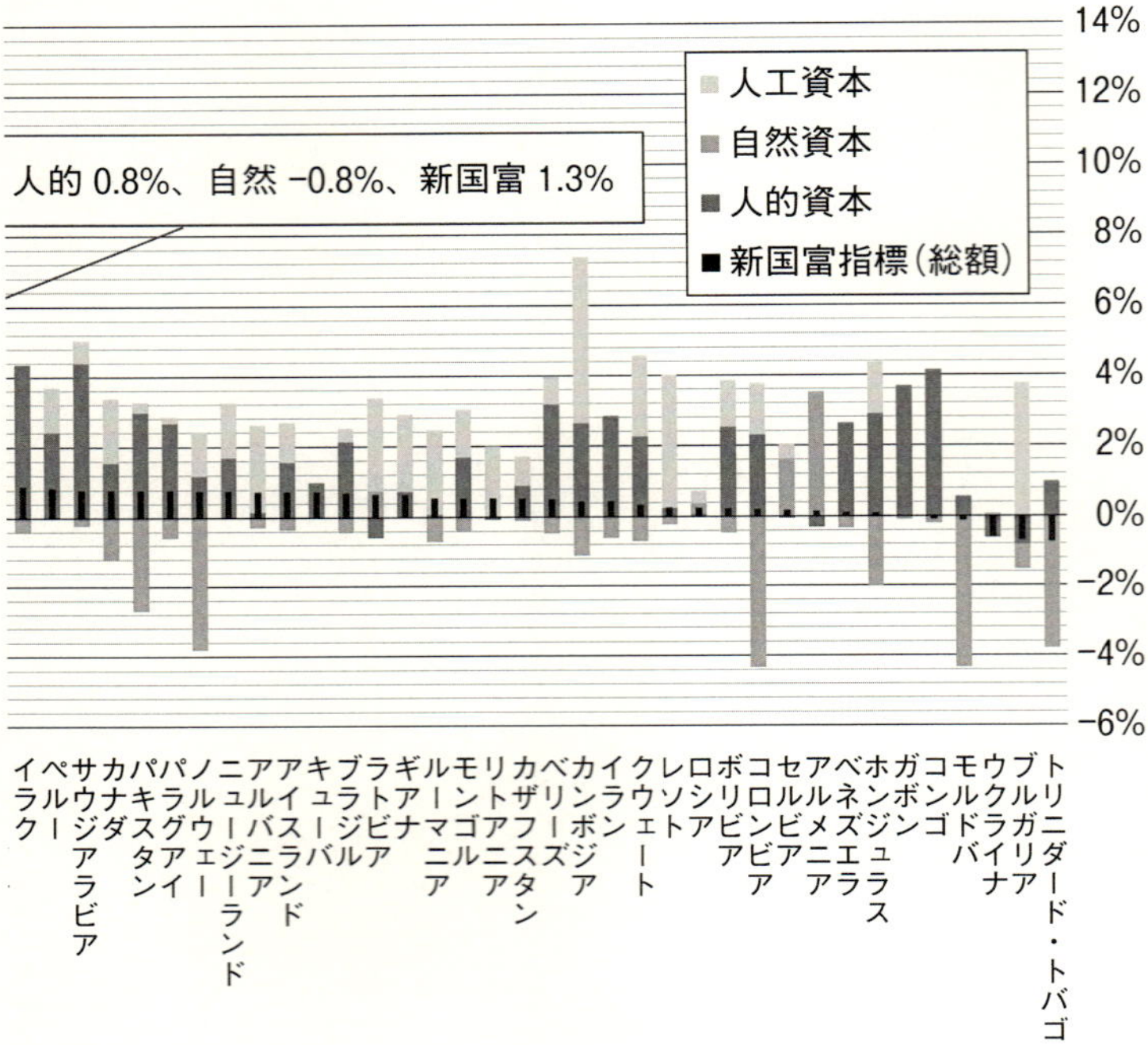

〔図表3－4b〕　新国富指標（総額）と

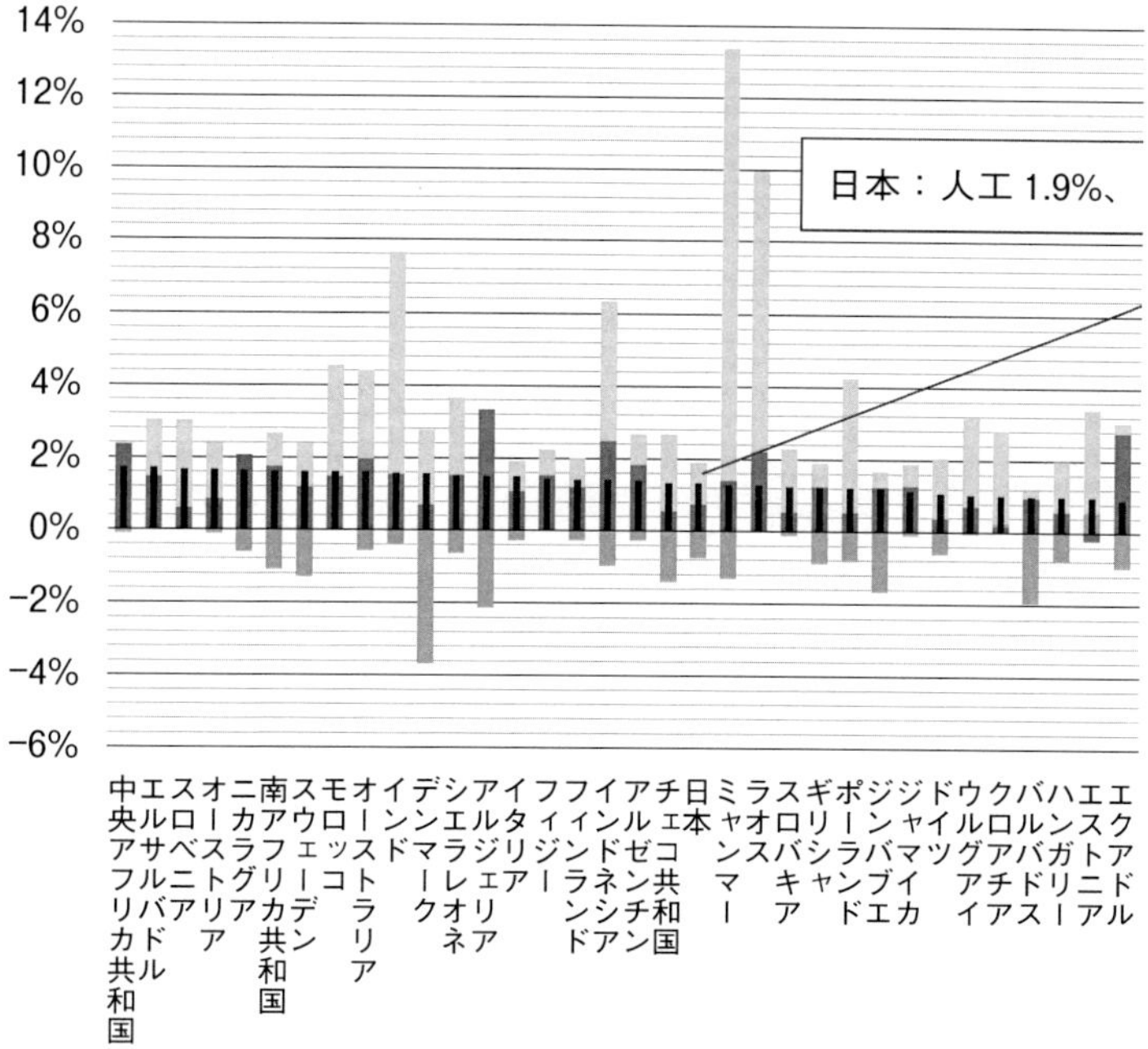

（出所）Inclusive Wealth Report 2018のデータを基に九州大学都市研究センター作成

一短があるのは当然ですが、ここでは世界的に最もポピュラーな経済指標であろうＧＤＰと新国富指標を比較し、それぞれの指標としての特徴や性能について見ていきます。

ＧＤＰは経済を総合的に把握する国民経済計算（System of National Account：ＳＮＡ）の一指標で、国内市場で取引された最終財およびサービスの市場価格を計測するものです。第2章でふれたように、新国富指標がストックであるのに対し、ＧＤＰは年単位など一定期間内に国内で生み出された付加価値の総額を表すものであり、フローに相当します。

図表3－5は世界のＧＤＰと新国富指標（総額）の変遷を比較したものです。新国富指標のデータがある期間のみになりますが、ＧＤＰに対する新国富指標の総額は世界では20～25倍と大きな差があります。これは、ＧＤＰが一定期間の富（フロー）を表すものであることと、新国富指標に含まれる人的資本や自然資本から生み出される富を十分に計測できないことが原因だと考えられます。

これらの年成長率を示したのが**図表3－6**です。実質ＧＤＰの成長率は経済成長率、新国富指標の成長率は持続可能性の度合いを表します。図を見ると、ＧＤＰの成長率は年によって大きく変動しています。一方で、新国富指標の成長率はほぼ一定の傾向にあります。これは、ＧＤＰがフロー、新国富指標がフローによって生み出され、蓄積されるストックを表す指標であることに関係しています。

〔図表３－５〕　世界の新国富指標（総額）とGDPの変遷

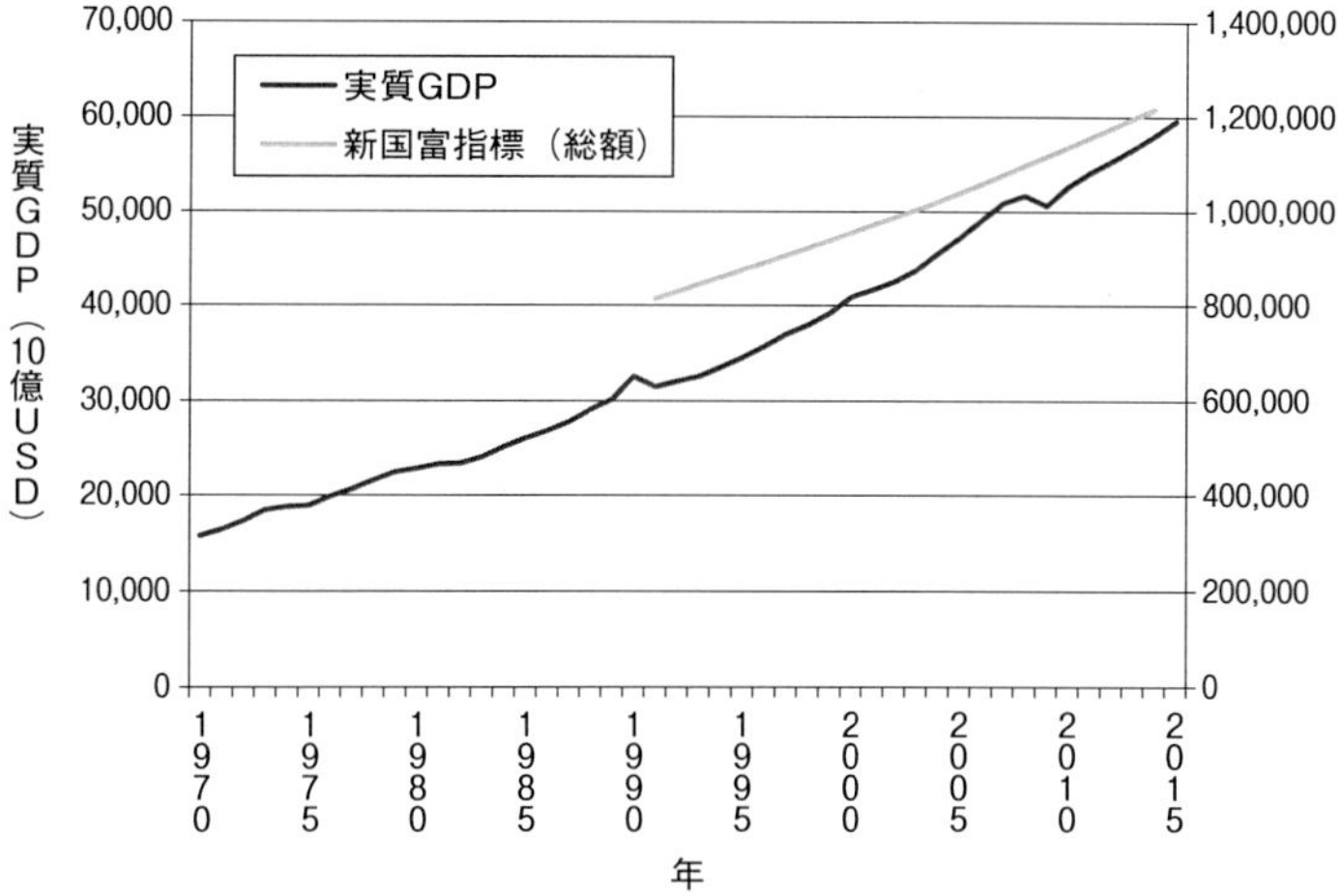

〔図表３－６〕　世界の新国富指標（総額）とGDPの年成長率の変遷

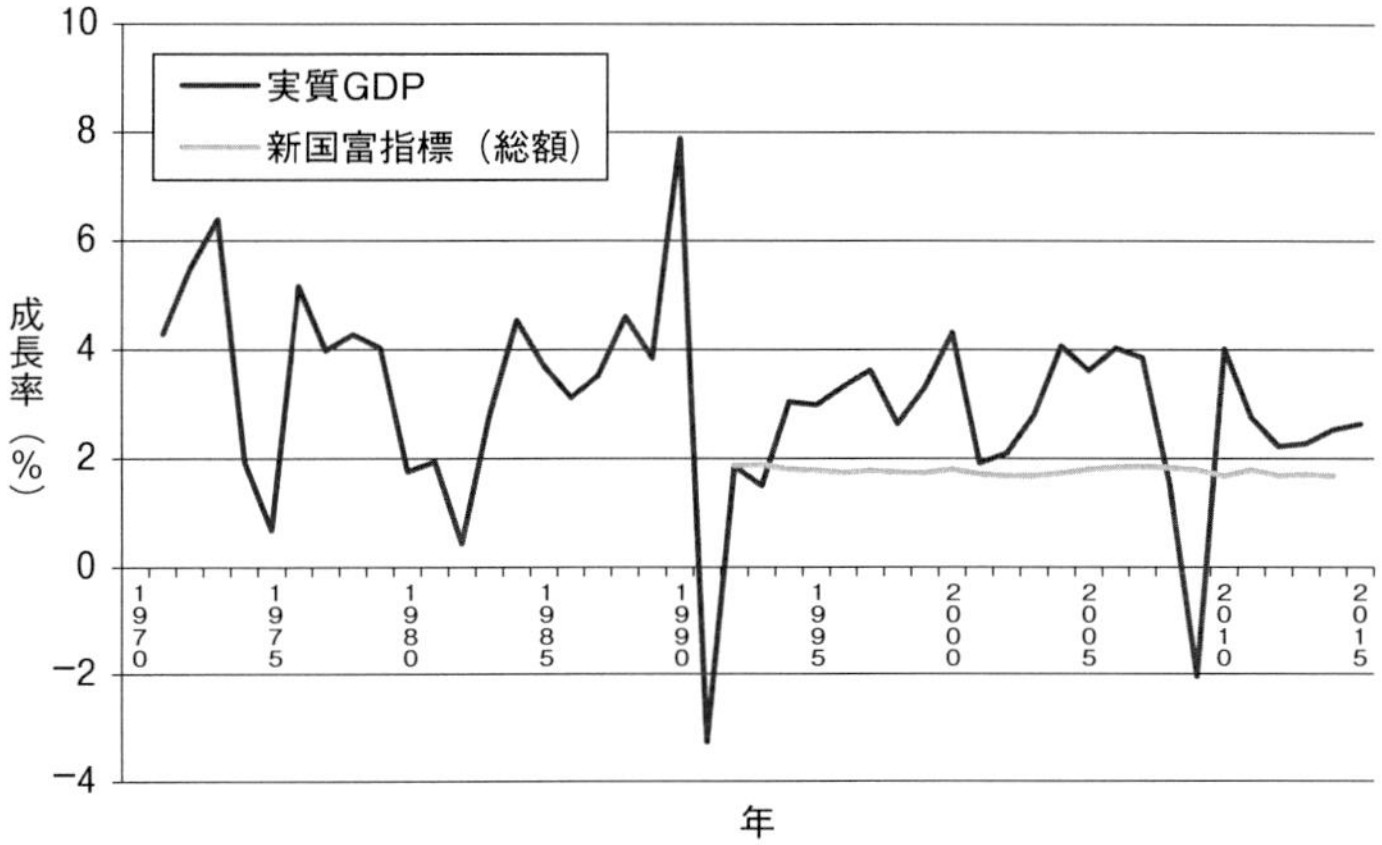

（注）単位はそれぞれ2005年基準の米ドル（USD）。

（出所）新国富指標はInclusive Wealth Report 2018、GDPはUnited Nations Statistic Division（UNSD）のデータを基に筆者作成

人口との比較

人口は最もベーシックな社会指標の1つであるばかりか、1798年に出版されたイギリスの経済学者マルサスの『人口論』のように、古くから経済との関係についても言及されてきています。これは新国富指標やGDPにとっても例外ではなく、人口規模や構造といった人口動態が大きく影響します。事実、人口の影響を除いた社会の「豊かさ」を見るために、それぞれ「人口1人当たり」という指標を用いることからも明らかです。また、特に新国富指標のなかでも人的資本については、国や地域に住む人々の健康（寿命）と教育レベルおよび年数によって決定されるものであるため、人口動態によってその数値は大きく変化します。

図表3－7は、世界の人口1人当たり新国富指標と人口の変遷です。金額と人数という異なる単位のため、単純に比較はできませんが、いずれも増加傾向にあるということはいえます。これらの成長率を比較したものが**図表3－8**です。世界においては、1人当たり新国富指標の成長率はいくらかの変動はありながら概ね微増傾向にあるのに対し、人口の成長率は減少傾向にあります。この人口1人当たりの新国富指標の成長には人口減少の影響も考えられます。

〔図表３－７〕　世界の人口１人当たり新国富指標と人口の変遷

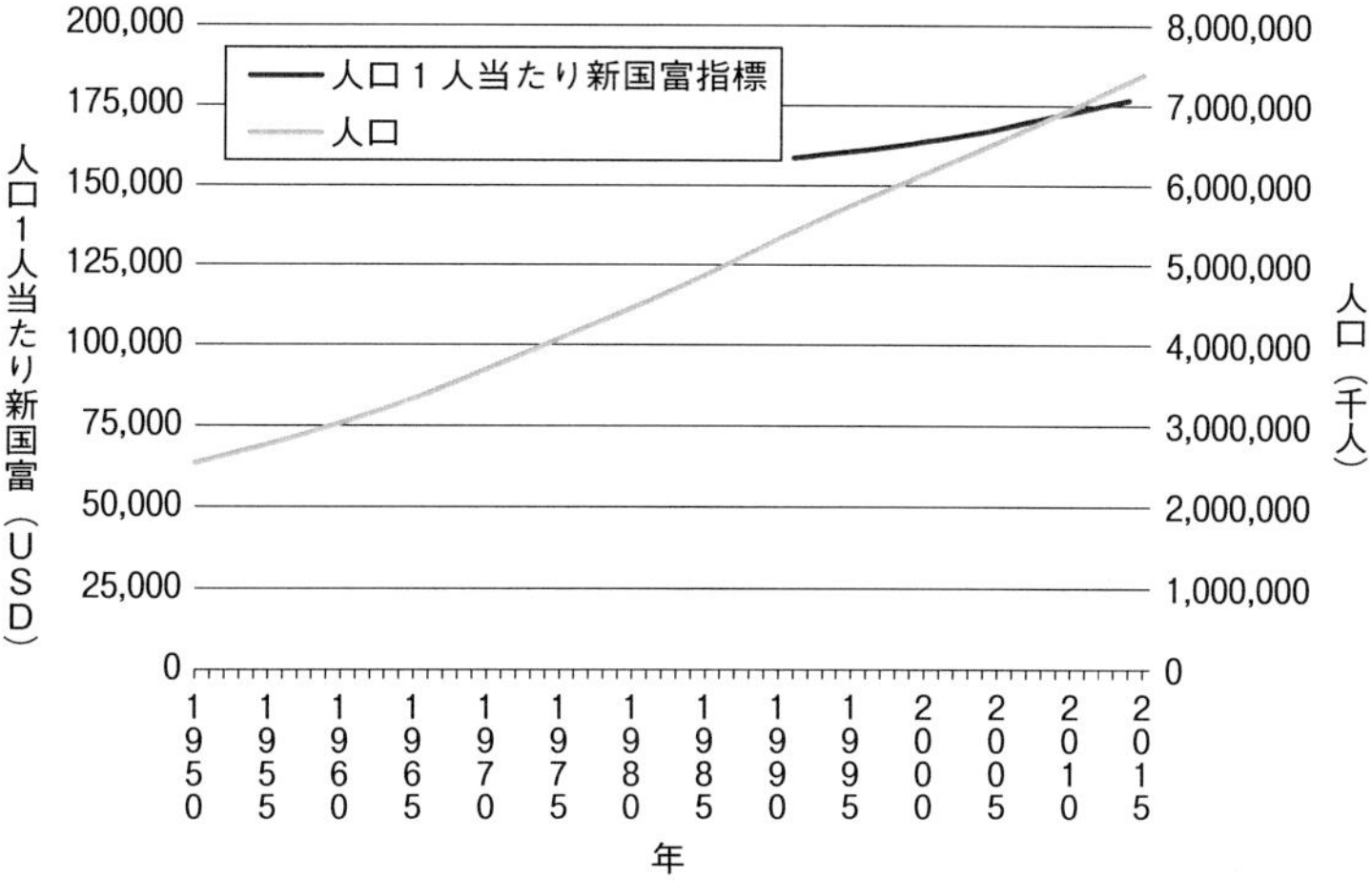

〔図表３－８〕　世界の人口１人当たり新国富指標と人口の年成長率の変遷

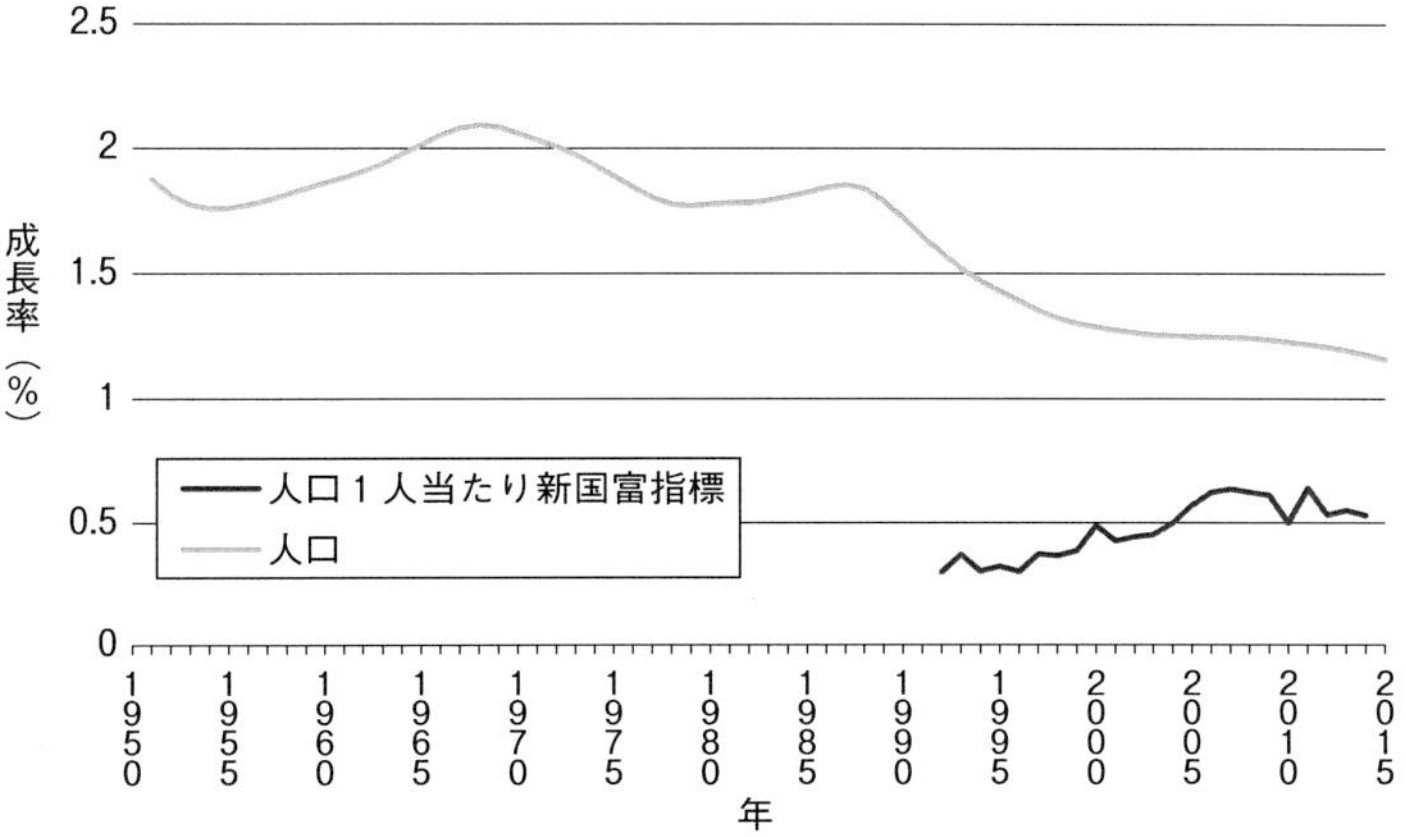

（出所）新国富指標はInclusive Wealth Report 2018、人口はUnited Nations Population Division（UNPD）のデータを基に筆者作成

●参考文献

馬奈木俊介編著（２０１７）『豊かさの価値評価—新国富指標の構築』中央経済社。

UNU-IHDP and UNEP (2012) *Inclusive Wealth Report 2012: Measuring Progress Toward Sustainability*（新国富報告書２０１２）, Cambridge: Cambridge University Press.（植田和弘・山口臨太郎共訳（竹内和彦監修）『国連大学　包括的「富」報告書—自然資本・人工資本・人的資本の国際比較』明石書店、２０１４年）

UNU-IHDP and UNEP (2014) *Inclusive Wealth Report 2014: Measuring Progress Toward Sustainability*（新国富報告書２０１４）, Cambridge: Cambridge University Press.

第4章

新国富指標で測る日本の豊かさ

◆日本全国の新国富指標のあらまし

一連の『新国富報告書』では世界各国の新国富指標から国レベルの豊かさについて触れられていますが、ここではまず、日本の新国富指標のあらましについてご紹介します。『新国富報告書2018』のデータでは、2014年時点の日本の新国富指標の総額は世界5位で約36兆米ドル（2005年基準）、当時の為替レートで計算するとおよそ4000兆円にのぼります。同年の2005年基準の実質GDPは世界3位の約550兆円です。一方で、同年の人口1人当たりの新国富指標は39位で約28万米ドル（約3100万円）、人口1人当たり実質GDPは21位で約4万米ドル（約430万円）と、それぞれ国単位の順位と比べて下がっています。また、総額・人口1人当たりともに新国富指標は実質GDPの約7・3倍です。前にも述べましたが、一定期間の国内市場で取引された最終消費財およびサービスの市場価格というフローを表すＧＤＰに対し、新国富指標は財やサービス以外のものも含んだストック量であることがその理由でしょう。

図表４－１に『新国富報告書２０１８』のデータを用いた日本の新国富指標と各資本の変遷を示します。報告書では２００５年基準の米ドルで表記されていますが、ＩＭＦの『Principal Global Indicators』の為替レート（１ドル＝約１１０・２円）を用いて２００５年基準の日本円で表記しています。これを見ると、日本の新国富はそのほとんどが人工資本と人的資本で構成されていることがわかります。特に人工資本のシェアは１９９０年代に50％程度であったものが、２０１３年には60％近くまで増え、その分人的資本と自然資本のシェアは減少傾向にあります。これら各資本と新国富指標の年成長率の変遷を示したのが**図表４－２**です。成長率はそれぞれの持続可能性を表す重要な数値であることは前にも説明したとおりです。図を見ると、自然資本を除いては、期間を通じてプラス成長ながらその成長率は減少あるいは横ばいの傾向にあったのが、２０１０年あたりで下げ止まり、以降は微増傾向になっています。これに対し、他と大きく異なるのが自然資本です。期間中常にマイナス成長で、２０１０年以降はさらに下降傾向にあります。新国富指標や他の資本は持続可能性が保たれているといえますが、自然資本は減耗を続けています。

〔図表４－１〕　日本の新国富指標と各資本の変遷

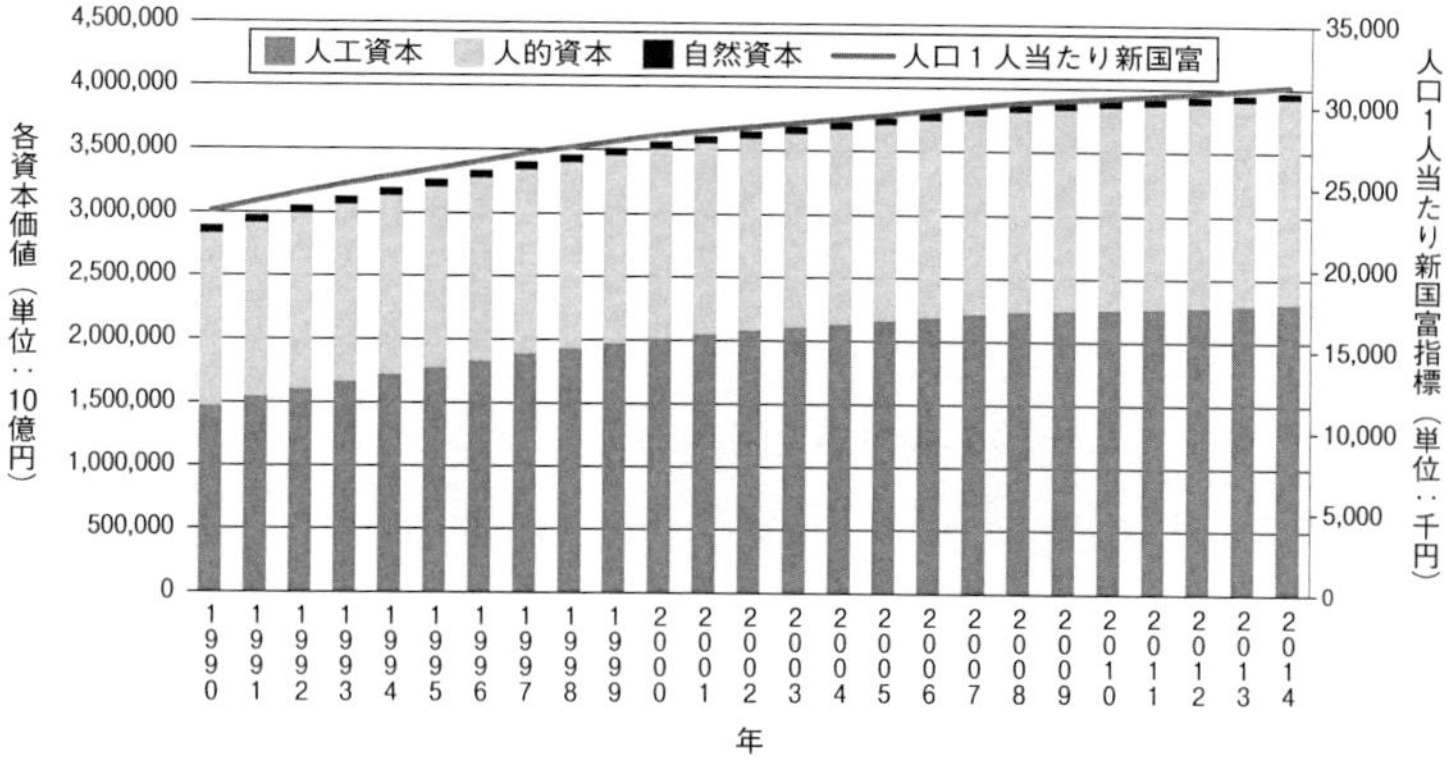

〔図表４－２〕　日本の新国富指標と各資本の年成長率の変遷

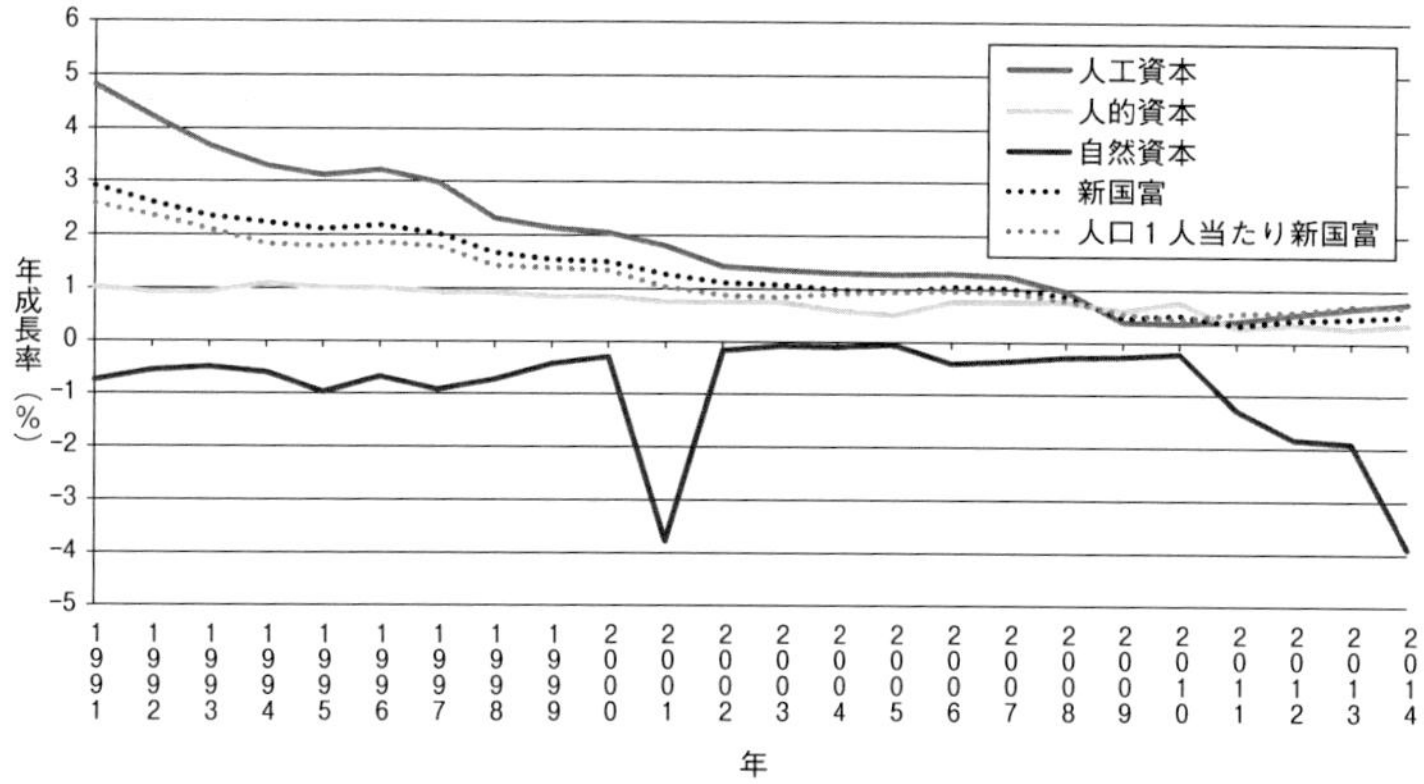

（注）いずれも単位はそれぞれ2005年基準の米ドル（USD）をIMFの『Principal Global Indicators』の2005年の為替レート（１ドル＝110.2182円）を用いて円に換算した。

（出所）Inclusive Wealth Report 2018のデータを基に筆者作成

◆都道府県の新国富指標の変遷

次に、都道府県レベルの新国富指標および各資本について見ていきましょう。これらは、基本的にはArrow et al.（2012）、UNU-IHDP and UNDEP（2012; 2014）に準拠して九州大学都市研究センターが独自に計算したものですが、データの入手可能性や、その他日本の実情に照らし合わせて計算方法や、資本項目を決定するなどしています（馬奈木編著、２０１７）。さらに第3章では米ドル表記であったのに対して、こちらでは日本円表記としています。そのため、都道府県全体を合算した日本全国の新国富指標の値は、『新国富報告書２０１８』の結果と異なりますが、実感として捉えやすいのではないでしょうか。さらに、１９９０年から２０１３年の実測値に加えて、２０３０年までの推計値を示しています。

図表４−３は調整済新国富指標（総額）の上位10都道府県とその金額です。政令指定都市のある都道府県が上位を占め、いずれも１００兆円を超えています。そのほか、１９９０年から２０１０年にかけては、すべての都道府県で金額が増加している一方、２０１０年から２０３０年にかけては31道府県で減少しています。**図表４−３**の神奈川県や大阪府、北海道、兵庫県、千葉県、静岡県のように、上位の自治体も例外ではありません。詳細は**図表４−４**に示す２０１０年から２０３０年の調整済新国富指標（総額）の成長率で見ることができます。１９９０年から２０１０年においては成長率の全

〔図表4－3〕　1990・2010・2030年の調整済新国富指標（総額）
上位10都道府県

順位	1990		2010		2030	
	都道府県名	金額(兆円)	都道府県名	金額(兆円)	都道府県名	金額(兆円)
1	東京都	727	東京都	866	東京都	932
2	大阪府	390	神奈川県	437	愛知県	509
3	神奈川県	361	大阪府	427	神奈川県	401
4	愛知県	289	愛知県	399	大阪府	358
5	北海道	263	埼玉県	322	埼玉県	333
6	埼玉県	256	北海道	296	北海道	291
7	兵庫県	214	兵庫県	264	兵庫県	235
8	千葉県	188	千葉県	239	千葉県	220
9	福岡県	165	福岡県	209	福岡県	218
10	静岡県	148	静岡県	185	静岡県	178

（注）単位は2000年基準の日本円。
（出所）九州大学都市研究センター作成

国平均が０・95％、20県で成長率が１・０％を超えているのに対し、２０１０年から２０３０年では成長率の全国平均がマイナス０・１％、１・０％を超えたのは愛知県と沖縄県だけと、都道府県単位では将来的に持続可能性が損なわれる結果となっています。

しかし、**図表4－5**に示す２０１０年から２０３０年の人口１人当たりの調整済新国富指標の成長率を見ると、状況は異なります。１９９０年から２０１０年にかけては、総額の場合と同様にすべての都道府県で成長率がプラスで平均値もほぼ同じですが、２０１０年から２０３０年の成長率については、マイナスの値になったのはたったの６府県で、平均も０・55％とプラスの値です。なかには成長率が１・０％を超える県（秋田県、愛知県、島根県、沖縄県）もあります。これは主に、将来においては新国富の成長率（減少率）よ

〔図表４－４〕　2010年～2030年の都道府県別の調整済新国富指標（総額）の成長率

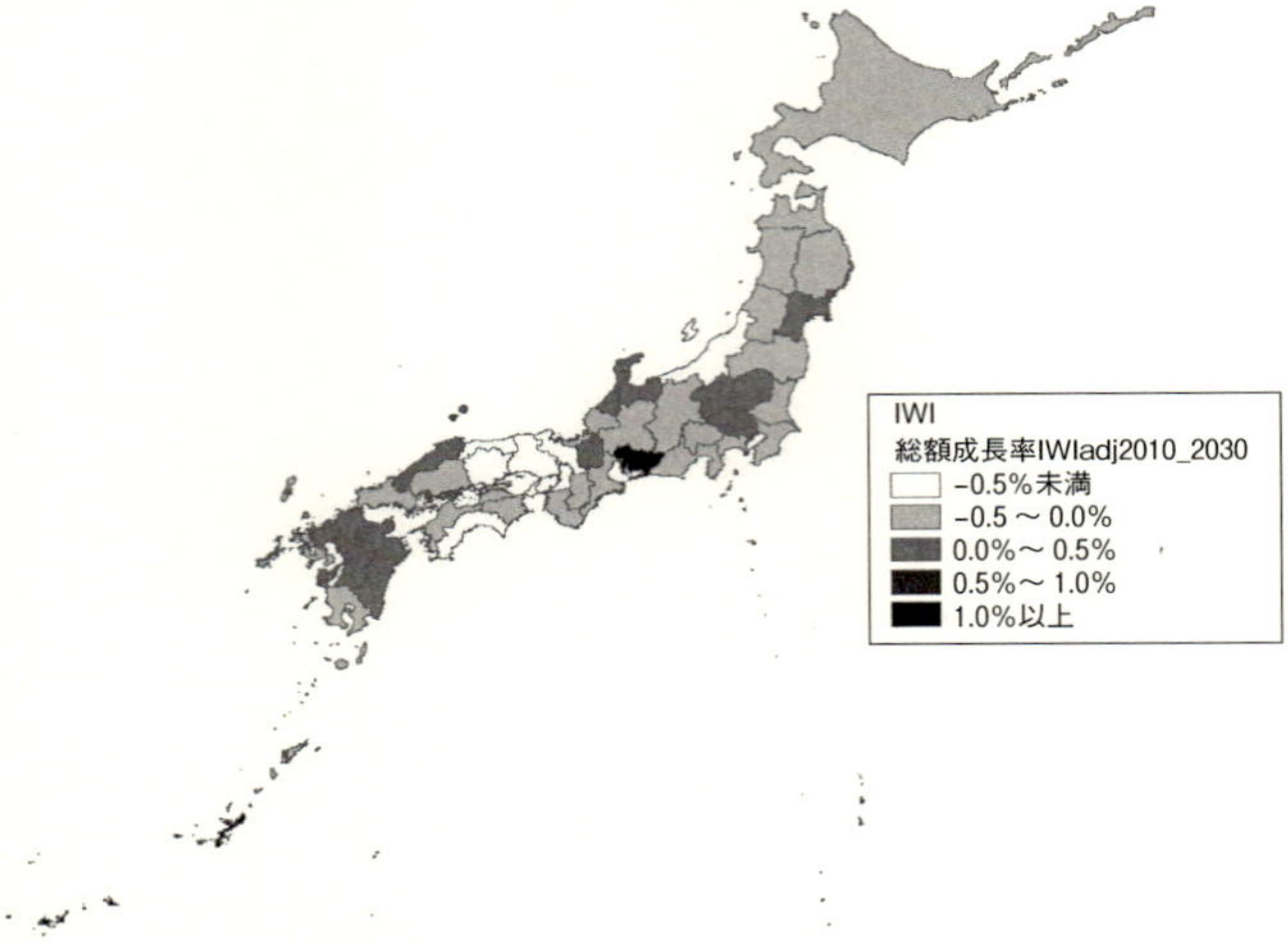

〔図表４－５〕　2010年～2030年の都道府県別の人口１人当たり調整済新国富指標の成長率

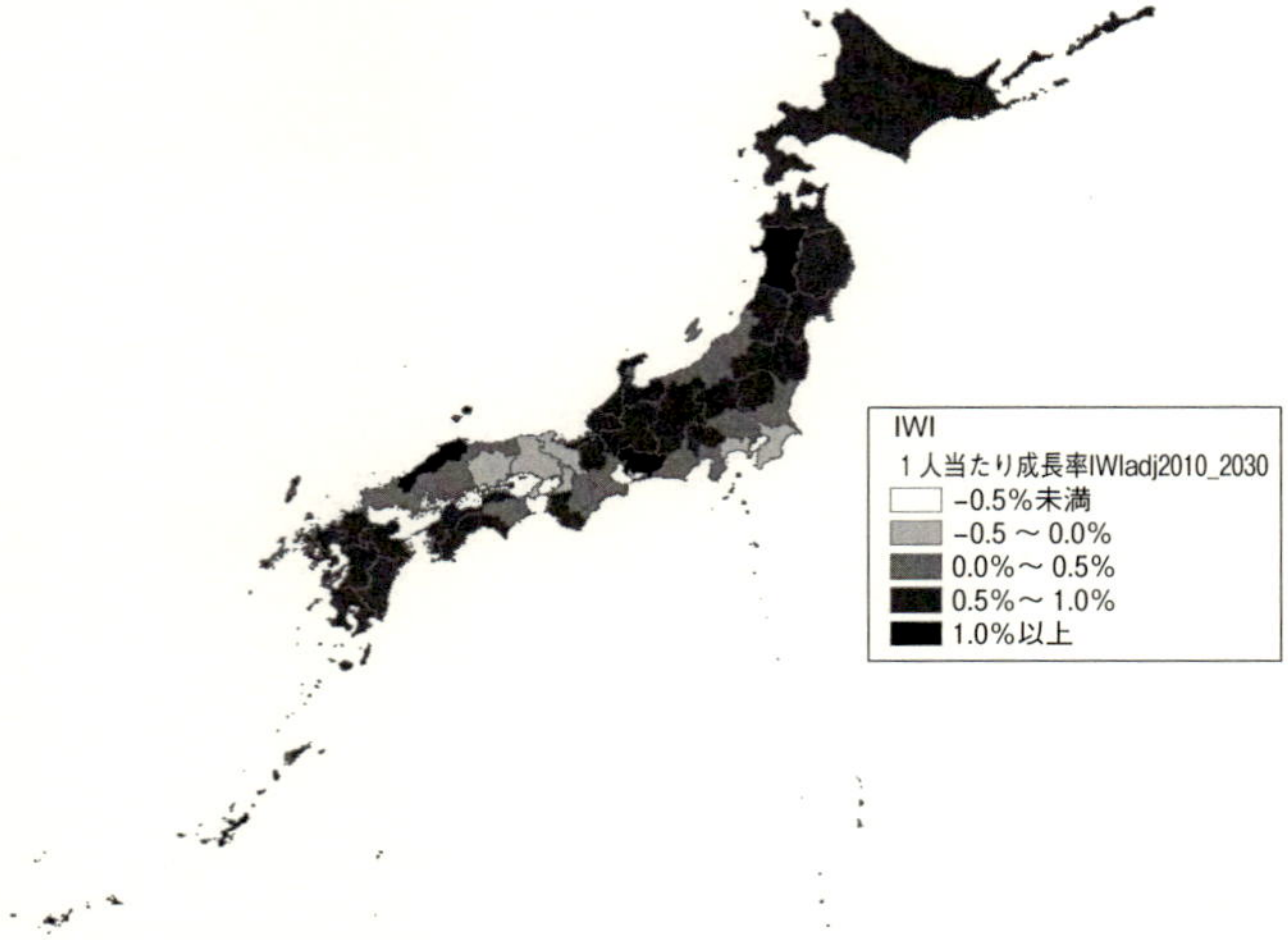

（出所）九州大学都市研究センター作成

〔図表4－6〕　都道府県別の資本構成

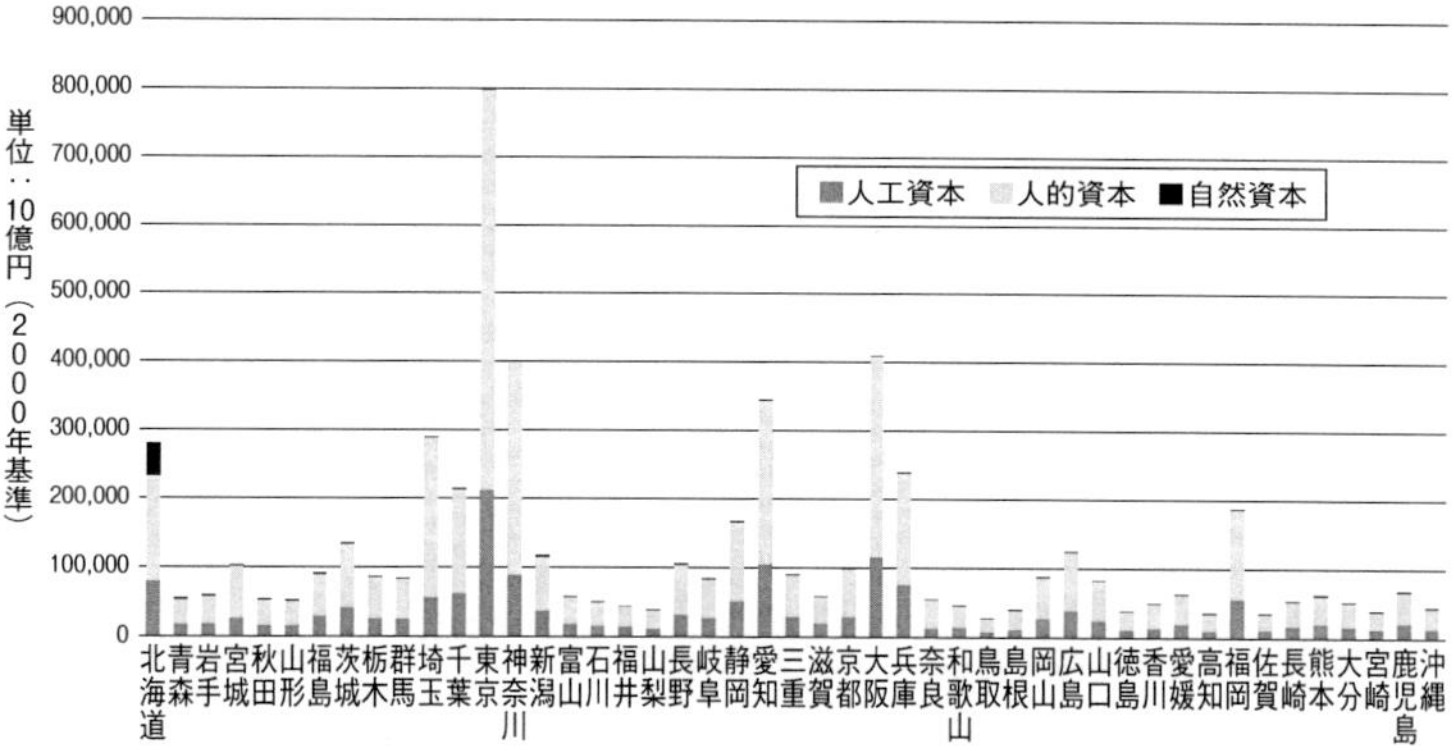

（注）1990年と2010年の実測値を平均したもの。
（出所）九州大学都市研究センターのデータを基に筆者作成

り人口の減少率が大きいと予想されるためだと考えられます。

続いて、新国富指標を構成する3つの資本群について見ていきましょう。**図表4－6**は都道府県別の資本構成です。対象期間中の都道府県間の傾向が同じであったため、実測値である1990年と2010年の平均で表しています。金額の違いはありますが、特筆すべきは北海道の自然資本価値が突出して高いことです。いずれの年においても総額、人口1人当たりともに他を大きく離して第1位です。構成比率についても、他の都府県では0・05％～3・92％と低い値であるのに対して、北海道は17・01％と突出しています。

◆市区町村の新国富指標の変遷

ここからは、全国1742市区町村を対象とした新国富指標や各資本群について見ていきます。データの入手の可能性などから、市区町村レベルの指標については、都道府県の各資本価値を人口や従業者数、森林蓄積などの比で按分する方法（按分法）で推計されるものと、市区町村レベルのデータから資本量とシャドウ・プライスを求めて価値を算出する積み上げ法で推計されるものがあります（馬奈木編著、2017）。例えば、人工資本は従業者数の比による按分法、自然資本のうち森林資本（市場・非市場ともに）や漁業資源はそれぞれ森林蓄積（材積）や森林面積、海面漁業者数の比による按分法、農地資本や人的資本である教育資本や健康資本は積み上げ法で求められます。なお、ここでお見せするのは2010年の各指標のみのため、複数年の成長率で表される各市町村の持続可能性について考察することはできませんが、新国富指標で表される「豊かさ」の蓄積を見ることはできます。

ここでお見せする新国富指標は、人工資本、自然資本と教育資本を合算したものです。既刊の書籍（馬奈木編著、2017）にも示していますが、健康資本の価値は他の資本価値の総計を凌駕するほど大きいので、ここでは別会計としています。健康資本の価値推計については今も議論が重ねられており、今後新しい推計方法が採用される可能性があります。

図表4－7は北海道179市区町村の新国富指標の総額を地図に示したものです。2つの村を除いては1000億円以上で、平均1・4兆円程度と、全国平均2・9兆円のおよそ半分です。最大は札幌市の73・5兆円（全国第4位）で、それに旭川市（13・6兆円、同73位）、函館市（10・5兆円、同105位）が続きます。

図表4－8は東北地方（青森県、岩手県、宮城県、秋田県、山形県、福島県）227市区町村の同

〔図表4－7〕　北海道179市区町村の調整済新国富指標（総額）

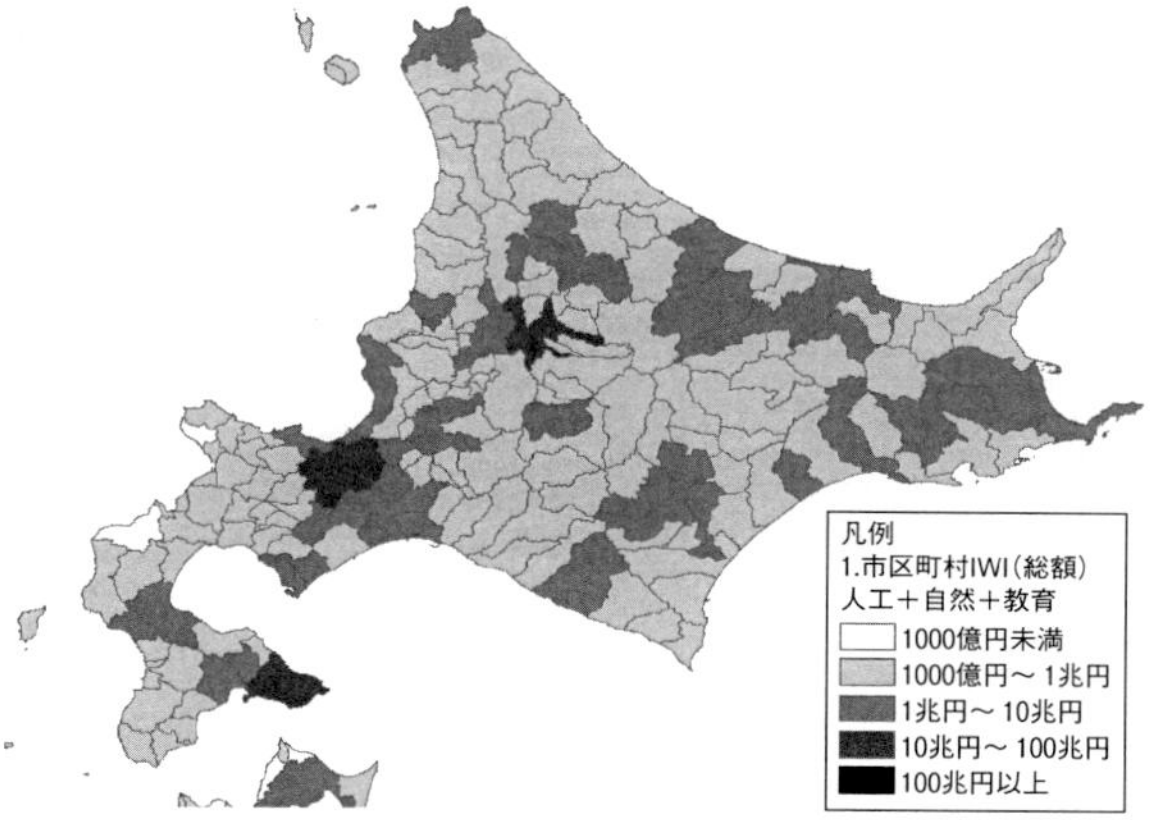

（出所）九州大学都市研究センター作成

〔図表4－8〕　東北地方227市区町村の調整済新国富指標（総額）

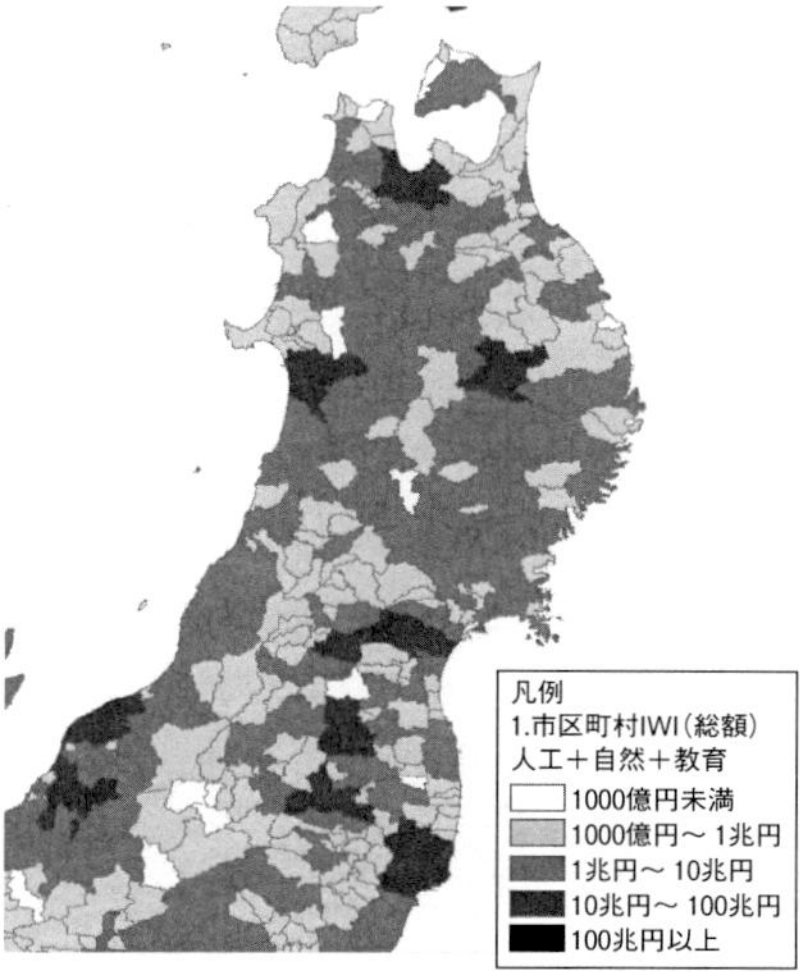

（出所）九州大学都市研究センター作成

様の指標を示しています。北海道エリアとよく似た傾向で、平均1・6兆円です。最も金額が高いのは仙台市の44・8兆円（同11位）で、10兆円以上の市区町村は、各県庁所在地6市と福島県の郡山市といわき市です。

図表4－9は関東地方（茨城、栃木、群馬、埼玉、千葉、東京、神奈川）の317市区町村です。他の地方に比べて高い水準に分布しており、平均も5・1兆円と高くなっています。100兆円を超えるのは横浜市のみで、全国でも1位の金額です（約140兆円）。

図表4－10は中部地方（新潟、富山、石川、福井、山梨、長野、岐阜、静岡、愛知）316市区町村を示したものです。総額の平均値と分布は全国と同様の傾向で、1兆円台が全体の約半分を占めます。100兆円以上は名古屋市のみです。

図表4－11は近畿地方（三重、滋賀、京都、大阪、兵庫、奈良、和歌山）の227市区町村です。中部地方と同様に総額の平均と分布は全国と似た傾向にあります。また、大阪市がこの地方で唯一100兆円を超えています。

図表4－12は中国・四国地方（鳥取、島根、岡山、広島、山口、徳島、香川、愛媛、高知）の202市区町村です。総額の平均と分布は全国の水準よりやや低い傾向にあり、1000億円台が半数近くを占めています。10兆円を超えるのは9都市で、岡山、広島、四国4県の県庁所在地が含まれます。このエリアの最高額は広島市の約49兆3000億円です。

図表4－13と**図表4－14**は九州・沖縄地方（福岡、佐賀、長崎、熊本、大分、宮崎、鹿児島、沖

〔図表4－9〕 関東地方317市区町村の調整済新国富指標（総額）

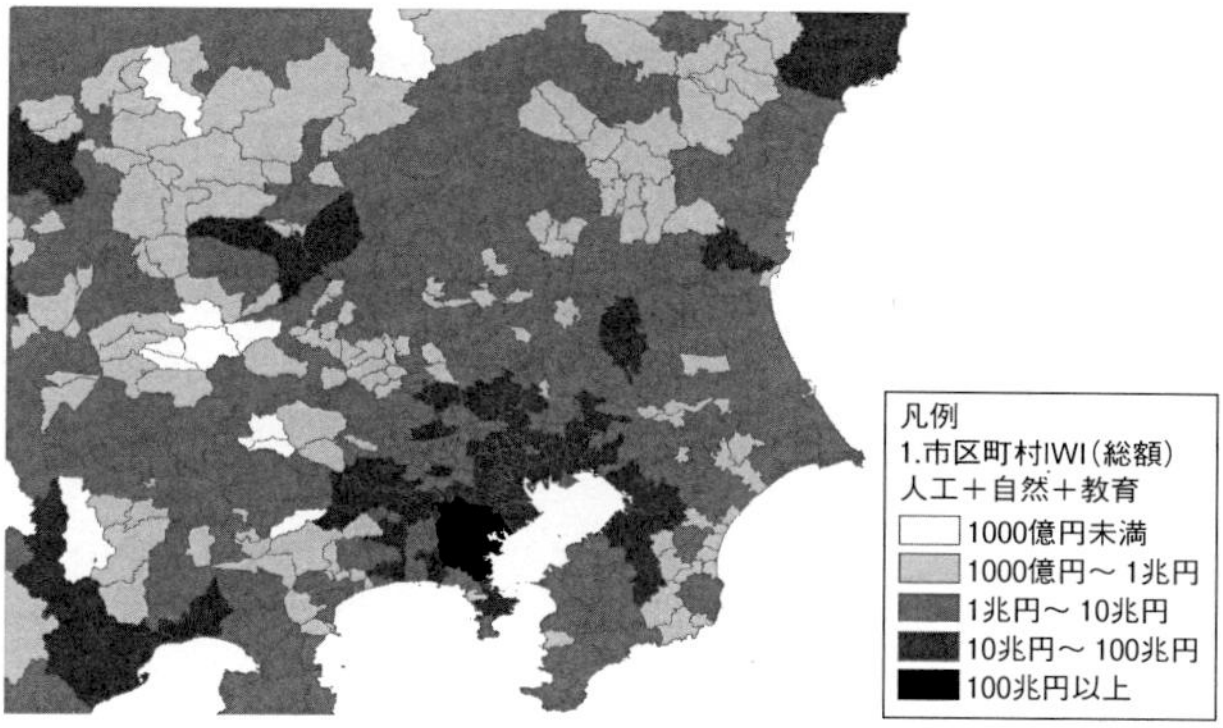

（出所）九州大学都市研究センター作成

〔図表4－10〕 中部地方316市区町村の調整済新国富指標（総額）

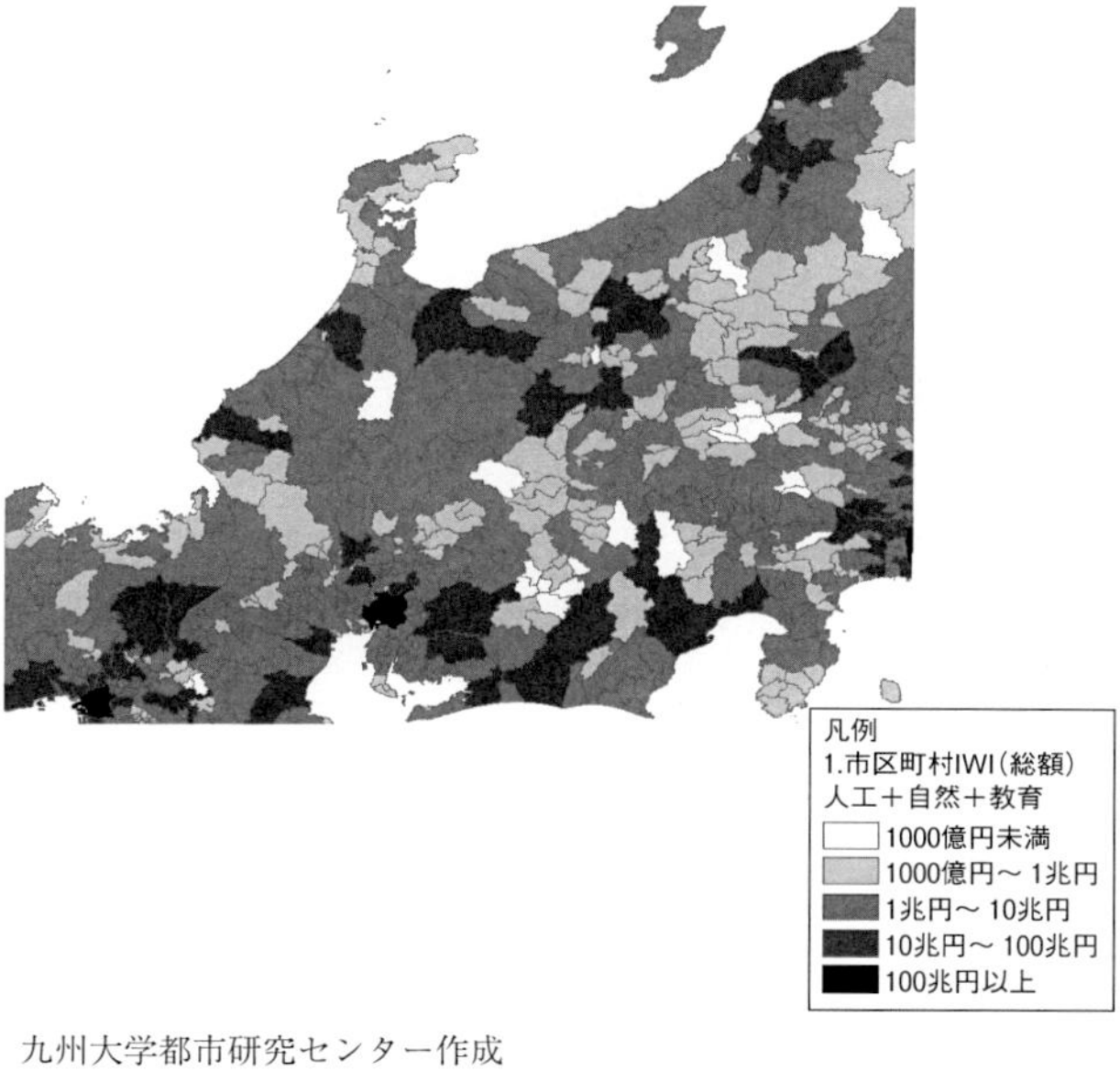

（出所）九州大学都市研究センター作成

〔図表４－11〕　近畿地方227市区町村の調整済新国富指標（総額）

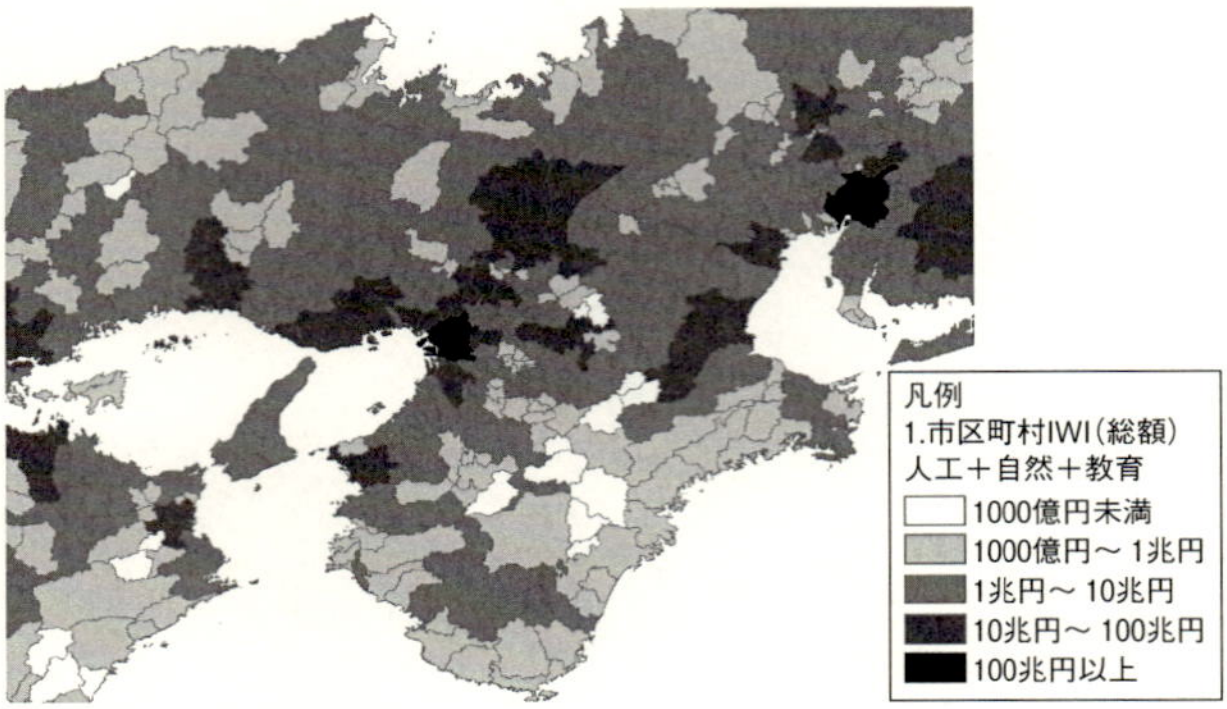

（出所）九州大学都市研究センター作成

〔図表４－12〕　中国・四国地方202市区町村の調整済新国富指標（総額）

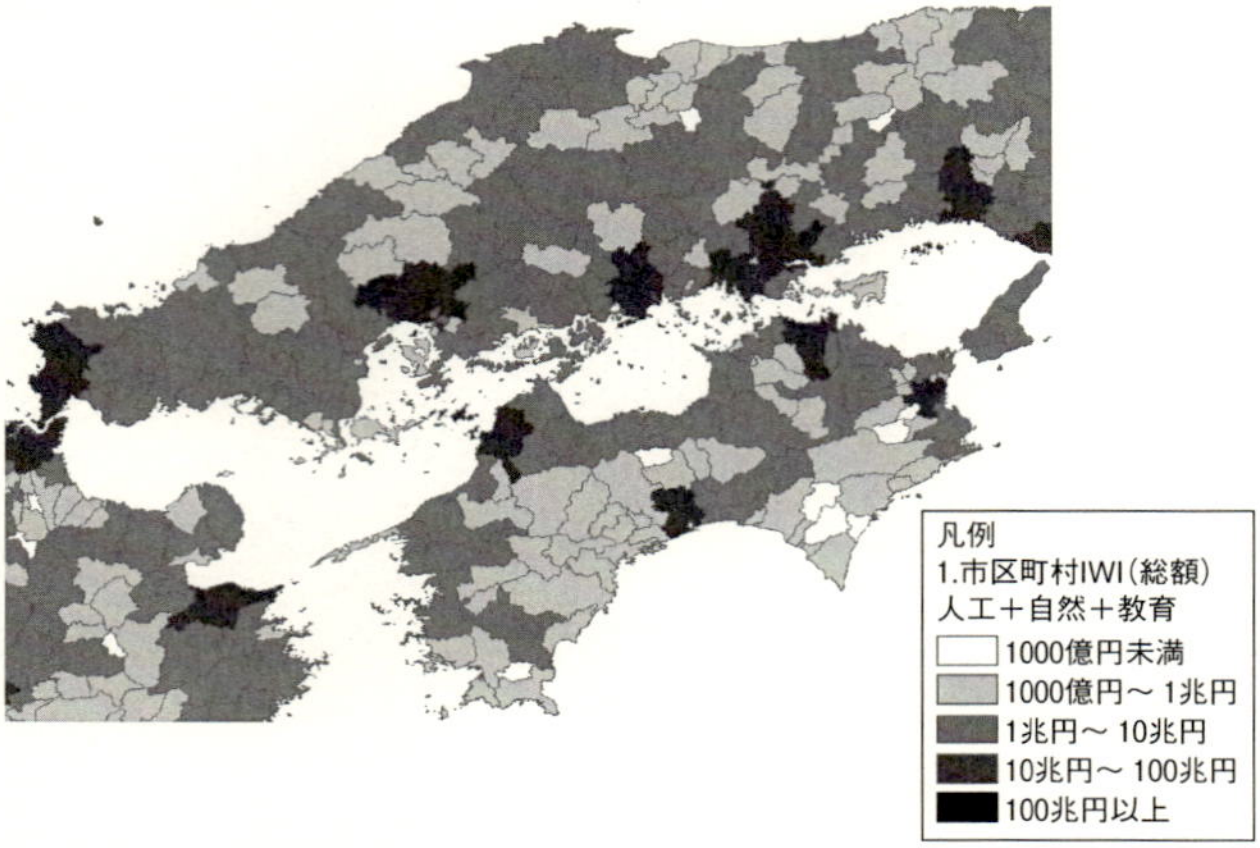

（出所）九州大学都市研究センター作成

〔図表４－13〕　九州・沖縄274市区町村の調整済新国富指標（総額）その１

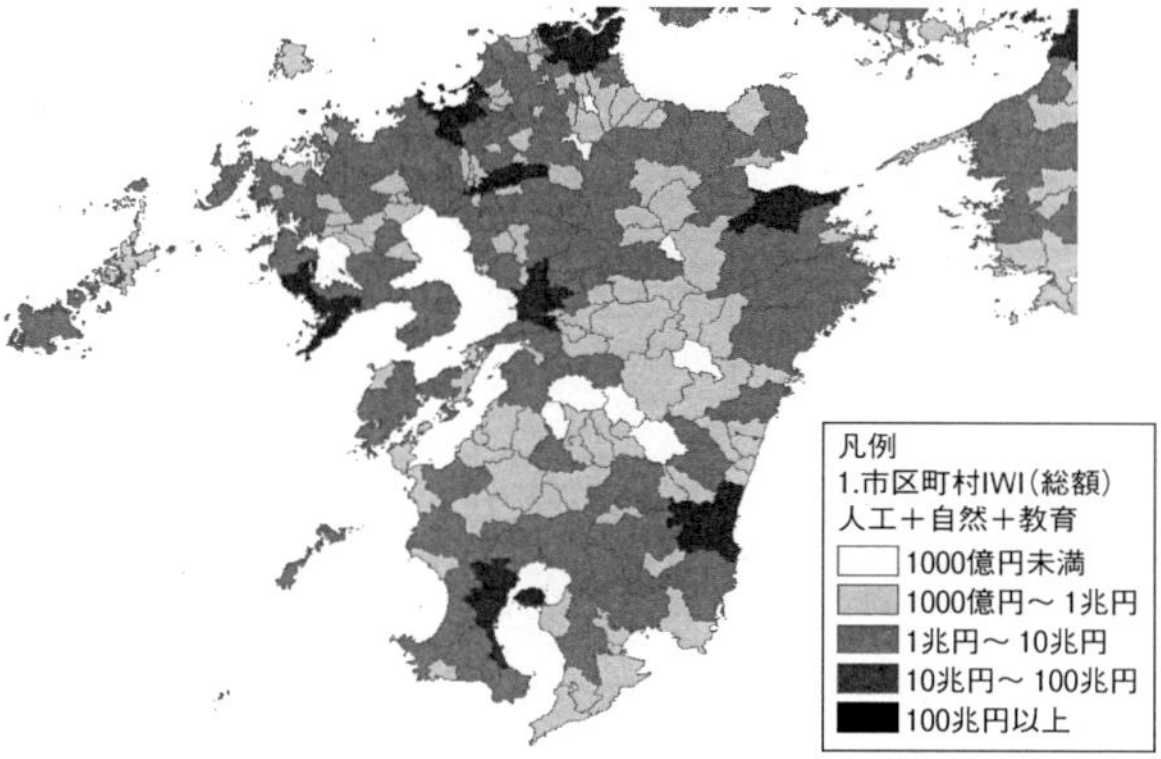

（出所）九州大学都市研究センター作成

〔図表４－14〕　九州・沖縄274市区町村の調整済新国富指標（総額）その２

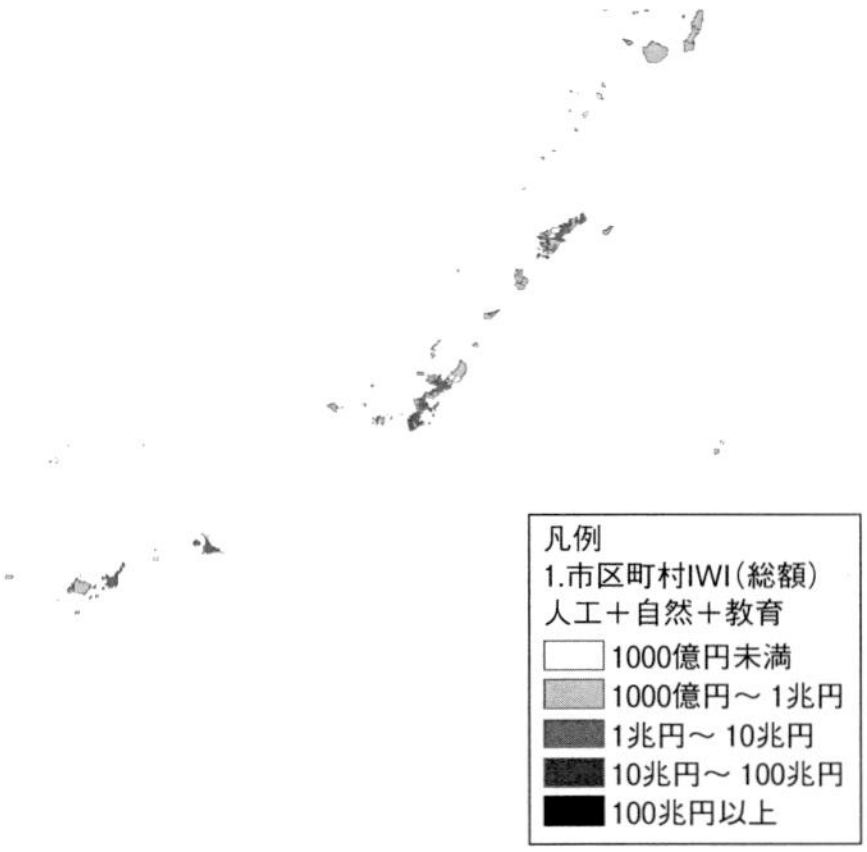

（出所）九州大学都市研究センター作成

縄）の274市区町村のものです。全体的に中国・四国地方と似た傾向にあります。10兆円を超える9都市のうち7都市が県庁所在地です。福岡市がこのエリアの最高額で約60兆円です。

全国的に見ると、新国富指標総額については、都市部が高く、地方部が低い傾向にあります。逆に、人口1人当たりの額になると、一部の例外を除いては地方部の町村といった比較的小規模な自治体が高い傾向にあります。また、他の地方に比べて北海道の傾向が大きく異なります。これは都道府県別の場合と同様に自然資本の影響が多分にあると考えられます。

◆日本特有の事情と新国富指標との関係

新国富指標の特徴の1つに、世界各国や地域の、あるいは他分野にわたる政策やプロジェクトがもたらす「豊かさ」の持続可能性を同一の指標で表すことが挙げられます。そのためには使用するデータや指標の算出方法を統一する必要がありますが、一方で、統一されたデータや方法ではその汎用性ゆえに国や地域特有の事情を新国富指標に反映できないこともあります。これら特有の事情が国や地域の「豊かさ」とその持続可能性にどう影響するのかを把握することは、それぞれの国や地域に根差した実効性のある政策やプロジェクト策定に必要不可欠です。ここからは、日本特有の事情を反映した都道府県や市区町村の新国富指標および各資本群、調整項目の設定や算出方法の事例をいくつかご紹介します。

東日本大震災の影響

我が国において、国や地域の「豊かさ」に大きな影響を与えるものとして、災害を忘れるわけにはいきません。これらの被害は、人命や土地、あるいは建物などのインフラだけなく、社会システムにも及ぶため、被災した地域の「豊かさ」がどのように変化するのか、そして地域の持続可能性のためにはどのように「豊かさ」を回復させるべきかは、避けては通れない重要な課題です。その際に、人工資本のみならず、人的資本や自然資本の変化も考慮することで、これまでの復旧や復興の指標よりも、現在・将来世代の地域住民の福祉（生活の質）を、地域に存在するストックの面からより包括的に把握できると考えます（馬奈木編著，２０１７；植田・山口，２０１１）。ここでは，２０１１年３月に発生した東日本大震災の被災地のうち，福島県の新国富への影響について研究成果から見ていきます（植田編，２０１６：Yamaguchi et al., 2016; Okubo, 2016）。

なお，福島県は，原発事故という他の県にはない震災被害を受けています。事故により拡散した放射性物質が各資本にもたらした質的な影響は，非常に重大なものであることはいうまでもないでしょう。一方で，人体への影響など，未だに明らかでないものもあることなどから，本書では原発事故を除く震災による量的な被害のみを取り扱っています。

震災によって，各資本はどのように毀損したのか，そして２０１１年以降の震災復興を経て，富は回復傾向にあるといえるのかについて，新国富指標の震災前の２００１年から２０１０年までと，２０１１年から２０１３年までの震災後のトレンドの比較から考察していきます。

まず人工資本の価値の推移について、**図表４－15**にその計算結果を示します。図を見ると、震災前の総額は単調に減少を続けていたうえに、２０１１年３月の震災で大きな物量的被害がもたらされたため、さらに価値は急減しました。しかし減少傾向は２０１２で底を打ち、２０１３年には増加傾向に転じています。これは復興がある程度進んだことで粗投資が減耗分を上回ったことによります。人口１人当たりの額については、震災前は横ばいあるいは微増であったのが、震災被害で総額と同様に一旦大きく落ち込み、その後増加傾向となっています。しかし、これには福島県の人口が減少傾向にあることが影響していると考えられるため、復興の効果によるものとは一概にいえません。

次に、自然資本の価値の推移を**図表４－16**に示します。これを見ると、自然資本の価値の総額は震災の前後を通じて単調に増加しています。これは、森林の材積や面積の増加による価値の増加分が、農地の減少による減少分を上回っていたためだと考えられます。人口１人当たりの額の変遷についても、同様の傾向です。ただし、津波による表土流出等、農地の減少は考慮されているものの、森林については、林野庁による材積や面積の統計調査は5年ごとに行われ、データがない年については線形補間を行っていることから、震災の被害が反映されていないことに注意が必要です。また、今回対象外としている漁業資源についても、福島県の水産業は直接の被害だけでなく、風評被害も極めて大きいため、これらの分析は今後重要です。

最後に人的資本の価値の推計結果を**図表４－17**に示します。総額は震災前から減少傾向にあり、さらに２０１１年には大きく減少しましたが、２０１２年には２０１０年とほぼ同じ水準に回復してい

〔図表4－15〕　人工資本の価値の推移（2001年～2013年）

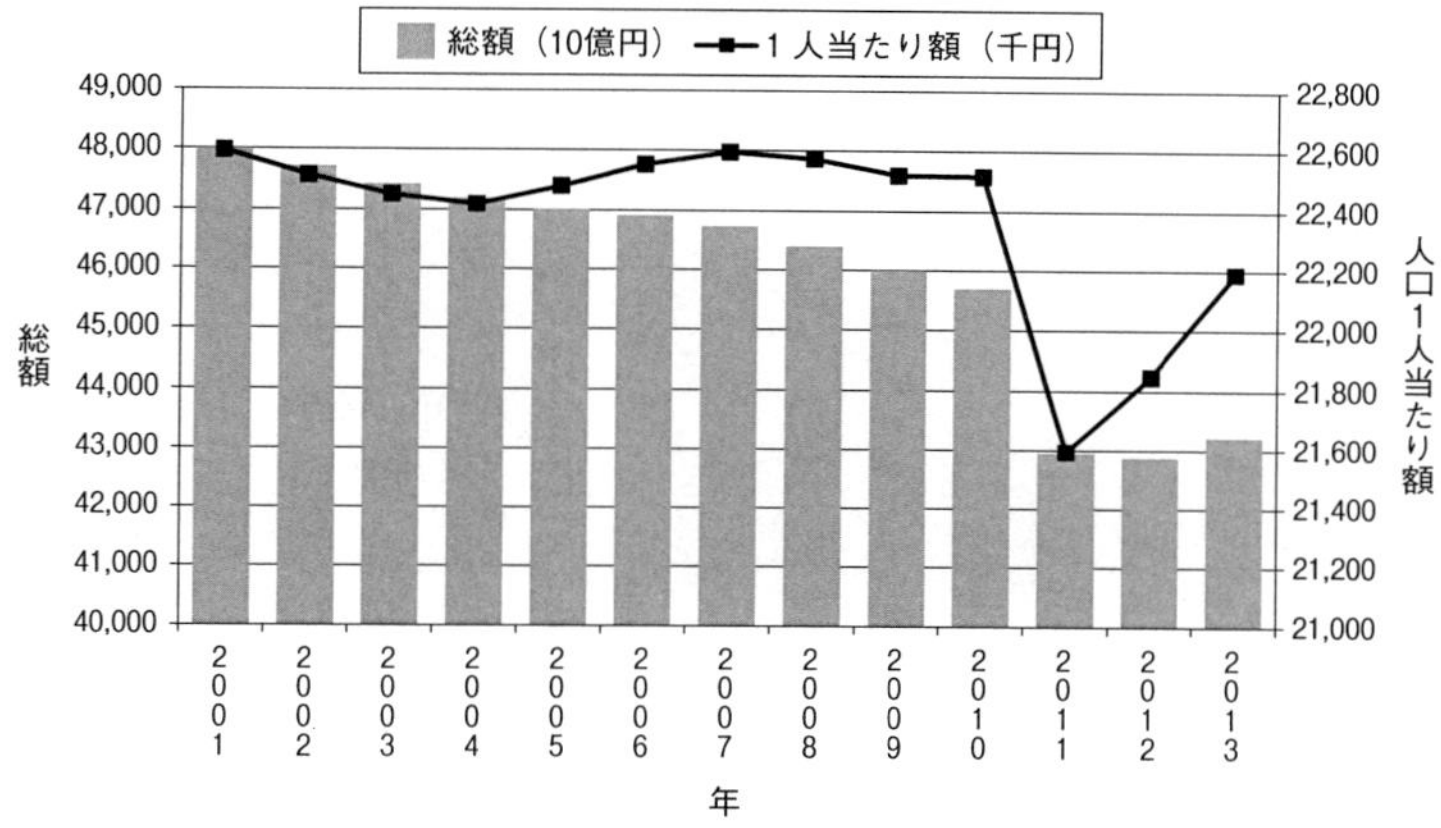

（出所）九州大学都市研究センター作成

〔図表4－16〕　自然資本の価値の推移（2001年～2013年）

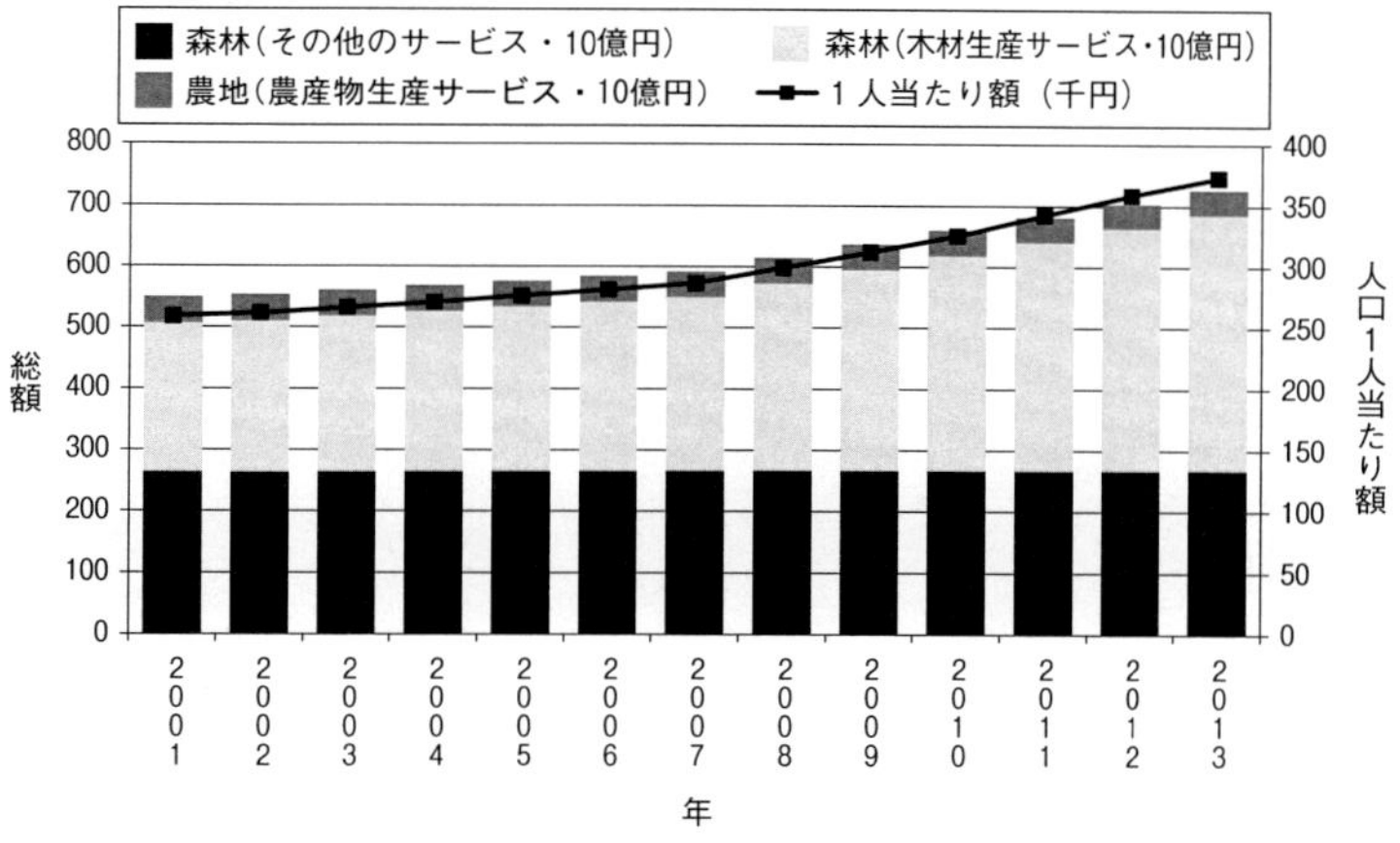

（出所）九州大学都市研究センター作成

〔図表４－17〕　人的資本の価値の推移（2001年～2013年）

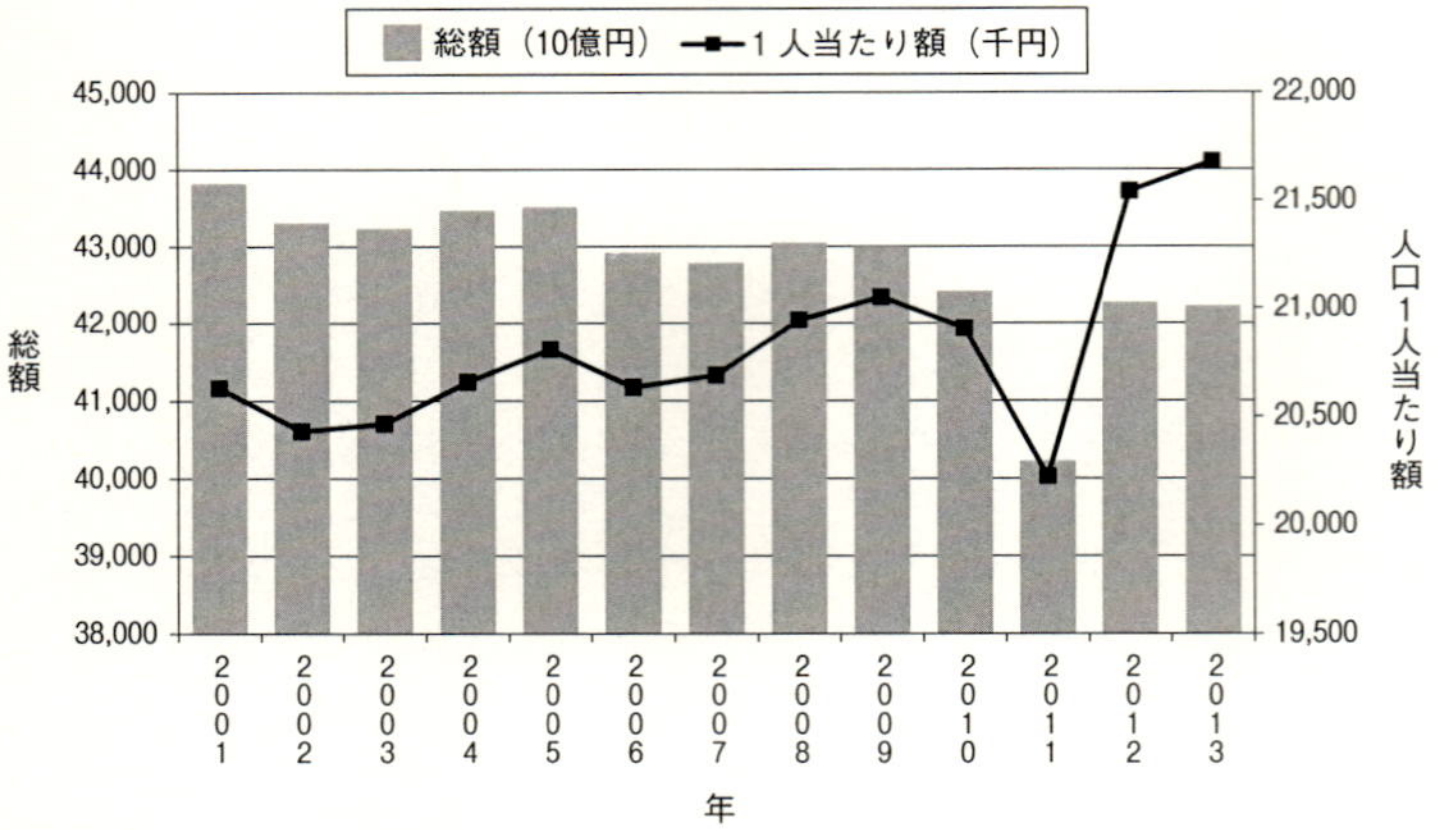

（出所）九州大学都市研究センター作成

〔図表４－18〕　新国富の推移（2001年～2013年）

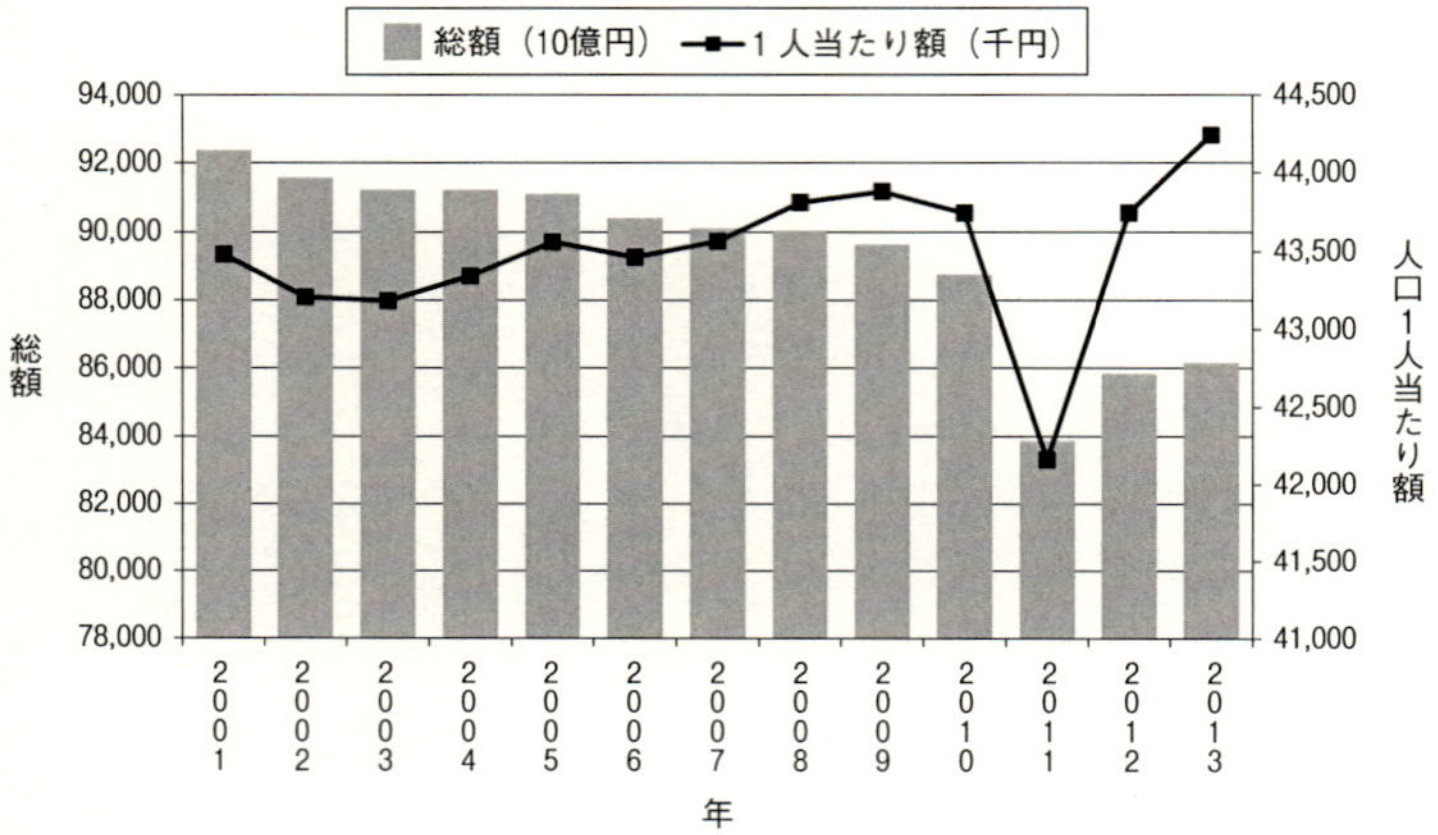

（出所）九州大学都市研究センター作成

ます。しかしながら、２０１３年にはわずかながら再び減少しています。一方で、人口１人当たりの額は、震災前は概ね増加傾向にあったものが震災によって大きく落ち込んでいます。震災後は再び増加傾向に転じ、その水準は震災前を上回っています。

以上を合計した新国富指標の推移を**図表４－18**に示します。新国富の総額のトレンドは、震災前から単調に減少しており、震災によって一旦大きく減少しながらも、その後は回復傾向にあります。しかし、２０１３年においても、震災前の傾向を延長した線上の水準には届いていません。対して、人口１人当たりの額については、震災前は概ね増加傾向でした。これは、福島県においては新国富の総額の減少ペースよりも人口の減少ペースのほうが早かったためです。震災によってこちらも一旦は急減しましたが、２０１２年には２０１０年とほぼ同じ水準まで回復し、さらに２０１３年には震災前を上回る水準に達しています。先にも述べましたが、この回復は復興によるものだけでなく、人口減少の影響を受けているであろうことから、注意が必要であるといえます。

再生可能資源と自然資本の関係

天然資源が乏しく、その多くを海外からの輸入に頼ってきた我が国において、いかに安定的に資源を確保できるかは、かねてより経済・産業活動や国民の生活を左右する重要な問題です。加えて、温室効果ガスによる地球温暖化問題や東日本大震災での原発事故などから、低炭素社会や責任あるエネルギー政策の構築が喫緊の課題となっています。

これらの背景を受け、２０１7年4月に政府が開催した第1回「再生可能エネルギー・水素等関係閣僚会議」において、「連携アクションプラン」が決定されました。これは自然エネルギーの導入拡大に向けて環境省や経済産業省など7つの府省庁が連携し、２０２０年を目標に実施する12分野の施策と実行スケジュールをとりまとめたものです。

これは、新国富、特に自然資本にとっても無関係ではありません。今後、再生可能エネルギーを生み出す資源（再生可能資源）の需要が増すことで、再生可能資源由来の自然資本のストック量がもたらす国や地域の「豊かさ」も変化することを意味します。そこで、ここでは都道府県の自然資本から非再生可能資源由来の資本を除いたものの価値を見てみましょう。通常は、需要が増加するのであれば、再生可能資源の市場価値、つまりシャドウ・プライスも変化すると考えられますが、本書ではシャドウ・プライスは一定であると仮定し、金額を算出しています。そのため、実際は今回の金額以上になる可能性が高いですが、成長率を見ることで、今後の再生可能資源の価値や持続可能性を展望することは可能でしょう。そして、これらはエネルギー政策に資する資源管理・利用をいかにすべきかのヒントとなります。

図表4－19、**図表4－20**は、非再生可能資源である鉱物資本と、調整項目の原油価格上昇から得られるキャピタルゲインと二酸化炭素の損失額を除いた都道府県レベルの自然資本総額の成長率です。１９９０年から２０１０年の期間では、マイナス成長からプラス成長まで各都道府県が分布し、特に面積の小さい東京都、大阪府、香川県、長崎県の成長率がマイナス０・５％未満となっています。

〔図表４－19〕　再生可能資源による自然資本(総額)の成長率(1990年～2010年)

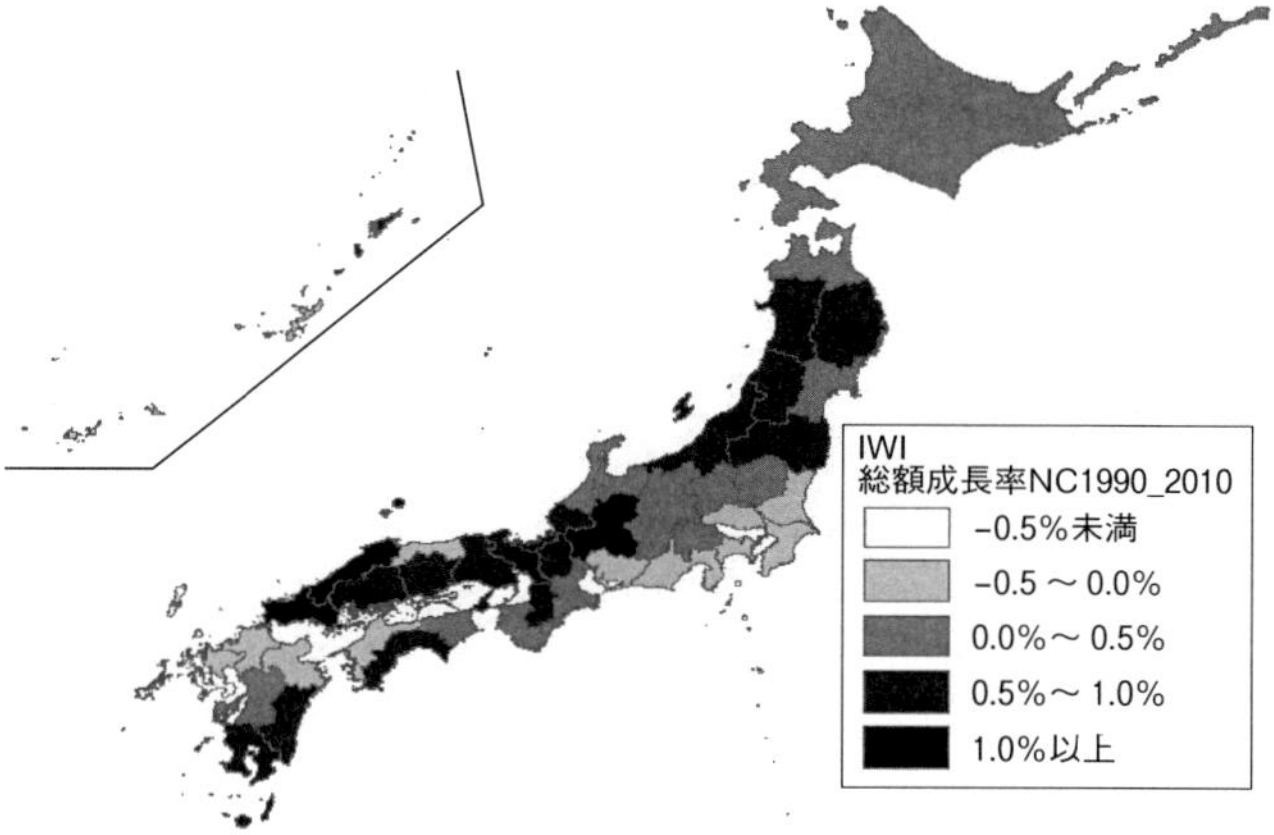

(出所)九州大学都市研究センター作成

〔図表４－20〕　再生可能資源による自然資本(総額)の成長率(2010年～2030年)

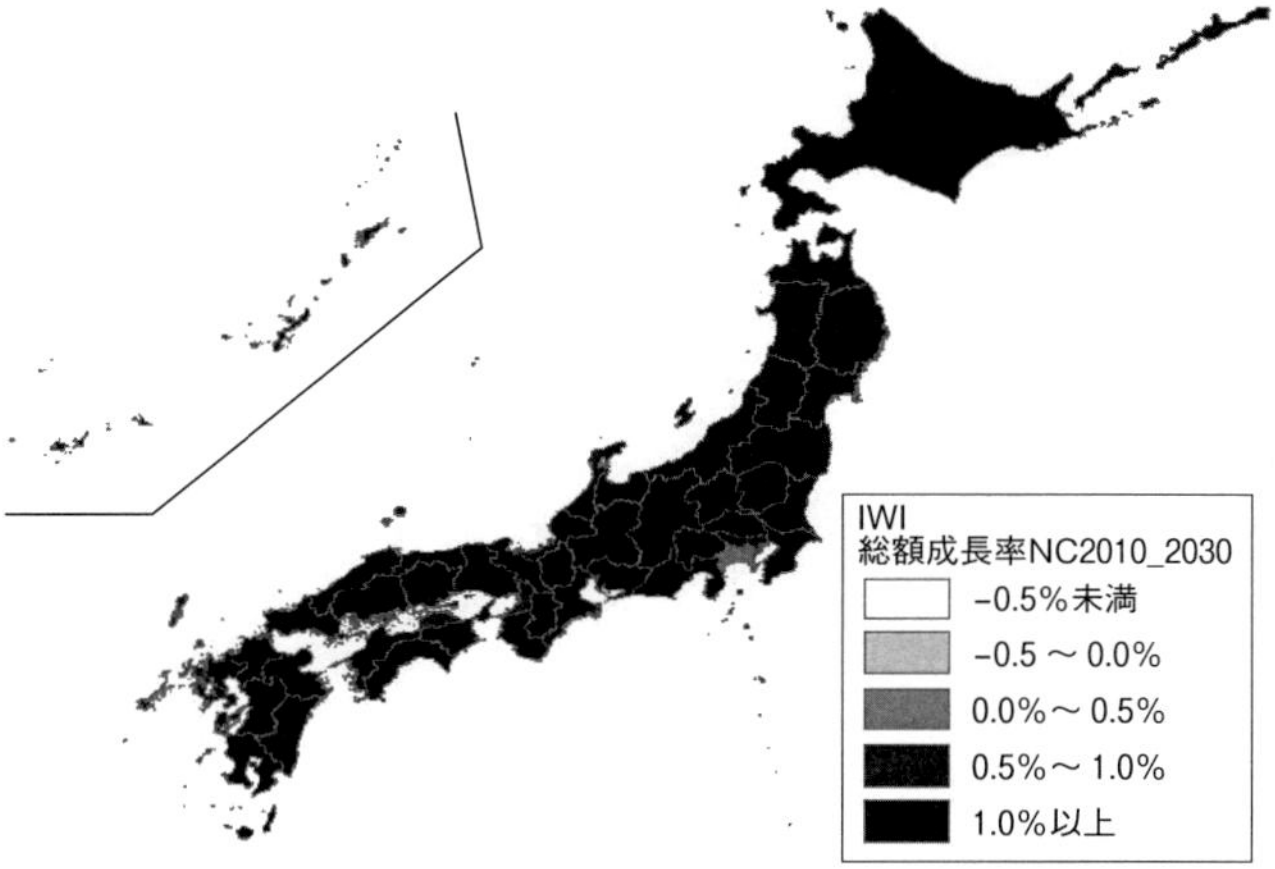

(出所)九州大学都市研究センター作成

２０１０年から２０３０年になると，すべての都道府県でプラス成長，しかもほとんどが１％以上の値となっています。

２０１３年以降の推計値については，シャドウ・プライスを一定としていることや，再生エネルギーの導入拡大の政策決定前の成長率トレンドを用いていることを考えても，今後自然資本の価値の増加やプラス成長の傾向はより強くなる可能性が高いと考えられます。ただ，自然資本は土地の面積が大きく影響します。国土の狭い日本においては，現在の資源の保全や適切な管理・利用に加えて，再生可能資源の生産性向上が重要です。

生物多様性と自然資本の関係

自然環境やそこからもたらされる天然資源からなる自然資本やその持続可能性に関わるものとして，忘れてはならないのが生物多様性です。生物多様性は人類を含む地球上の生物の存続の基盤であり，国や地域における固有の財産として様々な恩恵をもたらすものです。

しかし，人間の開発行為による自然環境の破壊や，外来生物，気候変動などが原因となる生物種の絶滅や生態系のかく乱・破壊により，生物多様性は危機に直面しています。そのため，国際的にも国内においても，生物多様性を保全するための取り組みが急がれています。

我が国においては，２００８年に生物多様性基本法，２０１０年に生物多様性地域連携促進法が施行され，さらに，２０１２年に「生物多様性国家戦略２０１２－２０２０」が閣議決定されました。

〔図表４－21〕 生物多様性指標（簡易版）の構成

指標項目		概　　要	使用データ
生態系・ハビタットの多様性	指標１	緑地等の現況（都市における生物多様性確保のポテンシャルを有する緑地等の割合）	・国土数値情報
	指標２	法令等により確保されている緑地等の状況（都市における生物多様性確保のポテンシャルを有する法令等に基づき継続性のある緑地等の割合）	・国土数値情報 ・都市計画基礎調査における法適用現況調査
	指標３	都市におけるエコロジカルネットワークの状況	・国土数値情報
（都市の取組）	指標４	動植物種の状況（都市に生息・生育する動植物種数に関する調査の実施状況）	・アンケート回答による自己評価
生態系サービス	指標５	生態系サービスの状況 ①地球温暖化への対応（都市緑化等による温室効果ガス吸収量） ②緑地の冷涼化効果（緑地等による樹冠被覆面積） ③水量の調節（緑地等による透水効果）	・国土数値情報
都市の取組	指標６	行政の生物多様性取組状況（都市の行政計画における生物多様性の確保への配慮の状況）	・アンケート回答による自己評価
	指標７	行政計画への住民等の参加状況（生物多様性の確保に関する都市の行政計画における住民・企業等の参加の状況）	・アンケート回答による自己評価

（出所）国土交通省の「都市の生物多様性指標（簡易版）」に基づいて九州大学都市研究センター作成

この国家戦略では、都市の生物多様性指標等を活用した、地方公共団体における都市の生物多様性の状況や施策の進捗状況等の把握等を通じた都市の生物多様性の確保の取り組みの促進が掲げられています（国土交通省、２０１６）。

このような経緯から、国土交通省は、２０１５年に「都市の生物多様性指標（簡易版）」を公表しました。本書では、この方法に基づいて、都市の生物多様性指標研究会と三菱ＵＦＪリサーチ＆コンサルティング株式会社が推計した自治体の生物多様性指標と、九州大学都市研究センターが推計した新国富指標の自然資本の総額との関係についての分析結果をご紹介します。生物多様性指標については全国６６５市区町村、自然資本については全国１７４２市区町村を対象にしていますが、このうち、双方の指標が存在する全国６６４市区町村について分析を行っています。

まずは結果の前に、**図表４－21**に都市の生物多様性指標（簡易版）の構成を示します。指標は「生態系・ハビタットの多様性」、「（都市の取組）」、「生態系サービス」、「都市の取組」の４つの大項目と、指標１から指標７で構成されています。各指標の概要と使用データは表のとおりですが、データについては国土数値情報のように量的なものと、アンケート回答による自己評価のように質的なものを数値に換算したものがあります。自然資本が量的データから推計されるものであるため、定量的に比較が可能なもののうち、特に相関が見られた指標２、５－③と自然資本の比較結果を示します。

図表４－22は自然資本（総額）と指標２を比較したものです。指標２は、指標１（緑地等の現況）で対象とした都市計画区域内の緑被地・水面等のうち、法令等に基づいて確保されている面積の、都

〔図表４－22〕　市区町村の自然資本(総額)と生物多様性指標２との関係

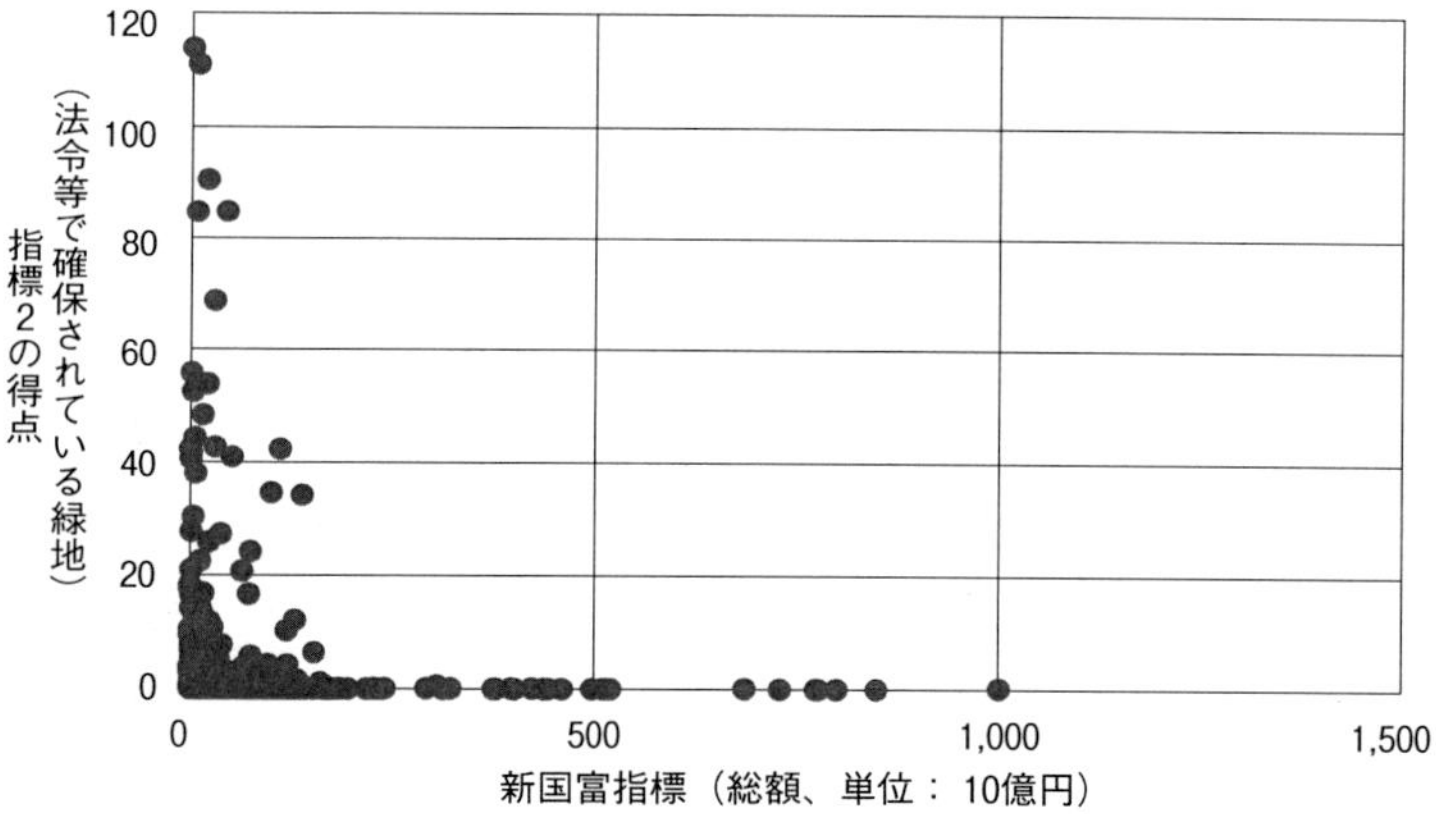

〔図表４－23〕　市区町村の自然資本(総額)と生物多様性指標５－③との関係

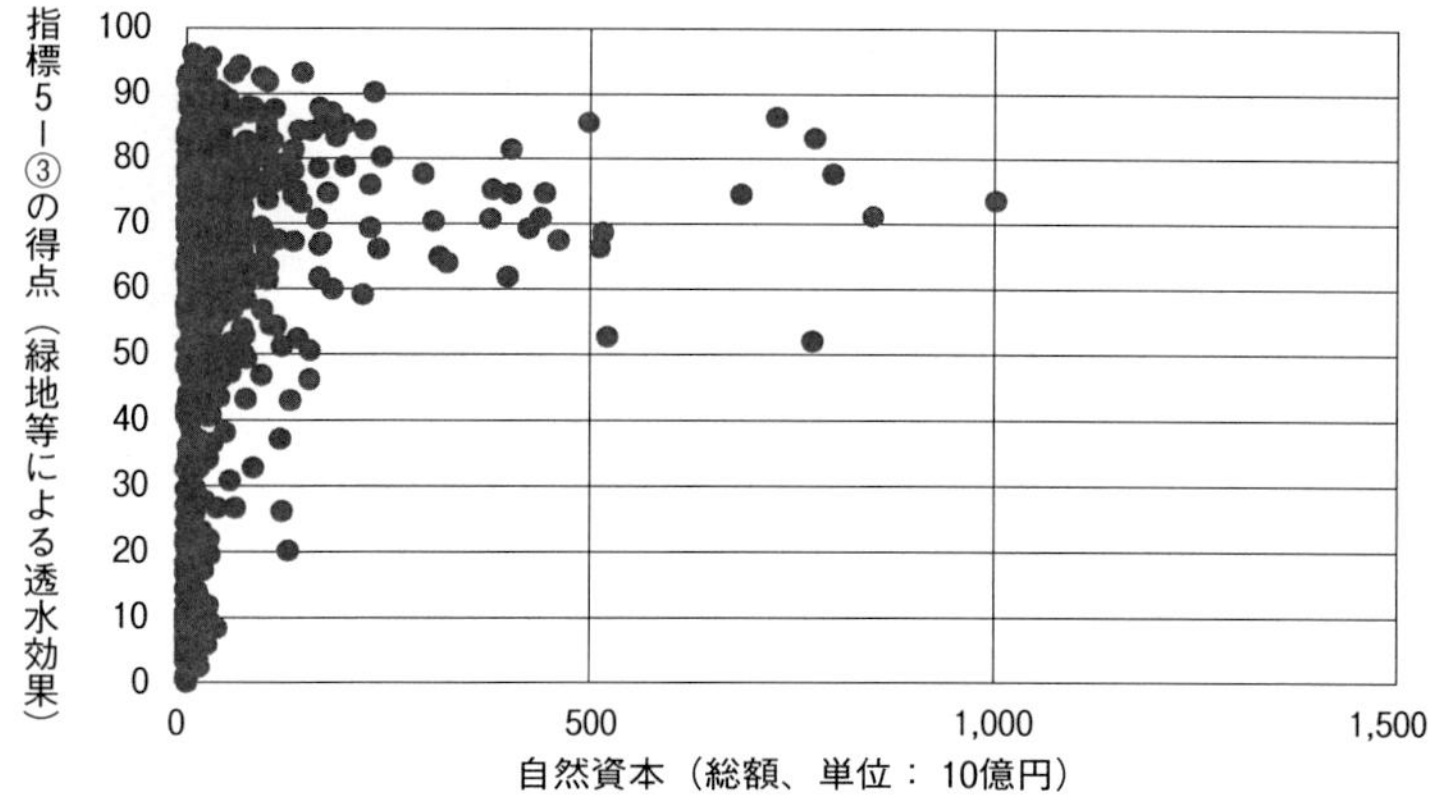

（注）生物多様性指標については国土交通省の「都市の生物多様性指標（簡易版）」に基づいて、都市の生物多様性指標研究会と三菱UFJリサーチ&コンサルティング株式会社が、データが入手可能な全国665市区町村を対象に推計した。そのうち、九州大学都市研究センターが推計した市区町村レベルの自然資本（総額）が存在する664市区町村について比較を行った。

（出所）以上の推計値を用いて九州大学都市研究センター作成

市計画区域面積に対する割合（％）で表されます。中には指標値が１００を超えるものも存在しますが、これは複数の法令が重複して確保の対象とする緑被地・水面等が存在することが考えられます。図を見ると、指標２が高い自治体のほうが自然資本の額が低い傾向にあります。これらの自治体のほとんどが行政区や市に分類されることから、すでに都市化が進み、自然資本の減耗が心配される自治体ほど、現存する緑地等を法令でより厳密に管理・保存する傾向にあることが予想されます。

次に、指標５－③との関係を見てみましょう。指標５－③は、緑地等による透水効果を表すもので、田や農用地、森林、荒地、河川および湖沼、海浜、海水域を浸透可能なポテンシャルを有する土地とみなし、その面積の都市計画区域面積に対する割合（％）で与えられます。**図表４－23**を見ると、自然資本２０００億円以下の自治体については指標５－③の値もかなりばらつきがある一方で、自然資本額が高い自治体の指標５－③の値は高い傾向にあります。これは、指標５－③が森林だけでなく自然資本額にも大きな影響を与える農用地の面積も含んでいるためだといえます。このことから、森林資本額を決める際のシャドウ・プライスにおいて、生物多様性の価値をどのように反映させるか、議論の余地がありそうです。

日本三大疾病が健康資本におよぼす影響

人的資本を構成する健康資本は、先にも述べたように新国富指標のなかでも大きな比重を占めており、その価値や計算方法については現在も研究が進められています。新国富指標を日本の都道府県単位で計測したIkeda, Nakamura and Managi（2016）は、人的資本の一部である健康資本の減少が新国富指標に大きく影響していた点を指摘しています。

これまで健康資本の評価としては、平均余命の限界的価値に基づく、長命の価値推計が行われており、疾病による健康の損失は考慮されていません。疾病による労働の生産性損失や、特に若年層に強いられる将来にわたる損失の大きさを考えると、疾病によるコストを健康資本の損失として計上する必要があります。

厚生労働省によると、日本では悪性新生物・脳血管疾患・心疾患が死因の50％を占めています（厚生労働省、２０１４）。そのため、その主要因であるがん・脳卒中・急性心筋梗塞の三大疾病による健康資本の損失を定量化することの意義は大きいと考えます。ここでは、九州大学都市研究センターの研究成果（高橋・池田・馬奈木、２０１７）である、長命の価値と疾病損失を同時に考慮した推計方法による各都道府県の健康資本と、その健康資本が新国富指標に与える影響を見ていきましょう。

まずは推計方法について説明します。詳述は避けますが、任意の年齢・性別の個人の長命資本ストック（現在年齢から日本の平均寿命までの余命年数を割り引いたもの）から疾病が原因で健康に生活できない年数を割り引いたものを、疾病損失を考慮した健康資本のストック量（単位：年）と定義しています。これを各都道府県の任意の年齢・性別の人口に乗ずることで各都道府県の任意の年齢・性別の人口層の健康資本ストック量が求められます。また、疾病によるストック損失は、都道府県・年齢・性別・疾病内容ごとに、１人当たりの早死損失年数と障害共存年数の合計で与えられます。早死損失年数および障害共存年数は都道府県・年齢・性別・疾病内容別の死亡率や、死亡数、罹患率、罹患者数などから求められます。

ここからは以上の計算方法を用いて得られた結果を示します。**図表4－24**は三大都市圏と地方の人口1人当たりの新国富指標と各疾病損失および長命資本価値の年平均変化率を示しています。地域別に三大疾病の変化率（ヒストグラム）を合計すると、三大都市圏では1999年から2001年、2008年から2010年の期間で損失が改善されていますが、それ以外の期間では損失が増加しています。他方で、地方では1999年から2001年、2005年から2007年、2008年から2010年では損失が改善されているのに対し、それ以外では損失が増加しています。さらに疾病別に見てみると、三大都市圏では1999年から2010年にかけて脳卒中と虚血性心疾患の損失は改善されていますが、がんによる損失の影響は2002年から2007年と2011年から2012年の期間で増加しているうえに、2011年から2012年の影響が期間中で最も大きくなっています。地方については、がんによる損失は三大都市圏と同様に2002年から増加し、虚血性心疾患による損失は2008年から増加していますが、脳卒中の損失は改善されています。特に2005年から2007年における脳卒中による損失の改善は、がんによる損失を補完するほど大きく、三大都市圏での変化率の5倍にも達しています。このように疾病損失が改善された背景には、各疾病の罹患率と死亡率の改善が影響していると考えられます。そのなかでも特に、人口の多い年齢層の罹患率・死亡率の変化が支配的な影響を与えています。

〔図表４－24〕　健康資本が新国富指標に与える影響の推移
（上：三大都市圏、下：地方）

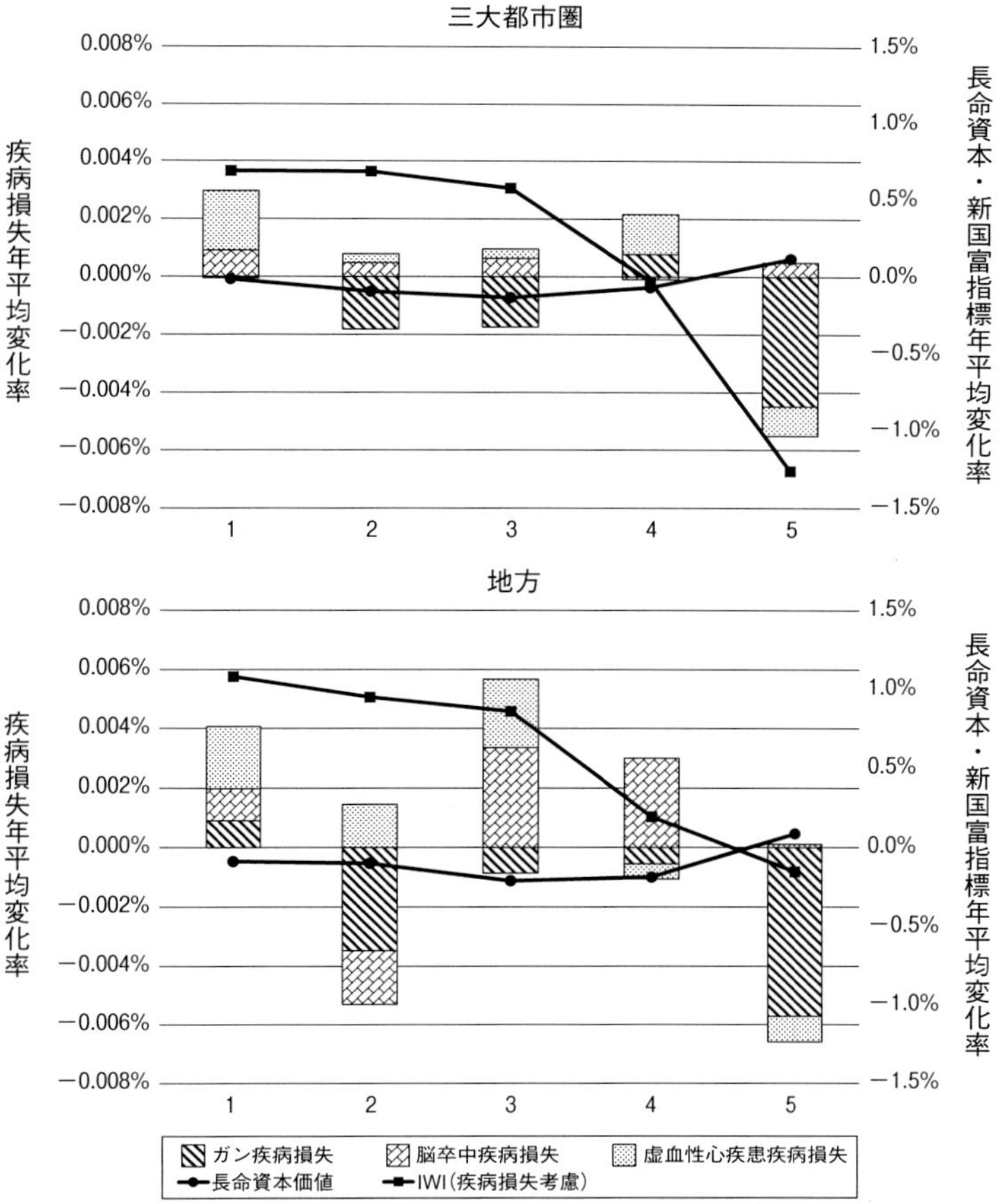

（注）横軸：１（1999－2001年）、２（2002－2004年）、３（2005－2007年）、４（2008－2010年）、５（2011－2012年）。各期の開始時点のIWIを基準に、疾病損失、長命資本、IWI（疾病損失を考慮したもの）の年間変化率を幾何平均により算出した。その際、すべて１人当たりに換算したものを使用した。
（出所）高橋・池田・馬奈木（2017）

なお、今回は三大疾病を対象としましたが、他の疾病はもちろんのこと、余命には直接関係しないと思われる精神疾患までに対象を拡大することは今後の重要な課題です。また、余命年数を基礎としたストック量からのアプローチに加え、疾病固有のシャドウ・プライスの推計が必要とされています。

企業間取引ネットワークと新国富指標との関係

この章で見てきたように、国単位での計測からはじまった新国富指標は、我が国では都道府県、市区町村にまでその対象を広げています。今後は、より小規模な都市開発やインフラ整備などの個別の政策やプロジェクトへの適用を進めることになるでしょう。２０１７年には自由民主党の提言（自由民主党政務調査会、２０１７）や経済財政諮問会議で「経済財政運営と改革の基本方針２０１７」（内閣府、２０１７）が発表されるなど、政府がＧＤＰなどのフローでは表せない社会の「豊かさ」やその計測・評価のための指標に関心を示すなかで、地方自治体も地域の「豊かさ」やその持続可能性に資する政策立案と評価のために新国富指標の導入を検討する必要があるといえます。

他方で、地方創生や地域の成長発展の基盤強化のための企業誘致や企業支援の観点から、企業間取引ネットワークにも注目が集まっています。例えば２０１４年には、『中小企業白書』（経済産業省中小企業庁、２０１４）に、地域のなかで取引が集中しており、地域外とも取引を行っている企業であるコネクターハブ企業の概念が紹介されています。

ここでは、新国富指標と企業間取引ネットワークおよび企業評価指標との間にどのような関係があるのか、九州大学都市研究センターと株式会社帝国データバンクが実施した分析から考察します。1年間の経済のフローを表す企業間取引を含む企業活動と、地域のストックを表す新国富指標の関係を明らかにすることで、企業活動がどのように地域の「豊かさ」を構築していくのか、また各資本や新国富指標の向上に資する企業支援や企業誘致などの施策の検討につながると考えています。

図表４－25は都道府県レベルの新国富指標（総額）と企業売上高の関係を散布図にしたものです。図からもわかるように、正の相関が見られます。同様に市区町村レベルの散布図を**図表４－26**に示します。ここでも両指標に正の相関が確認されます。

ただし、新国富指標はストック、売上高はフローであり、これらの相関は自治体の規模

〔図表４－25〕　都道府県単位の新国富指標と企業売上高の関係

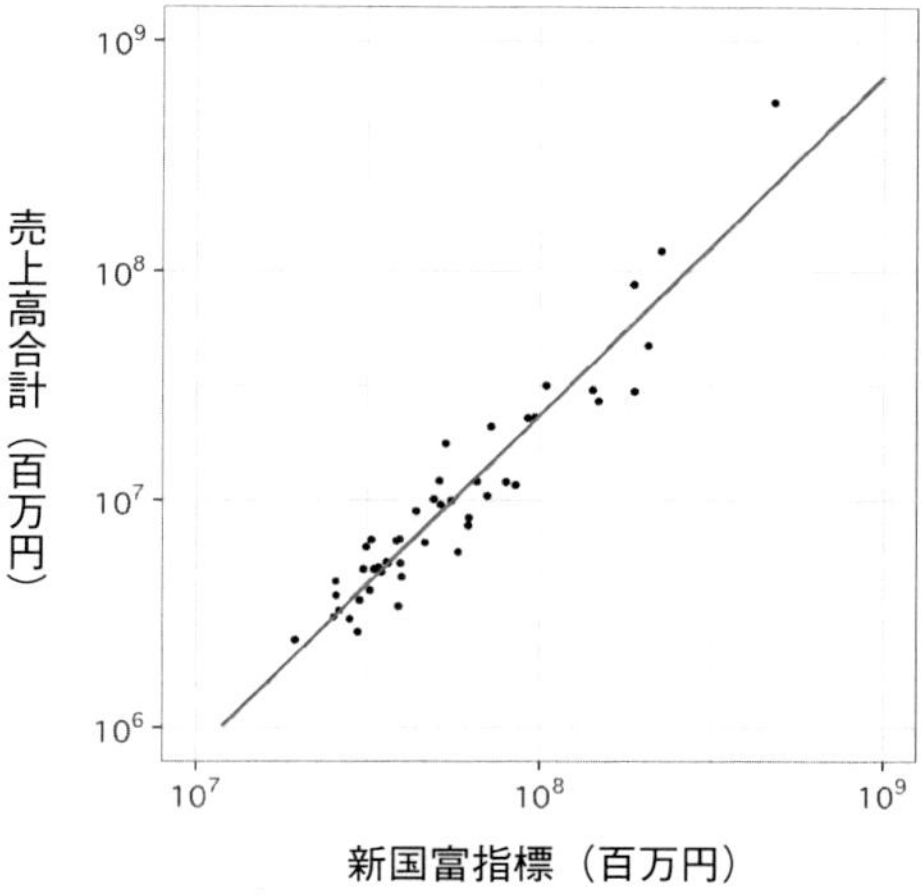

（出所）企業売上高については株式会社帝国データバンク「企業概要データベース」、新国富指標については九州大学都市研究センターのデータを基に九州大学都市研究センター作成

〔図表４－26〕　市区町村単位の新国富指標と企業売上高の関係

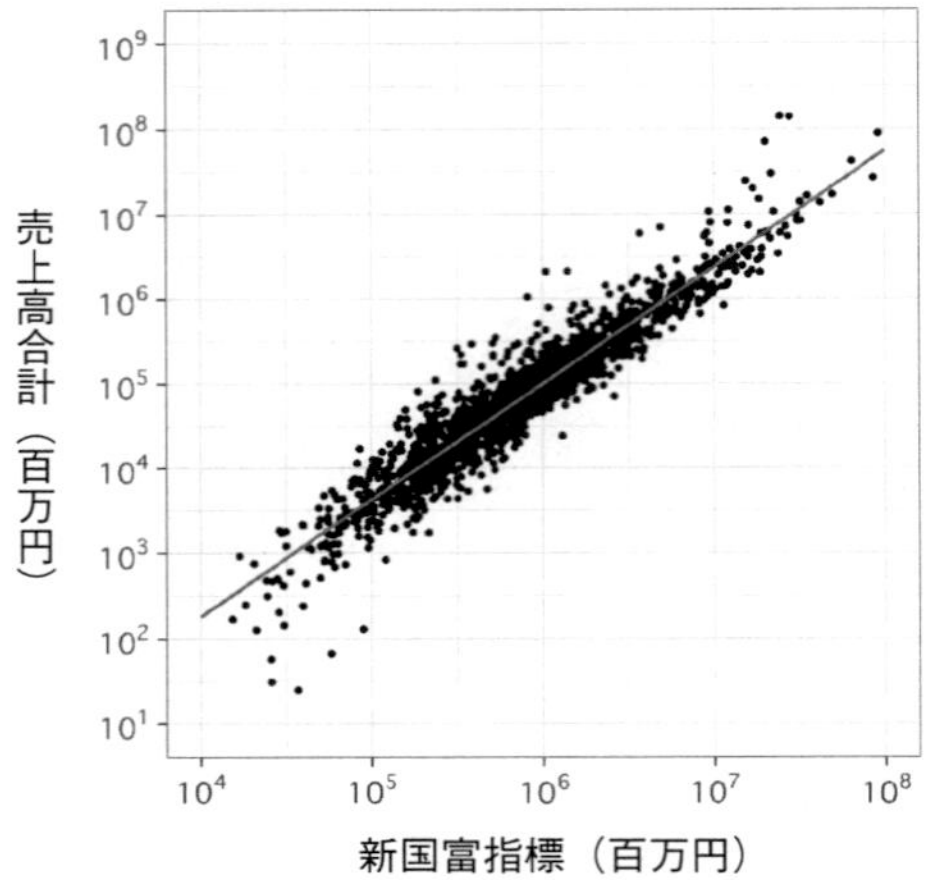

（出所）図表４－25に同じ

〔図表４－27〕　新国富指標年変化額と売上高合計

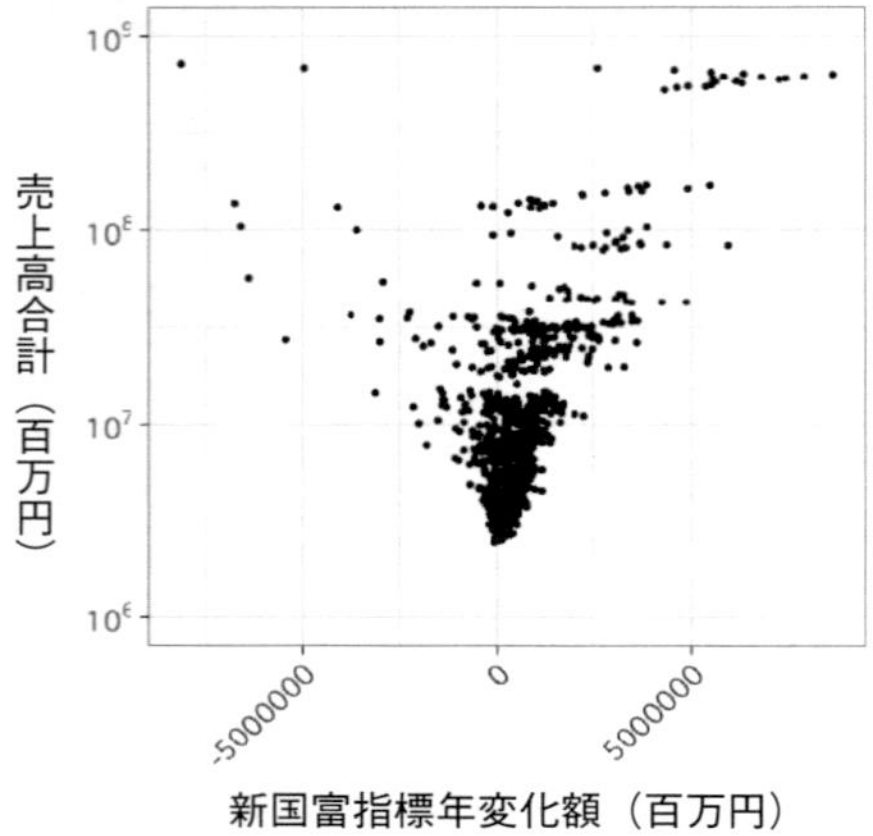

（出所）図表４－25に同じ

〔図表４－28〕　2010年における新国富指標と企業間取引数

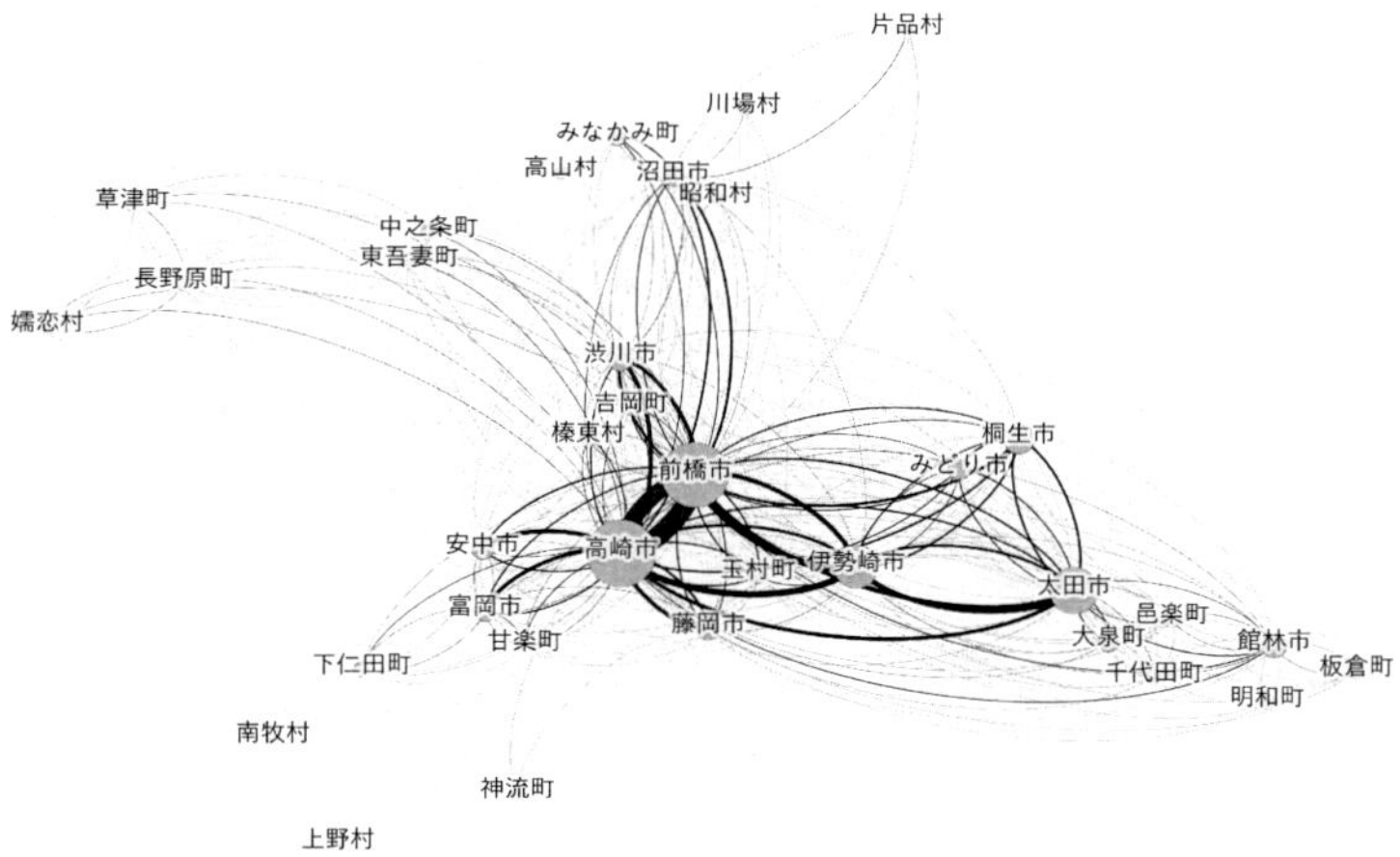

（出所）九州大学都市研究センター「市区町村別の新国富指標データベース」および株式会社帝国データバンク「企業概要データベースCOSMOS２」より平峰芳樹・馬奈木俊介が作成

の影響が含まれ、両者を単純に比較することは難しいと考えられます。そこで、新国富指標の年変化額はフローとして捉えることができるため、これと売上高との関係を見てみます。**図表４－27**は新国富指標（総額）の年変化額と売上高の関係を散布図で表したものです。両者に相関は認められないものの、新国富指標の変化額がマイナスの時には売上高との間に負の相関が見られます、逆にプラスの時には正の相関が見られます。これについては今後さらなる分析が必要です。

さらに、２０１０年に発生した群馬県内における企業間取引を、企業の本社所在地を基に市町村別に集計したものを**図表４－28**に示します。円の大きさは、新国富指標値（金額）を表しており、線の太さは各自治体内に本社が所在する企業間の取引数を表しています。図を見ると、高崎市や前橋市といった新国富指標が大きい自治体に取引が集中する傾向が見てとれます。一方で、伊勢崎市と太田市を比較すると、新国富指標は太田市のほうが大きいのに対して、企業間取引数は伊勢崎市のほうが多くなっています。この理由としては、高崎市・前橋市との距離が近い伊勢崎市で取引が増えたことによるものと考えられます。

今後さらに企業間取引をはじめとする企業活動と新国富指標との関係性が明らかになることで、どのような企業が地方創生の鍵となるのか、またどのような企業を招致すべきかを判断する根拠となる実務的な貢献も期待されます。

●参考文献

植田和弘・山口臨太郎（２０１１）「持続可能な発展理論からみた震災復興」『環境経済・政策研究』4(2)、69－72頁。

植田和弘編（２０１６）『被害と費用の包括的把握』東洋経済新報社。

経済産業省中小企業庁（２０１４）『中小企業白書２０１４年版』http://www.chusho.meti.co.jp/pamflet/hakusho/H26/h26/index.html，２０１７年11月16日閲覧。

厚生労働省（２０１４）『平成26年簡易生命表の概要』http://www.mhlw.go.jp/toukei/saikin/hw/life/life14/dl/life14-15.pdf，２０１７年４月25日閲覧。

国土交通省都市局公園緑地・景観課（２０１６）『都市における生物多様性指標（簡易版）』http://www.mlit.go.jp/common/001152339.pdf，２０１７年11月６日閲覧。

自由民主党政務調査会（２０１７）『政策立案に資する統計の整備と活用に関する基盤構築への提言』https://jimin.ncss.nifty.com/pdf/news/policy/134911_2.pdf，２０１７年11月16日閲覧。

高橋慶・池田真也・馬奈木俊介（２０１７）「三大疾病に起因する健康損失の地域の富への影響―キャピタルアプローチによる都道府県単位の健康資本計測―」『医療と社会』27(3)、３９３－４０３頁。

内閣府（２０１７）『経済財政運営と改革の基本方針２０１７（仮称）』（素案）http://www5.cao.go.jp/keizai-shimon/kaigi/minutes/2017/0602/shiryo_02.pdf，２０１７年11月16日閲覧。

馬奈木俊介編著（２０１７）『豊かさの価値評価―新国富指標の構築』中央経済社。

Arrow, K. J., Dasgupta, P., Goulder, L., Mumford, K., and Oleson, K. (2012) Sustainability and the Measurement of Wealth. *Environment and Development Economics*, 17, 317-353.

Ikeda, S., Nakamura, H., and Managi, S. (2016) Accounting for Inclusive Wealth of Regions: Prefecture-level Analysis in Japan during 1990-2010. In: Managi, S., ed. *The wealth of Nations and Regions*. UK: Routledge. 150-185.

IMF: Principal Global Indicators, http://www.principalglobalindicators.org/?sk=E30FAADE-77D0-4F8E-953C-C48DD9D14735/，２０１７年11月７日閲覧。

Okubo, K. (2016) Trend of changes in Fukushima's inclusive wealth: a preparation for disaster recovery study of the Great East Japan Earthquake. In: Managi, S., ed. The Wealth of Nations and Regions. UK: Routledge. 186-236.

UNU-IHDP and UNEP (2012) *Inclusive Wealth Report 2012: Measuring Progress Toward Sustainability*（新国富報告書２０１２）, Cambridge: Cambridge University Press.（植田和弘・山口臨太郎共訳（竹内和彦監修）『国連大学　包括的「富」報告書―自然資本・人工資本・人的資本の国際比較』明石書店、２０１４年）

UNU-IHDP and UNEP (2014) *Inclusive Wealth Report 2014: Measuring Progress Toward Sustainability*（新国富報告書２０１４）, Cambridge: Cambridge University Press.

Yamaguchi, R., Sato, M., and Ueta, K. (2016) Measuring regional wealth and assessing sustainable development: an application to a disaster-torn region in Japan, *Social Indicators Research*, 129(1), 365-389.

第5章

新国富指標の実用例 ——自治体ランキング

◆自治体ランキングとは

近年、あらゆる種類の自治体ランキングが、メディア等を通じて世に出るようになりました。市民や自治体関係者も大きな関心を寄せていて、「うちは今年〇位だった」という話題や、自治体のＰＲでも「△△のランキングで×位！」などという文言をよく耳にします。これはランキングによって「自分の住むまちや、あのまちは、世界や国内で何位だろうか」という単純な興味が満たされるだけでなく、自分たちの自治体がどう評価されているのかを客観的に知ることができるからでしょう。さらに、各自治体の強みや弱み、進めてきた政策やプロジェクトの効果を考察する材料となります。

九州大学都市研究センターもこれまで日本の市区町村を対象に新国富指標や各資本の価値やそれらの成長率をランキング形式で公表しています（馬奈木編著、２０１７）。また、民間セクターでも株式会社富士通研究所が、我々の計測方法を基に算出した新国富指標や各資本群の価値をインターネットサイト「EvaCva（http://www.managi-lab.com/evacva_info.html）」で公開しています（2018年度に九州大学都市研究センターへ管理・運営を移行中）。

ところで、自治体のランキングには様々なタイプがあります。国や地域か、都道府県か、市区町村かといった地理的・行政的範囲に加え、例えば経済や環境などある分野に特化したものか、あるいは複数の分野を横断して総合的に評価したものかといった評価の対象・範囲など、様々に分類できます。そしてこれらのランキングは、先のような分類がいくつか組み合わさってできているため、単純に比較することは難しく、どれが優れているか一概にはいえません。自治体の政策やプロジェクトの策定や評価のための情報とする場合は、順位だけを見て一喜一憂するのではなく、ランキングの主旨や対象を理解する必要があります。

都市の持つ価値や魅力についての総合的なランキングとしては、イギリスの経済紙『エコノミスト（The Economist）』の調査部門エコノミスト・インテリジェンス・ユニット（Economist Intelligence Unit：EIU）が発表する「Global Liveability Ranking」や、アメリカにある世界最大規模のコンサルティング会社であるマーサー（Mercer）の「Quality of Living City Ranking」、イギリスの世界情勢やライフスタイル関連雑誌『モノクル（MONOCLE）』で公表される「The World's Top 25 Most Liveable Cities」、森記念財団都市戦略研究所の「世界の都市総合力ランキング（GPCI）」などがあります。いずれも世界の都市の住みやすさに着目したランキングですが、EIUやマーサーのランキングは、主に企業やビジネスマンを対象に海外進出や投資先としての都市の情報提供、そして海外赴任の際に本拠地のある都市と赴任地の生活水準格差を埋めるためのハードシップ手当（hardship allowance, hardship premium）などの労務手続を決める基準として作られています。対して、モノクルのランキングは都市に関する基本的な要因に加えて「救急車の到着時間」や「ナイトクラブの閉まる時間」など、生活に密着した評価項目を含んでおり、より一般に向けたものとなっています。さらに、森記念財団都市戦略研究所のランキングは、都市の力を表す６つの分野別ランキング（経済、研究・開発、文化・交流、居住、環境、交通・アクセス）に加え、５つのアクター（経営者、研究者、アーティスト、観光客、生活者）の視点から評価を行ったアクター別ランキングを提供しています。**図表５－１**に４つのランキングの２０１７年の結果（一部抜粋）を示しますが、その目的や視点、評価に用いた要因が異なるため、同じ年でも結果はかなり異なります。

これに対し、本書で紹介する新国富指標やそれを構成する各資本についてのランキングは、都市や市区町村のもつ多様な「豊かさ」やその持続可能性について複数の分野から総合的に評価するものです。このうち、「豊かさ」については、対象や表現こそ異なりますが、先に示すランキングでも「住みやすさ（Liveability）」、「生活の質（Quality of Living, Quality of Live）」、「都市総合力」などと銘打たれ、取り扱われています。一方で明確な理論と推計方法に基づいて都市の持続可能性を評価基準としたものは、これら以外でもほとんど見当たらないため、このランキングの重要な特徴といえます。

〔図表５－１〕 代表的な都市ランキング（2017年）の比較

	Global Liveability Ranking（英・エコノミスト、2017）		Quality of Living City Ranking（米・マーサー、2017）		The World's Top 25 Most Liveable Cities（英・モノクル、2017）		世界の都市総合力ランキング*1（日・森記念財団、2017）	
順位	国	都市	国	都市	国	都市	国	都市
1	オーストラリア	メルボルン	オーストリア	ウィーン	日本	東京	イギリス	ロンドン
2	オーストリア	ウィーン	スイス	チューリッヒ	オーストリア	ウィーン	アメリカ	ニューヨーク
3	カナダ	バンクーバー	ニュージーランド	オークランド	ドイツ	ベルリン ミュンヘン（ともに3位）	日本	東京
4	カナダ	トロント	ドイツ	ミュンヘン			フランス	パリ
5	カナダ オーストラリア	カルガリー アデレード（ともに5位）	カナダ	バンクーバー	オーストラリア	メルボルン	シンガポール*2	
6			ドイツ	デュッセルドルフ	デンマーク	コペンハーゲン	韓国	ソウル
7	オーストラリア	パース	ドイツ	フランクフルト	オーストラリア	シドニー	オランダ	アムステルダム
8	ニュージーランド	オークランド	スイス	ジュネーブ	スイス	チューリッヒ	ドイツ	ベルリン
9	フィンランド	ヘルシンキ	デンマーク	コペンハーゲン	ドイツ	ハンブルグ	中国	香港
10	ドイツ	ハンブルグ	スイス オーストラリア	バーゼル シドニー（ともに10位）	スペイン	マドリード	オーストラリア	シドニー

（注）＊１：ランキング対象は森記念財団都市戦略研究所が世界を代表するとして選定した44都市。

＊２：シンガポールは都市国家のため、国を対象としている。

（出所）『The Global Liveability Report 2017』、『Quality of Living City Ranking』、『MONOCLE』、『世界の都市総合力ランキング』のデータを基に筆者作成

◆EvaCvaで見る都市の新国富ランキング

株式会社富士通研究所が運営するEvaCvaでは、九州大学都市研究センターが開発した計測方法に基づき日本国内の市区町村の新国富指標やそれを構成する資本の価値、さらに各資本計測に用いた統計データを公表しています。この指標計測に用いられるのが、同社が開発したEvaCva-sustainableという、オープンデータを活用した持続可能性の視点から地域の資本の見える化を目的としたツールです。それぞれの総額や人口1人当たりの数値のランキングに加え、指定した自治体の各指標やデータを個別に検索することも可能です（**図表5－2**）。

一例として、EvaCvaで公開されている2010年の新国富指標総額と人口1人当たりの額の市区町村ランキング（トップ30）を**図表5－3**、**図表5－4**に示

〔図表5－2〕　自治体の新国富指標等の検索結果

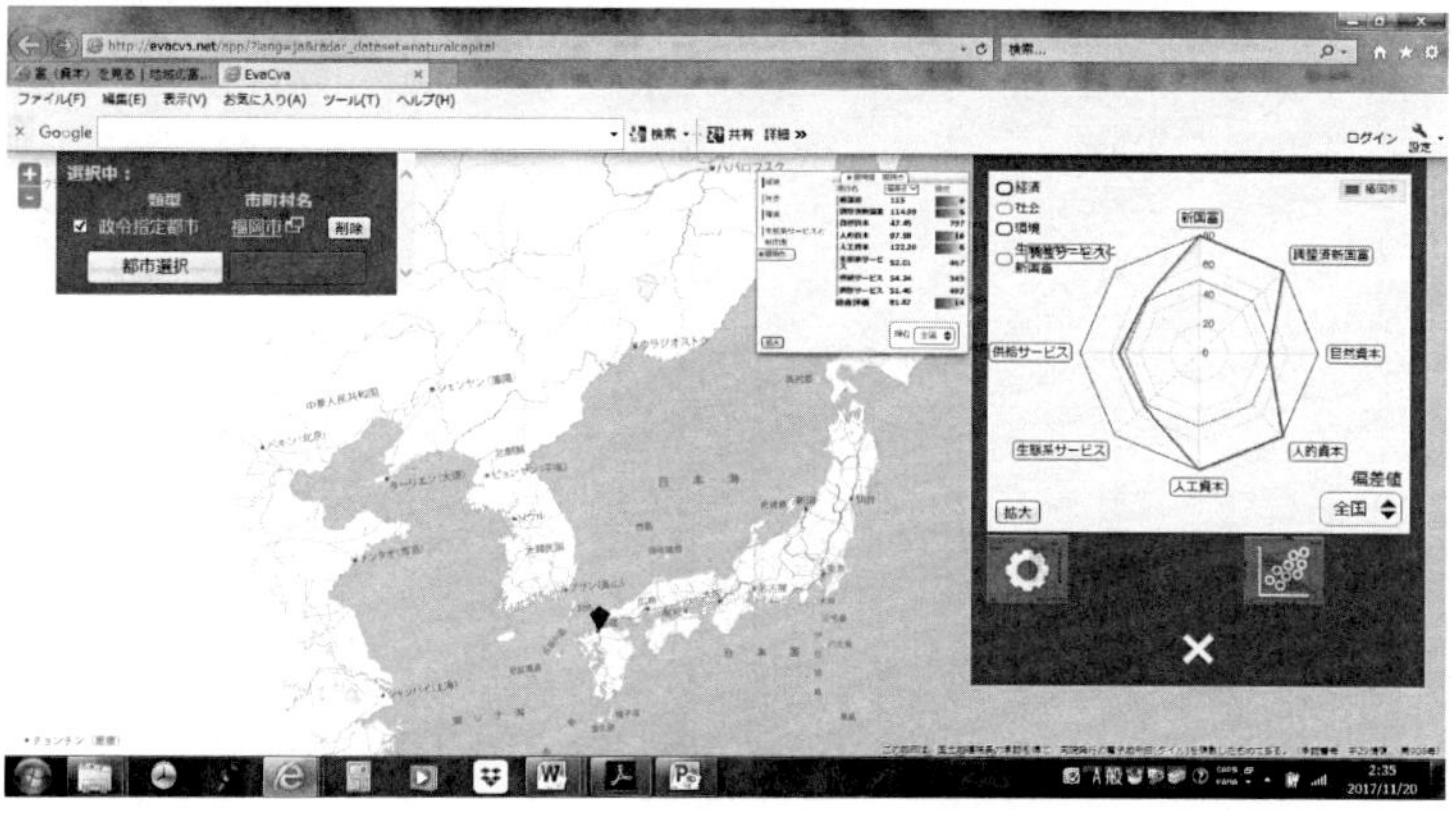

（出所）EvaCva（http://www.managi-lab.com/evacva_info.html）から取得

〔図表５－３〕 市区町村の新国富総額ランキング（2010年）

順位	県名	市区町村名	指標値（兆円）	順位	県名	市区町村名	指標値（兆円）
1	大阪府	大阪市	91.80	16	富山県	富山市	23.70
2	神奈川県	横浜市	85.97	17	東京都	大田区	22.39
3	愛知県	名古屋市	63.84	18	東京都	新宿区	21.64
4	北海道	札幌市	49.47	19	岡山県	岡山市	21.41
5	兵庫県	神戸市	41.69	20	静岡県	浜松市	20.47
6	福岡県	福岡市	34.99	21	福岡県	北九州市	20.25
7	神奈川県	川崎市	32.14	22	東京都	中央区	20.03
8	京都府	京都市	31.91	23	大阪府	堺市	19.11
9	宮城県	仙台市	30.75	24	静岡県	静岡市	18.94
10	広島県	広島市	30.76	25	東京都	足立区	18.90
11	東京都	港区	27.78	26	東京都	練馬区	18.69
12	新潟県	新潟市	27.08	27	東京都	江東区	18.45
13	埼玉県	さいたま市	26.25	28	東京都	江戸川区	18.08
14	東京都	世田谷区	24.41	29	東京都	品川区	16.95
15	東京都	千代田区	24.39	30	東京都	八王子市	16.69

〔図表５－４〕 市区町村の人口１人当たり新国富の額ランキング（2010年）

順位	県名	市区町村名	指標値（億円）	順位	県名	市区町村名	指標値（億円）
1	東京都	千代田区	5.18	16	北海道	浜中町	1.13
2	北海道	鶴居村	1.66	17	北海道	浦幌町	1.12
3	北海道	別海町	1.65	18	北海道	猿払村	1.08
4	東京都	中央区	1.63	19	北海道	雄武町	1.07
5	北海道	標茶町	1.56	20	北海道	標津町	1.06
6	北海道	豊頃町	1.54	21	北海道	足寄町	1.03
7	北海道	更別村	1.46	22	北海道	上士幌町	1.01
8	北海道	幌延町	1.36	23	北海道	鹿追町	1.01
9	東京都	港区	1.35	24	愛知県	飛島村	0.97
10	北海道	豊富町	1.33	25	北海道	音威子府村	0.97
11	北海道	幌加内町	1.26	26	北海道	中川町	0.96
12	北海道	陸別町	1.26	27	北海道	小清水町	0.96
13	北海道	天塩町	1.25	28	北海道	清里町	0.96
14	北海道	大樹町	1.16	29	北海道	中頓別町	0.95
15	北海道	士幌町	1.15	30	北海道	西興部村	0.94

（出所）EvaCvaのデータを基に筆者作成

します。**図表5－3**の新国富指標総額については、富山市と八王子市を除いては、上位30位以内はすべて政令指定都市か東京都の特別行政区です。一方で、**図表5－4**の人口1人当たりの新国富指標額については、1位、4位、9位の東京都千代田区、同中央区、同港区以外は人口規模の小さい地方の村や町です。そのうち、24位の愛知県飛島村以外はすべて北海道の自治体です。上位の東京都内3区は人口規模以上に各資本（特に人工資本と人的資本）の額が大きいことが理由として考えられますが、それ以外については、人口が少ないうえに、比較的人口の影響を受けにくい自然資本が高い自治体がランクインしています。

◆新国富指標を用いた自治体の持続可能性ランキング

先にも述べましたが、新国富指標から都市の持続可能性を見るには、指標の時系列変化である成長率が必要です。国レベルや都道府県レベルの持続可能性については、第3章や第4章で示したとおり評価を行ってきました。一方で、より限られた範囲になる市区町村については、データ入手の限界からこれまでは2010年時点の指標しか計測できず、持続可能性を評価するには至っていませんでした。今回、2015年時点の市区町村レベルの各資本や新国富指標の計測が可能となったことで、持続可能性の評価も可能となりました。

ここからは、最新の2015年時点の都道府県および市区町村レベルの新国富指標や各資本の価値とランキング、さらに2010年から2015年の成長率を用いた市区町村レベルの新国富の持続可能性とそのランキングを見ていきましょう。

都道府県の新国富ランキング2015

最初に、都道府県の新国富指標と各資本群に関するものです。今回はこれまでの総額と人口1人当たりの額に加えて、面積当たりの額の算出結果も示します。

図表5−5は、調整済新国富指標の総額・人口1人当たり・面積当たりのランキングです。総額については、1位は2位と2倍以上の金額差をつけた東京都、続いて大阪、神奈川の順になっています。また、9位以内の都道府県が総額100兆円以上となっている一方で、ランキング上位と下位では10倍以上、最大で25倍近くという大きな差があります。

対して、人口1人当たりの額については、ランキングは大きく異なっています。東京都、北海道を除いて、総額でランキング10位以内にあった府県はすべて30位以下となっており、全体的にも総額と人口1人当たりの額でランキングの上半分と下半分が概ね逆転しています。例えば、上位3県の島根県、山口県、福井県は総額では40位、18位、35位だったのに対し、大きく順位を上げています。これは多くの自治体の新国富が人口の影響を受ける資本で形成されていることが見て取れます。また、総額や面積当たりの額と比べると、自治体間で金額にあまり差がないことがわかります。

面積当たりの額については、上位10位程度までは総額のランキングとあまり変化が見られません。

〔図表5－5〕　都道府県の調整済新国富総額・人口1人当たり額・面積当たり額ランキング（2015年）

順位	都道府県	総額（億円）	順位	都道府県	1人当たり（百万円）	順位	都道府県	面積当たり（億円）
1	東京都	4,879,070	1	島根県	43.1	1	東京都	2,226.9
2	大阪府	2,230,516	2	山口県	42.5	2	大阪府	1,170.8
3	神奈川県	2,136,668	3	福井県	41.8	3	神奈川県	884.4
4	愛知県	1,969,417	4	富山県	37.4	4	埼玉県	397.7
5	北海道	1,910,837	5	秋田県	36.9	5	愛知県	380.7
6	埼玉県	1,510,429	6	三重県	36.4	6	福岡県	218.1
7	兵庫県	1,414,595	7	高知県	36.4	7	千葉県	184.0
8	福岡県	1,087,473	8	東京都	36.1	8	香川県	170.2
9	静岡県	1,016,346	9	北海道	35.5	9	兵庫県	168.4
10	千葉県	948,965	10	徳島県	35.1	10	茨城県	148.0
11	茨城県	902,122	11	鳥取県	34.8	11	沖縄県	136.7
12	新潟県	798,708	12	新潟県	34.7	12	静岡県	130.7
13	広島県	773,552	13	福島県	33.5	13	京都府	116.1
14	宮城県	706,471	14	和歌山県	33.1	14	三重県	114.5
15	長野県	679,961	15	岩手県	33.0	15	滋賀県	104.7
16	三重県	661,356	16	香川県	32.7	16	山口県	97.6
17	福島県	642,115	17	長野県	32.4	17	宮城県	97.0
18	山口県	596,732	18	大分県	32.4	18	富山県	94.0
19	岡山県	542,930	19	愛媛県	32.2	19	長崎県	91.8
20	京都府	535,603	20	茨城県	30.9	20	広島県	91.2
21	栃木県	531,297	21	宮城県	30.3	21	佐賀県	90.5
22	群馬県	518,093	22	山形県	30.1	22	栃木県	82.9
23	岐阜県	493,839	23	滋賀県	29.8	23	群馬県	81.4
24	鹿児島県	463,590	24	山梨県	29.5	24	愛媛県	78.5
25	愛媛県	445,617	25	青森県	28.4	25	福井県	78.4
26	岩手県	421,710	26	岡山県	28.3	26	奈良県	77.8
27	滋賀県	420,751	27	鹿児島県	28.1	27	岡山県	76.3
28	富山県	399,325	28	石川県	27.7	28	石川県	76.2
29	熊本県	394,316	29	長崎県	27.6	29	和歌山県	67.5
30	長崎県	379,479	30	静岡県	27.5	30	徳島県	64.0
31	大分県	377,727	31	広島県	27.2	31	新潟県	63.5
32	秋田県	377,089	32	栃木県	26.9	32	大分県	59.6
33	青森県	371,604	33	佐賀県	26.5	33	鳥取県	56.9
34	山形県	338,668	34	愛知県	26.3	34	山梨県	55.1
35	福井県	328,495	35	群馬県	26.3	35	熊本県	53.2
36	香川県	319,445	36	兵庫県	25.6	36	鹿児島県	50.5
37	石川県	319,153	37	大阪府	25.2	37	長野県	50.1
38	和歌山県	318,927	38	宮崎県	24.9	38	福島県	46.6
39	沖縄県	311,819	39	岐阜県	24.3	39	岐阜県	46.5
40	島根県	299,506	40	神奈川県	23.4	40	島根県	44.6
41	奈良県	287,335	41	熊本県	22.1	41	青森県	38.5
42	宮崎県	274,541	42	沖縄県	21.8	42	高知県	37.3
43	徳島県	265,455	43	福岡県	21.3	43	山形県	36.3
44	高知県	265,056	44	奈良県	21.1	44	宮崎県	35.5
45	山梨県	246,087	45	埼玉県	20.8	45	秋田県	32.4
46	佐賀県	220,979	46	京都府	20.5	46	岩手県	27.6
47	鳥取県	199,388	47	千葉県	15.3	47	北海道	22.9

（出所）九州大学都市研究センター作成

ただし、面積の大きい北海道や東北地方の県、逆に面積の小さい香川県の順位は大きく変動しています。自治体間の差は他と比べて最も大きく、1位と最下位では実に100倍近くの差があります。

続いては、新国富を形成する各資本のランキングです。ここでは、人工資本・人的資本については人口1人当たり、自然資本については面積当たりの額について見ていきます。**図表5-6**にその結果を示します。

1つめは人工資本です。人口1人当たりの額は、調整済新国富指標の場合ほどではないですが、総額で上位にあった自治体の多くがランクを下げ、逆に総額で下位にあった自治体がランクを上げる傾向にあります。人口1人当たりの人工資本額1位は福井県です。同県は2016年より九州大学都市研究センターと共同で、地域の豊かさを測る新しい指標の研究を進めています。

2つめは人的資本についてです。人口1人当たりの人的資本額ランキングは、人口規模の影響を受けて、地方部の自治体が多く上位に入っています。上位3県は島根県、山口県、福井県と、山陰・北陸地方の県が占めています。教育資本と健康資本に分けて見ると、教育資本は1位の東京都に、2位福井県、3位滋賀県と続いています。健康資本については、1位は島根県、2位山口県、3位福井県となりました。

3つめは自然資本です。面積当たりの自然資本額については、他の面積当たりのランキングと少し傾向が異なります。自然資本は面積の影響を多分に受けると考えられますが、ここでは総額と人口1人当たりの額で第1位だった北海道を抜いて長崎県が1位、沖縄県が2位となっています。これら2

〔図表5－6〕 都道府県の人口1人当たり人工・人的資本額および面積当たり自然資本額ランキング（2015年）

人口1人当たり人工資本			人口1人当たり人的資本			面積当たり自然資本		
順位	都道府県	額（百万円）	順位	都道府県	額（百万円）	順位	都道府県	額（億円）
1	福井県	23.8	1	島根県	19.0	1	長崎県	12.4
2	山口県	22.8	2	山口県	18.8	2	沖縄県	8.3
3	富山県	22.8	3	福井県	17.0	3	北海道	6.3
4	三重県	22.7	4	秋田県	16.0	4	愛媛県	6.0
5	島根県	21.9	5	東京都	16.0	5	静岡県	5.5
6	福島県	21.6	6	徳島県	15.4	6	神奈川県	5.2
7	滋賀県	21.3	7	高知県	15.1	7	宮城県	5.0
8	大分県	20.6	8	香川県	14.9	8	茨城県	4.6
9	新潟県	20.6	9	鳥取県	13.8	9	鳥取県	4.6
10	東京都	20.2	10	富山県	13.7	10	千葉県	4.5
11	茨城県	20.1	11	和歌山県	13.7	11	石川県	4.4
12	徳島県	19.9	12	新潟県	13.0	12	高知県	4.2
13	秋田県	19.3	13	長野県	13.0	13	宮崎県	4.1
14	長野県	19.2	14	三重県	12.9	14	東京都	4.0
15	岩手県	19.1	15	宮城県	12.6	15	青森県	4.0
16	佐賀県	19.1	16	愛媛県	12.0	16	愛知県	4.0
17	愛知県	19.0	17	岩手県	11.3	17	三重県	3.9
18	広島県	18.8	18	佐賀県	11.2	18	香川県	3.5
19	静岡県	18.7	19	福島県	10.9	19	富山県	3.3
20	山梨県	18.7	20	大分県	10.8	20	兵庫県	3.3
21	鳥取県	18.6	21	岡山県	10.8	21	鹿児島県	3.2
22	愛媛県	18.5	22	山形県	10.7	22	島根県	3.2
23	和歌山県	18.4	23	神奈川県	10.6	23	山口県	3.0
24	栃木県	18.2	24	埼玉県	10.5	24	和歌山県	2.9
25	岡山県	18.1	25	山梨県	10.3	25	福岡県	2.8
26	北海道	18.1	26	鹿児島県	10.3	26	佐賀県	2.7
27	山形県	18.0	27	茨城県	10.3	27	埼玉県	2.6
28	石川県	18.0	28	大阪府	9.8	28	福井県	2.5
29	高知県	17.9	29	奈良県	9.3	29	大分県	2.5
30	香川県	17.5	30	青森県	9.2	30	熊本県	2.4
31	群馬県	17.3	31	兵庫県	8.7	31	岩手県	2.4
32	岐阜県	17.3	32	群馬県	8.6	32	新潟県	2.3
33	宮崎県	16.7	33	滋賀県	8.5	33	徳島県	2.3
34	宮城県	16.7	34	石川県	8.4	34	京都府	2.1
35	青森県	16.6	35	栃木県	8.4	35	山形県	2.0
36	兵庫県	16.5	36	北海道	8.1	36	栃木県	2.0
37	鹿児島県	16.3	37	広島県	8.1	37	福島県	2.0
38	長崎県	16.1	38	沖縄県	8.0	38	大阪府	1.9
39	熊本県	15.7	39	長崎県	7.9	39	群馬県	1.9
40	大阪府	15.5	40	静岡県	7.8	40	山梨県	1.9
41	福岡県	14.5	41	愛知県	7.2	41	広島県	1.8
42	京都府	14.1	42	福岡県	6.6	42	秋田県	1.7
43	神奈川県	12.8	43	岐阜県	6.4	43	長野県	1.5
44	千葉県	12.8	44	京都府	6.2	44	奈良県	1.5
45	沖縄県	12.7	45	宮崎県	5.8	45	岡山県	1.5
46	奈良県	11.9	46	熊本県	5.6	46	岐阜県	1.4
47	埼玉県	10.4	47	千葉県	2.3	47	滋賀県	1.0

（出所）九州大学都市研究センター作成

県は面積が小さいことに加え、面積に対する海岸線延長が北海道に比べて約20倍長く、その分漁業資本の価値で優位に立つことが大きな要因です。

東京都23区・政令指定都市の新国富および持続可能性ランキング

次は東京都23の特別区と、全国20の政令指定都市のランキングです。**図表5－7**に調整済新国富指標の総額および人口1人当たりの額、面積当たりの額のランキングを示します。総額ランキングに対し、人口1人当たりの額と面積当たりの額のランキングは比較的似た傾向にあります。総額ランキングで1位は大阪市で、以下10位まで東京都23区以外の政令指定都市が続きます。概ね政令指定都市のほうが高く、下位を東京都の特別区が占めています。政令指定都市に比べて特別区のほうが人口や面積の規模が小さいためで、人口1人当たりや面積当たりの額のランキングでは上位と下位が逆転する傾向にあります。人口1人当たりおよび面積当たりの額ランキングでは、1位から3位までは東京都千代田区、東京都中央区、東京都港区と同じです。

都道府県と同様に、2015年時点の各資本額のランキングを見ていきましょう。ここでも人工資本と人的資本は人口1人当たり、自然資本は面積当たりの額のランキングを図示します（**図表5－8**）。

この図表の左は人口1人当たりの人工資本額ランキングです。上位と下位の東京都23区の間に政令指定都市が入っている状態です。図からわかるように、千代田区が他を大きく引き離しています。

〔図表５－７〕 東京都23区および政令指定都市の調整済新国富総額・人口１人当たり額・面積当たり額ランキング（2015年）

順位	都市	総額（億円）	順位	都市	１人当たり（百万円）	順位	都市	面積当たり（億円）
1	大阪市	897,363	1	千代田区	454.31	1	千代田区	22,756.82
2	横浜市	876,014	2	中央区	145.16	2	中央区	20,072.21
3	名古屋市	662,186	3	港区	122.31	3	港区	14,607.71
4	札幌市	496,170	4	渋谷区	71.69	4	新宿区	12,560.94
5	神戸市	411,396	5	新宿区	68.61	5	渋谷区	10,652.93
6	福岡市	366,999	6	台東区	48.21	6	台東区	9,445.28
7	川崎市	337,570	7	品川区	45.26	7	豊島区	9,228.79
8	広島市	327,913	8	文京区	43.54	8	文京区	8,473.40
9	仙台市	322,487	9	豊島区	41.24	9	品川区	7,666.23
10	京都市	319,395	10	江東区	39.90	10	墨田区	6,611.02
11	港区	297,559	11	墨田区	35.52	11	目黒区	6,063.89
12	新潟市	274,879	12	新潟市	33.93	12	荒川区	6,026.99
13	さいたま市	269,814	13	大阪市	33.34	13	中野区	5,941.74
14	千代田区	265,345	14	目黒区	32.04	14	江東区	4,948.90
15	世田谷区	233,350	15	大田区	31.75	15	北区	4,773.55
16	新宿区	228,860	16	仙台市	29.80	16	板橋区	4,721.21
17	大田区	227,668	17	岡山市	29.33	17	杉並区	4,269.63
18	岡山市	211,029	18	荒川区	28.85	18	世田谷区	4,019.81
19	浜松市	210,776	19	名古屋市	28.85	19	大阪市	3,984.56
20	中央区	204,937	20	北区	28.84	20	大田区	3,753.19
21	北九州市	203,995	21	中野区	28.22	21	練馬区	3,719.68
22	江東区	198,748	22	静岡市	27.73	22	江戸川区	3,585.72
23	静岡市	195,489	23	広島市	27.46	23	足立区	3,389.49
24	堺市	188,655	24	板橋区	27.07	24	葛飾区	3,354.24
25	足立区	180,491	25	足立区	26.93	25	川崎市	2,360.63
26	江戸川区	178,928	26	神戸市	26.76	26	名古屋市	2,028.44
27	練馬区	178,842	27	浜松市	26.41	27	横浜市	2,002.36
28	品川区	175,097	28	葛飾区	26.35	28	堺市	1,259.21
29	千葉市	162,863	29	江戸川区	26.26	29	さいたま市	1,240.92
30	相模原市	161,296	30	世田谷区	25.83	30	福岡市	1,068.75
31	渋谷区	160,966	31	杉並区	25.78	31	神戸市	738.57
32	熊本市	160,239	32	札幌市	25.41	32	千葉市	599.29
33	板橋区	152,117	33	練馬区	24.78	33	相模原市	490.77
34	杉並区	145,424	34	福岡市	23.85	34	札幌市	442.51
35	豊島区	120,067	35	横浜市	23.52	35	北九州市	414.67
36	葛飾区	116,728	36	川崎市	22.88	36	熊本市	410.53
37	北区	98,383	37	堺市	22.48	37	仙台市	410.13
38	文京区	95,665	38	相模原市	22.38	38	京都市	385.82
39	台東区	95,492	39	京都市	21.65	39	新潟市	378.39
40	中野区	92,632	40	熊本市	21.63	40	広島市	361.72
41	墨田区	91,034	41	さいたま市	21.35	41	岡山市	267.14
42	目黒区	88,957	42	北九州市	21.22	42	静岡市	138.46
43	荒川区	61,234	43	千葉市	16.76	43	浜松市	135.28

（出所）九州大学都市研究センター作成

〔図表５－８〕　東京都23区および政令指定都市の人口１人当たり人工・人的資本額および面積当たり自然資本額ランキング（2015年）

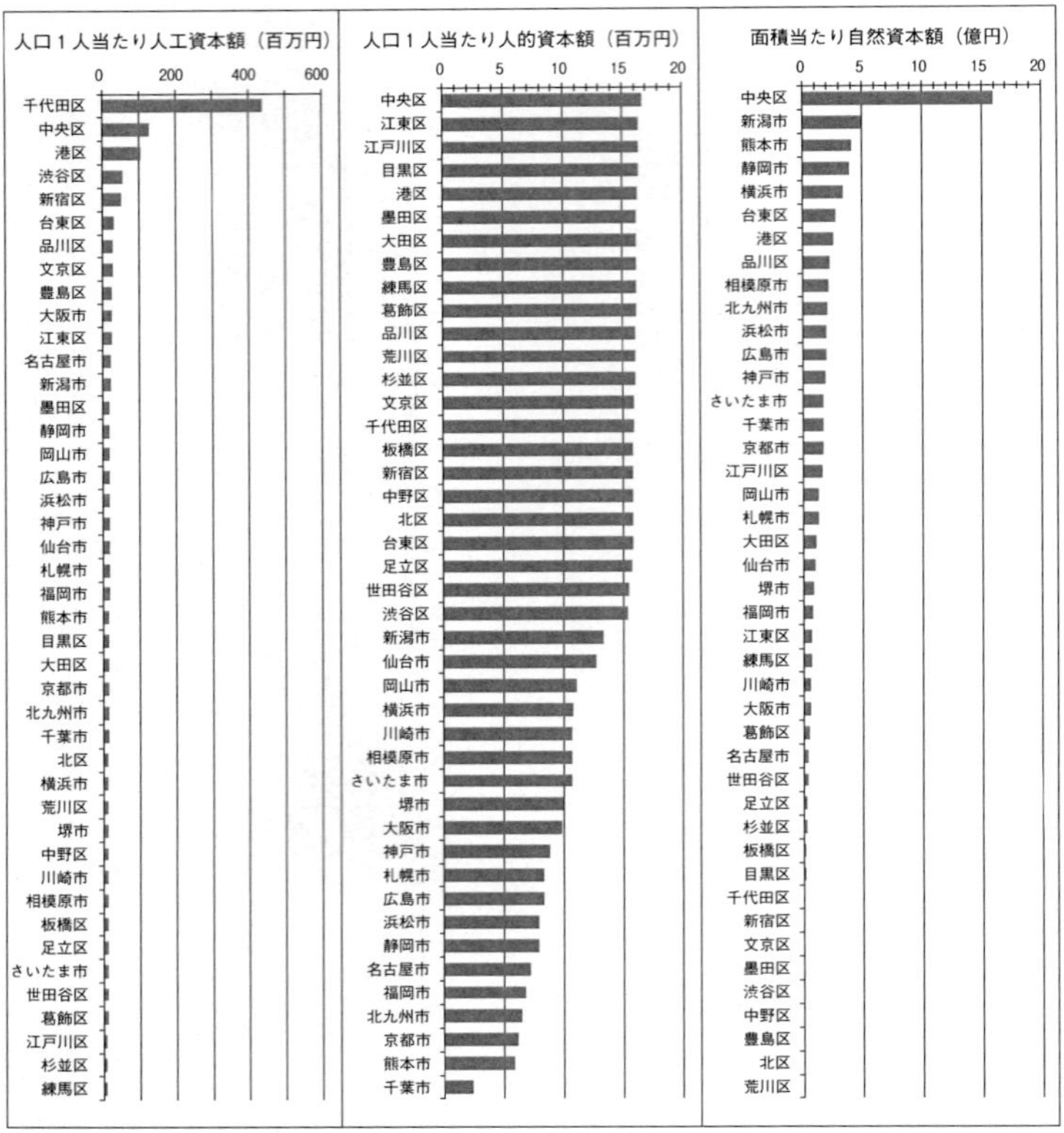

（出所）九州大学都市研究センター作成

真ん中は人口1人当たりの人的資本額ランキングです。ここには掲載していませんが、人的資本総額や他の資本額ランキングと比べても自治体間の差は小さいです。特に、1位から23位まですべての東京都の特別区が入り、その金額の差も150万円以下と他と比べると僅差といえる状態です。

右は面積当たりの自然資本額ランキングです。下位は東京の特別区が占めていますが、10位以内にも特別区がランクインしており、1位は東京都中央区です。特に面積当たりのランキングでは中央区は2位以下と3倍以上の差があります。

続いて、これら43の政令指定都市および東京都特別区の持続可能性ランキングを見ていきます。都道府県と同様に2010年から2015年の新国富指標の成長率から判断しており、成長率が正の値の場合はプラス成長、負の値はマイナス成長を意味します。

図表5－9に各自治体の調整済新国富指標の総額および人口1人当たりの額の成長率のランキングを示します。総額のほうは43のうち31の自治体がプラス成長で、特に1位の杉並区の成長率は10％を超えています。これらの自治体は、2010年からの5年間は持続可能性を保っている、あるいは増したといえます。一方で、静岡市の成長率はマイナス10％近くあり、持続可能性が大きく低下する結果となっています。

人口1人当たりの成長率を見ると、プラス成長なのは13の自治体だけで、残る30の自治体はマイナス成長と、総額の場合とは対照的な結果となりました。全体的に成長の度合いも総額に比べて低い傾向にあります。また、ランキング下半分の多くを東京都の特別区が占めており、港区と中央区、千代

〔図表５－９〕　東京都23区および政令指定都市の調整済新国富総額・人口１人当たり額成長率ランキング（2010－2015年）

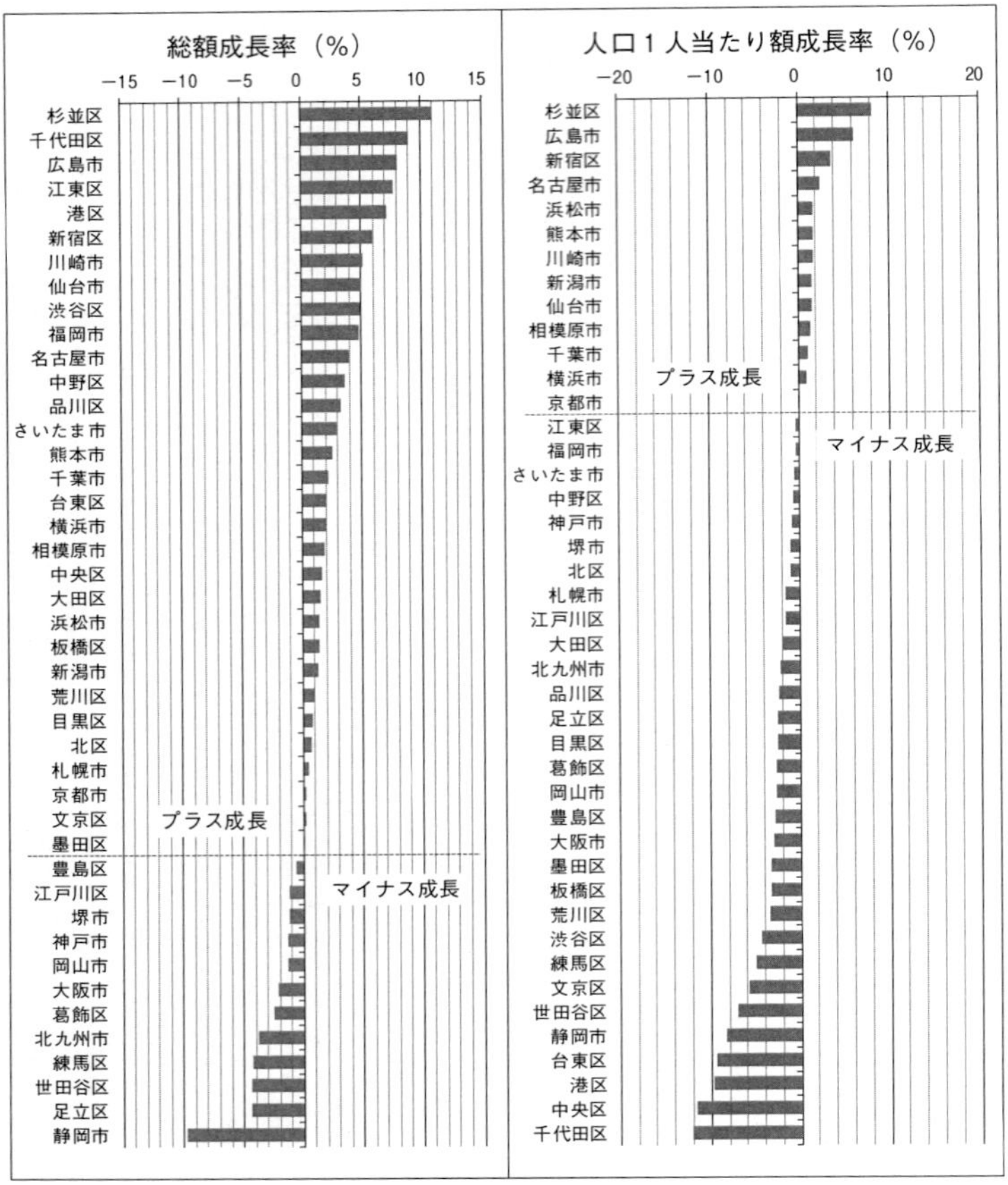

（出所）九州大学都市研究センター作成

田区は成長率がマイナス10％近くあるいは下回っています。この結果から、政令指定都市や東京都の特別区においては、自治体全体では多くが持続可能性を保つ、あるいは増やす結果となりながら、市民や区民１人ひとりが享受する「豊かさ」は持続可能性を損なっているといえます。

福岡・熊本県内の市区町村の新国富および持続可能性ランキング

最後に、他の地方の市町村に先んじて推計が進んでいる福岡県と熊本県の市町村の２０１５年時点の新国富と各資本、そして持続可能性のランキングを紹介します。熊本県にある水俣市では、２０１６年１月に九州大学都市研究センターと協力協定を締結し、いち早く新国富指標に基づいた「まちづくり」の試行に着手しています。また、２０１７年12月に福岡県の久山町も同研究センターと連携協定を締結し、新国富指標を活用したまちづくりとして、翌年度予算案の編成を発表しました。

まず福岡県の60市町村を対象としたランキングです。**図表５－10**に調整済新国富指標の総額・人口１人当たりの額・面積当たりの額のランキングを示します。各部門の１位はそれぞれ福岡市、久山町、春日市です。金額の分布を見てみると、人口１人当たりの額は他の２つに比べて自治体間で差が大きくありません。一方で他の２つのうち、特に総額については政令指定都市である福岡市・北九州市とそれ以外の市町村との間の差が大きく開いています。福岡市と北九州市の新国富の合計額は約54兆円で、全体の約半分を占めています。

２０１０年から２０１５年の調整済新国富指標の成長率による、福岡県下60市町村の持続可能性ラ

〔図表５－10〕　福岡県60市町村の調整済新国富総額・人口１人当たり額・面積当たり額ランキング（2015年）

順位	都市	総額（億円）	順位	都市	１人当たり（百万円）	順位	都市	面積当たり（億円）
1	福岡市	347,926	1	久山町	32.15	1	春日市	1,199.7
2	北九州市	193,714	2	宮若市	28.65	2	福岡市	1,013.2
3	久留米市	62,878	3	苅田町	26.14	3	志免町	927.4
4	飯塚市	25,810	4	朝倉市	24.81	4	粕屋町	644.0
5	大牟田市	23,139	5	八女市	23.66	5	大野城市	632.7
6	筑紫野市	17,418	6	東峰村	23.30	6	水巻町	398.1
7	大野城市	17,013	7	福岡市	22.61	7	北九州市	393.8
8	春日市	16,976	8	大川市	21.94	8	中間市	392.4
9	糸島市	16,510	9	豊前市	21.64	9	太宰府市	379.2
10	八女市	15,242	10	新宮町	21.20	10	新宮町	339.9
11	宗像市	15,236	11	田川市	21.07	11	須恵町	294.6
12	朝倉市	13,012	12	広川町	21.01	12	大牟田市	284.1
13	柳川市	12,895	13	久留米市	20.65	13	古賀市	275.5
14	行橋市	12,688	14	直方市	20.64	14	久留米市	273.4
15	直方市	11,798	15	筑後市	20.58	15	筑後市	238.1
16	古賀市	11,588	16	うきは市	20.30	16	大川市	227.4
17	太宰府市	11,224	17	北九州市	20.15	17	芦屋町	225.5
18	田川市	10,209	18	粕屋町	20.06	18	宇美町	216.4
19	筑後市	9,950	19	古賀市	19.99	19	吉富町	212.2
20	小郡市	9,461	20	飯塚市	19.98	20	小郡市	207.9
21	福津市	9,203	21	鞍手町	19.74	21	筑紫野市	198.5
22	苅田町	9,139	22	大牟田市	19.72	22	直方市	191.0
23	粕屋町	9,099	23	上毛町	19.26	23	田川市	187.1
24	那珂川町	8,577	24	柳川市	19.03	24	苅田町	187.0
25	志免町	8,059	25	みやま市	18.89	25	行橋市	181.1
26	宮若市	8,055	26	大刀洗町	18.81	26	福津市	174.4
27	大川市	7,645	27	遠賀町	18.59	27	柳川市	167.1
28	みやま市	7,203	28	小竹町	18.43	28	遠賀町	158.4
29	嘉麻市	6,540	29	芦屋町	18.41	29	糸田町	141.6
30	宇美町	6,536	30	吉富町	18.31	30	大木町	139.8
31	新宮町	6,434	31	大木町	18.18	31	篠栗町	131.4
32	中間市	6,263	32	みやこ町	18.00	32	宗像市	127.1
33	うきは市	5,991	33	行橋市	17.98	33	大刀洗町	124.7
34	豊前市	5,614	34	築上町	17.90	34	飯塚市	120.6
35	筑前町	5,165	35	志免町	17.81	35	那珂川町	114.4
36	篠栗町	5,115	36	筑前町	17.62	36	広川町	111.8
37	須恵町	4,805	37	須恵町	17.62	37	小竹町	101.5
38	岡垣町	4,541	38	宇美町	17.23	38	桂川町	97.0
39	水巻町	4,384	39	筑紫野市	17.23	39	岡垣町	93.4
40	広川町	4,241	40	那珂川町	17.15	40	鞍手町	88.7
41	みやこ町	3,643	41	糸島市	17.11	41	福智町	81.8
42	遠賀町	3,509	42	赤村	17.10	42	筑前町	77.0
43	福智町	3,442	43	大野城市	17.09	43	糸島市	76.5
44	築上町	3,327	44	嘉麻市	16.88	44	川崎町	71.7
45	鞍手町	3,159	45	篠栗町	16.39	45	久山町	70.6
46	大刀洗町	2,847	46	添田町	16.36	46	みやま市	68.5
47	久山町	2,645	47	小郡市	16.32	47	宮若市	57.5
48	芦屋町	2,616	48	宗像市	15.79	48	大任町	54.3
49	川崎町	2,591	49	福津市	15.66	49	朝倉市	52.7
50	大木町	2,577	50	太宰府市	15.55	50	うきは市	51.0
51	桂川町	1,954	51	川崎町	15.43	51	豊前市	50.5
52	香春町	1,667	52	香春町	15.35	52	嘉麻市	48.4
53	添田町	1,623	53	春日市	15.33	53	香春町	37.5
54	小竹町	1,439	54	水巻町	15.12	54	八女市	31.6
55	上毛町	1,436	55	福智町	15.05	55	築上町	27.8
56	吉富町	1,214	56	中間市	14.99	56	みやこ町	24.1
57	糸田町	1,139	57	大任町	14.96	57	上毛町	23.0
58	大任町	774	58	桂川町	14.48	58	赤村	16.2
59	赤村	517	59	岡垣町	14.38	59	添田町	12.3
60	東峰村	507	60	糸田町	12.62	60	東峰村	9.7

（出所）九州大学都市研究センター作成

〔図表5－11〕　福岡県60市町村の調整済新国富総額・人口1人当たり額成長率ランキング（2010－2015年）

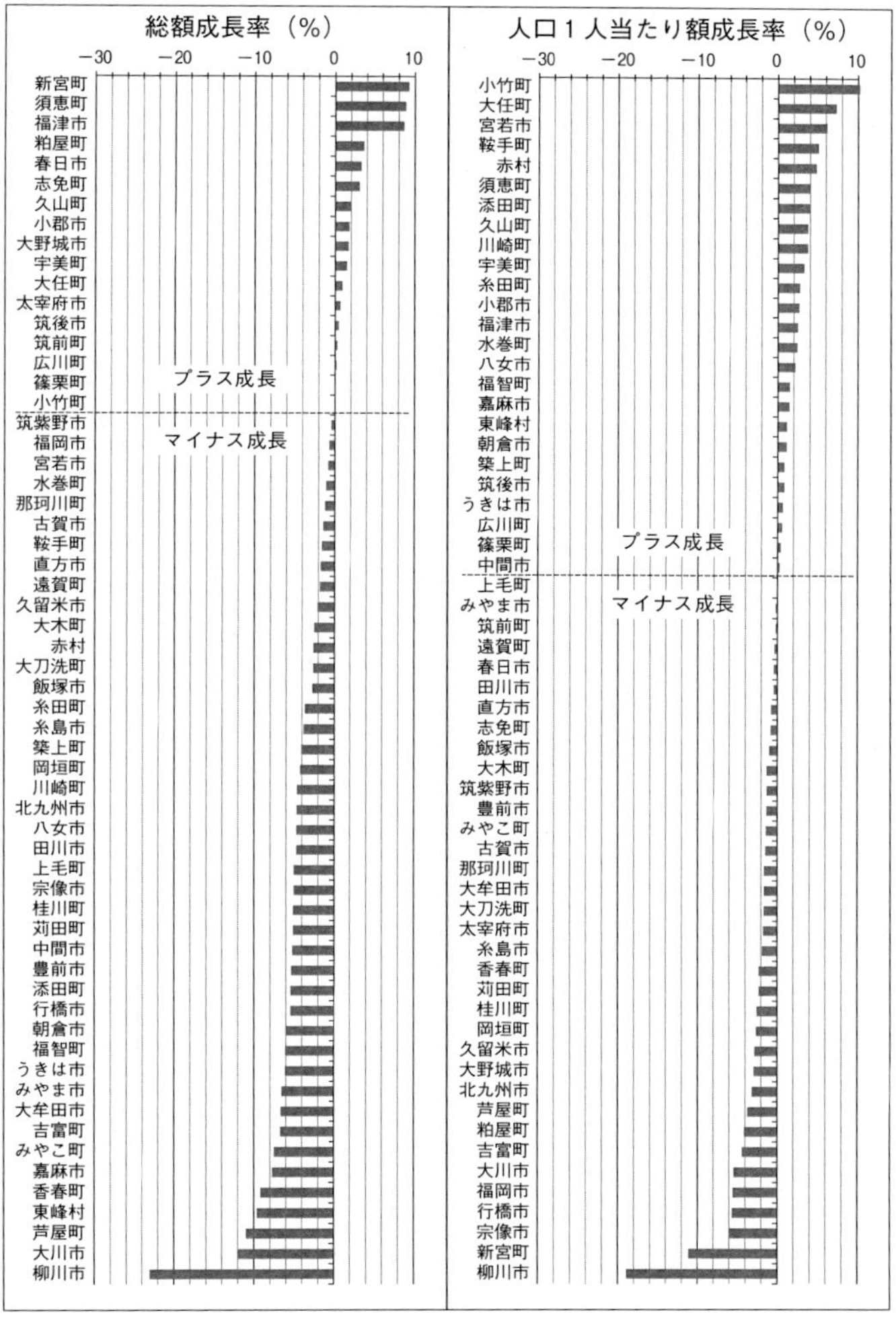

（出所）九州大学都市研究センター作成

ンキングは**図表5－11**のようになりました。左のグラフは総額の成長率、右のグラフは人口1人当たりの額の成長率で、それぞれ自治体全体としての富の持続可能性、住民1人ひとりが享受する富の持続可能性を表しています。総額の1位は新宮町、人口1人当たりの額の1位は小竹町です。また、成長率がプラスなのは、総額では全体の約3割（17市町村）、人口1人当たりの額では約4割といずれも少ない傾向にあります。また、マイナス10％以上、さらにマイナス20％を超える自治体もあることから、福岡県内の多くの市町村では持続可能性が損なわれつつあるといえます。しかし、人口1人当たりの額でワースト2位の新宮町はこの期間の人口増加率が23・0％と大きな値となっています。また、粕屋町8・0％、福津市6・0％、福岡市5・1％と、ランキングの順位に人口増加が影響している市町村は少なくありません。マイナス成長の理由を見極める必要があります。

次に、熊本県内45市町村についてです。**図表5－12**に調整済新国富指標のランキングを示します。総額と面積当たりの額の1位は熊本市、人口1人当たりの額の1位は五木村です。これも他の自治体ランキングと同様、人口1人当たりの額は1位の五木村を除いては自治体間の差が小さい傾向にあります。一方で、総額と面積当たりの額においては熊本市が突出しており、特に総額ではその傾向が強く、熊本市の新国富は全体の約4割になる約16兆円にものぼります。

熊本県内45市町村の持続可能性ランキングは、**図表5－13**のようになりました。左の総額の成長率については、1位の菊陽町が18・8％、2位の嘉島町が15・0％と高い水準にあります。一方で、プラス成長なのは全体の3割弱で、多くの市町村が持続可能性を損なう結果となっています。逆に、人

〔図表5－12〕 熊本県45市町村の調整済新国富総額・人口1人当たり額・面積当たり額ランキング（2015年）

順位	都市	総額（億円）	順位	都市	1人当たり（百万円）	順位	都市	面積当たり（億円）
1	熊本市	160,030	1	五木村	49.11	1	熊本市	410.0
2	八代市	28,320	2	南小国町	31.76	2	菊陽町	243.9
3	天草市	18,918	3	産山村	31.09	3	長洲町	204.9
4	玉名市	14,028	4	嘉島町	30.99	4	合志市	203.1
5	宇城市	13,419	5	水上村	29.70	5	嘉島町	168.5
6	菊池市	12,151	6	山都町	28.64	6	荒尾市	155.7
7	山鹿市	11,522	7	小国町	27.48	7	益城町	109.8
8	合志市	10,802	8	高森町	27.45	8	宇土市	96.6
9	菊陽町	9,136	9	西原村	27.41	9	玉名市	91.9
10	荒尾市	8,931	10	阿蘇市	26.99	10	大津町	87.5
11	大津町	8,675	11	大津町	25.93	11	宇城市	71.1
12	人吉市	8,092	12	多良木町	25.49	12	氷川町	67.7
13	阿蘇市	7,293	13	菊池市	25.23	13	上天草市	47.2
14	益城町	7,210	14	長洲町	25.05	14	菊池市	43.9
15	宇土市	7,177	15	南関町	24.87	15	八代市	41.6
16	上天草市	5,988	16	錦町	24.30	16	玉東町	40.0
17	水俣市	5,903	17	人吉市	23.89	17	甲佐町	39.8
18	山都町	4,339	18	苓北町	23.87	18	山鹿市	38.4
19	長洲町	3,981	19	南阿蘇村	23.52	19	人吉市	38.4
20	芦北町	3,798	20	相良村	23.49	20	水俣市	36.1
21	あさぎり町	3,557	21	水俣市	23.23	21	南関町	35.3
22	御船町	3,435	22	球磨村	22.96	22	御船町	34.7
23	嘉島町	2,806	23	あさぎり町	22.91	23	錦町	30.8
24	南阿蘇村	2,705	24	天草市	22.86	24	天草市	27.7
25	錦町	2,616	25	和水町	22.71	25	苓北町	27.3
26	多良木町	2,496	26	宇城市	22.46	26	津奈木町	26.0
27	南関町	2,434	27	菊陽町	22.29	27	西原村	24.1
28	和水町	2,314	28	八代市	22.22	28	和水町	23.4
29	甲佐町	2,305	29	上天草市	22.17	29	あさぎり町	22.3
30	氷川町	2,259	30	山鹿市	22.05	30	南阿蘇村	19.7
31	美里町	2,092	31	熊本市	21.60	31	阿蘇市	19.4
32	小国町	1,975	32	甲佐町	21.51	32	湯前町	17.5
33	西原村	1,864	33	芦北町	21.50	33	芦北町	16.2
34	苓北町	1,848	34	益城町	21.45	34	多良木町	15.1
35	高森町	1,736	35	湯前町	21.27	35	美里町	14.5
36	南小国町	1,286	36	玉名市	21.01	36	小国町	14.4
37	相良村	1,050	37	美里町	20.25	37	相良村	11.1
38	玉東町	973	38	御船町	19.93	38	南小国町	11.1
39	津奈木町	886	39	山江村	19.83	39	高森町	9.9
40	球磨村	849	40	宇土市	19.38	40	山都町	8.0
41	湯前町	848	41	津奈木町	18.96	41	産山村	7.7
42	山江村	678	42	氷川町	18.83	42	山江村	5.6
43	水上村	663	43	合志市	18.51	43	球磨村	4.1
44	五木村	518	44	玉東町	18.48	44	水上村	3.5
45	産山村	469	45	荒尾市	16.72	45	五木村	2.0

（出所）九州大学都市研究センター作成

〔図表５－13〕　熊本県45市町村の調整済新国富総額・人口１人当たり額成長率ランキング（2010－2015年）

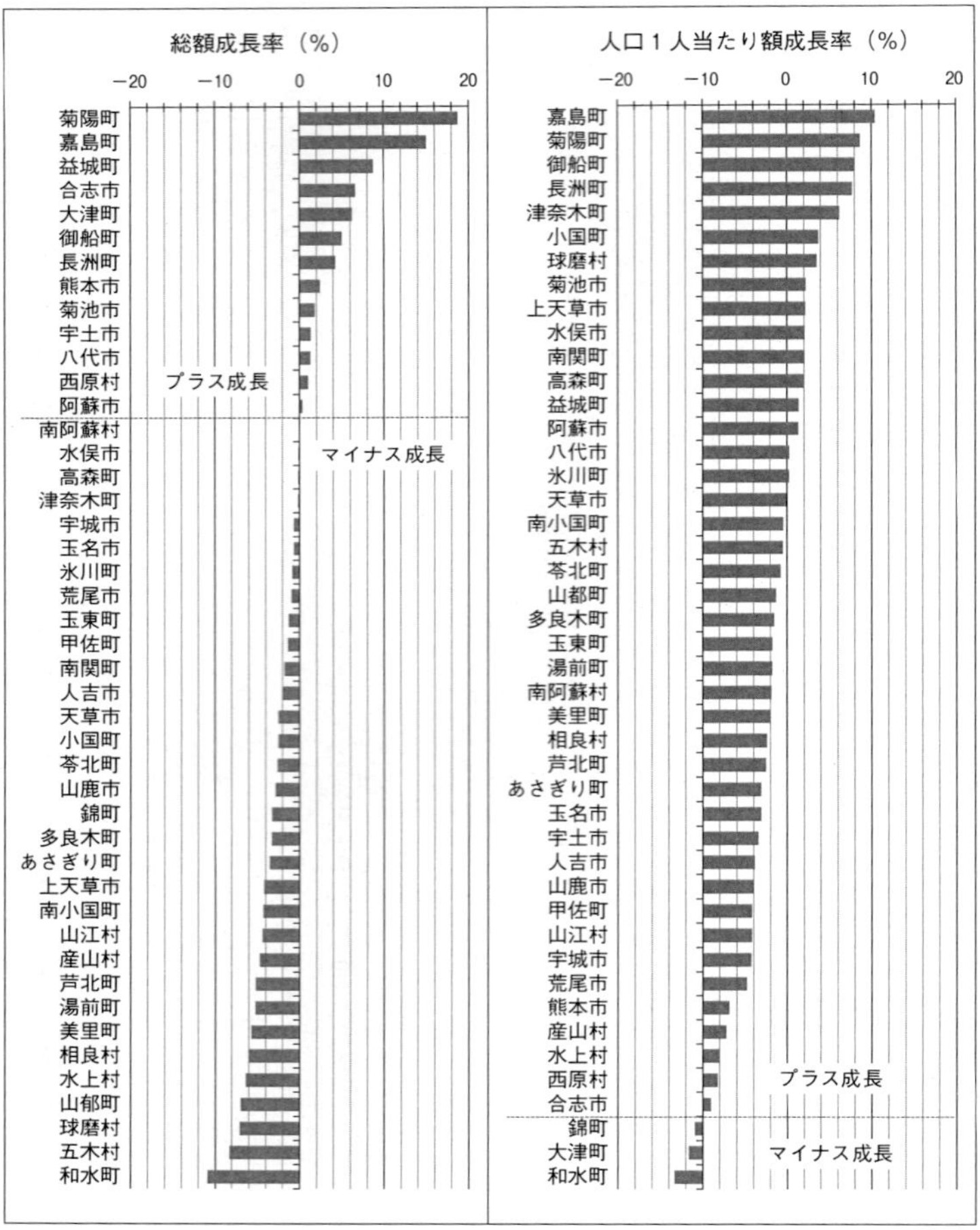

（出所）九州大学都市研究センター作成

口1人当たりの額については、42市町村がプラス成長で、マイナス成長だったのはわずか3町でした。成長率の平均値は４・３％と、多くの市町村で２０１０年からの5年間は持続可能性が十分に保たれているといえます。しかし、これはこの期間に37の市町村で人口が減少していることが影響していることから、注意が必要です。

●参考文献

株式会社富士通研究所（２０１７）『地域の富を見える化ツール EvaCva-sustainable』http://www.managi-lab.com/evacva_info.html, ２０１７年11月18日閲覧。

馬奈木俊介編著（２０１７）『豊かさの価値評価—新国富指標の構築』中央経済社。

森記念財団都市戦略研究所（２０１７）『世界の都市総合力ランキング２０１７概要版』http://www.mori-m-foundation.or.jp/ius/gpci/, ２０１７年11月19日閲覧。

MERCER (2017) Quality of Living City Ranking, https://mobilityexchabge.mercer.com/Insights/quality-of-living-rankings, ２０１７年8月23日閲覧。

MONOCLE (2017) Quality of Life REPORT: The top 25 cities in which to live, work and play, laid out in out 11th annual ranking, *Monocle Magazine*, No. 5, 46-69.

The Economist Intelligence Unit (2017) The Global Liveability Report 2017, http://www.smh.com.au/cqstatic/gxx1l4/LiveabilityReport2017.pdf, ２０１７年8月18日閲覧。

第 II 部

社会課題を解決する
ソーシャル・
アントレプレナーシップ

第6章 持続可能な社会づくり

◆持続可能な社会づくりと評価

第Ⅰ部では、持続可能性に関する国際的な議論を振り返り、その議論のなかで誕生した新国富指標という、豊かさを測る新しい指標に基づいて、世界と日本、そして、日本の地域の豊かさを比較し、持続可能性の議論を深めました。つまり、これは、これまで評価することが容易でなかった豊かさを、人工資本、人的資本、自然資本という3つの資本群を主として定量的に評価することで持続可能性を議論しようという、豊かさに重点を置いたアプローチです。

一方で、豊かさの反対の概念として貧しさがあります。貧しさといったような社会的な課題は、持続可能性を議論するうえでは必要不可欠な要素です。そして、その課題解決は、ＭＤＧｓやＳＤＧｓが掲げている目標やターゲットにもあるとおり、多様であり、統一的で定量的な評価は容易ではありません。

新国富指標は、持続可能性に関する評価を、単一基準に基づいて行う試みであり、第Ⅰ部で示したとおり、世界や地域間を比較することが可能になったという点をみても、少なからず、その有効性について示すことができたのではないかと思います。しかしながら、同時に、社会的な課題が多岐にわたる以上、その指標だけに頼るのにはおのずと限界があることも認めなければいけません。複数の基準に基づいた複数の指標で持続可能性について議論することも必要不可欠であり、ＭＤＧｓやＳＤＧｓにおける各指標、そして、それ以外の数多くの指標が重要であることはいうまでもありません。

しかしながら、それらすべての指標を取り上げ、１つずつ議論をすることは困難であると同時に、持続可能な社会づくりを評価するための手段となるべき評価指標について、そのあり方に関する議論そのものが目的化することは本書の意図するものではありません。そこで、第Ⅱ部では、まず、持続可能な社会とは何であるかという議論を整理しながら、世界中で実施されている持続可能な社会づくりの事例を、ソーシャル・アントレプレナーシップをキーワードにできるだけ多く取り上げていきたいと思います。

そして、地域での取り組みの事例を１つ取り上げ、そのような活動を持続的に実施するための事業評価のあり方についても少し触れたいと思います。つまり、それは、持続可能な社会づくりの活動を持続的に行うための評価を考えるということであり、第Ⅰ部で示した新国富指標による単一基準の評価や、その他の複数指標による評価によるアプローチとは異なるアプローチといえます。

◆持続可能な発展と社会

第1章で見たとおり，ブルントラント委員会が1987年に公表した報告書『我ら共有の未来』では，「Sustainable Development（持続可能な発展）」の概念は，「将来の世代の欲求を満たしつつ，現在の世代の欲求も満足させるような発展・開発」と定義していることはすでに述べました。つまり，持続可能とは，将来の世代の欲求を満たしつつ，現在の世代の欲求も満足させるもの，ということができます。しかし，報告書のなかには，これがどのようなものか，経済学的・社会学的な意味づけや体系的な説明を与えている個所はありません。それゆえ，この概念について，様々な分野において多岐にわたる考え方が提示されています。

持続可能に関する様々な考え方に関して，深井慈子氏は，その著書で，持続可能な社会論はすべて，現状を変えなければならないという点では一致しているものの，①体制内の部分的・漸進的改革で持続可能な世界を達成できるとするか，②体制自体を根本的に変革しなければならないとみるか，の大きく2つに分類できると述べています。また，それらの考えおよびその定式化には，理論的出発点に違いがあること，そして，どこまでを定式化に含めるか，という境界設定の違いがあると指摘しています。

深井慈子氏の著書では，これをさらに詳細に分類していますので，詳しくはそちらを参照してください。とはいえ、その分類法は総体的・包括的視点をとっており、その点で、持続可能な発展論・社会論を理解するうえで欠かすことのできない視点です。本書では、以下、簡単にではありますが、深井慈子氏の整理に基づいてその中身を確認していこうと思います。

深井慈子氏は、持続可能な社会論を分類する際、現存の世界体制の基本軸を、グローバル資本主義体制と主権国家体制としています。そして、この両軸を変えなくても地球レベルの持続可能性を達成することができると考えているのか否かを分類の始点とし、資本主義国家体制と主権国家体制をともに維持し、現状を変える持続可能な社会論のことを「体制内改良論」、一方、資本主義国家体制か主権国家体制のどちらかに関して、体制そのものを変革し、現状を変える持続可能な社会論を「体制変革論」と定義しています。

また、持続可能な社会論の重要な役割は、単なるアカデミズムへの貢献ではなく、地球の危機的状況を認識させ、人々を危機回避の方向に動かすという、実践面の役割にあるとしています。既述の分類のうち、従来の「体制内改良論」は理論軽視傾向があり、一般に実践論・政策論を分析の中心に置いてきたのですが、前述のブルントラント委員会による持続可能な発展論や、１９７４年に米農務省の官僚を辞めてワールドウォッチ・インスティテュートを創設した、有名な環境学者レスター・ブラウン氏のエコ・エコノミー論など、新たな概念を提示することで、具体的な諸施策の理論的統合を試みる理論研究も進められてきたといわれています。それは、単に学際的であるのみならず、学界・ビジネス界・市民社会の境界をも越え、伝統的な価値観・規範体系に挑戦するものです。

一方、「体制変革論」は、イデオロギーにやや偏重する傾向があるといえます。環境問題の根底には近代主義の価値観と社会的慣習がある、という事実を認識することなしに、持続可能な、社会的に公正な世界をつくることは不可能だという信念がそこにはあるのです。したがって、必然的に、既存の思想・哲学・価値観をいかに転換していくかを重視する傾向が強いといえるでしょう。ここでいう既存の思想・哲学・価値観としては、具体的に、消費主義や競争、個人主義、物質的安全保障、技術、地位、無限の経済成長などへの渇望、人間中心主義、生活の空虚さを埋める方法としての無限の消費志向などが挙げられています。こういう価値観が、その結果として、持続不可能なレベルの資源の消費と環境危機、産業化先進国の市民の人間疎外を生んできたとしています。近代人が考える満足や幸福の定義が、競争的で自滅型の要素を内包しているため、物質的富を得ながらほとんどの人間は満足できず、価値観の転換を図らなければ、どんな技術的解決策を考えてもその解決は不可能だとしているのです。

それゆえ、「体制変革論」の分析では、思想面を重視し、もっぱら基本的価値観とその価値観に基づく運動のパターンや組織形態が、人間中心主義や成長主義、物質主義などの現体制の支配的思想基盤や政治運動原理に挑戦しているか否かにより、「体制変革論」か否かを区別する傾向が強いといえます。

ここで問題として、価値観とその転換を重視する「体制変革論」が、深刻化する問題の具体的解決策に関心を寄せる一般市民の態度と波長がずれており、草の根の関心を排除してしまうという逆効果をもたらしている、ということが挙げられます。持続不可能な世界の仕組みのなかに深く組み込まれた現状から、いかに持続可能な世界に移行できるか、あるいは、持続可能な世界を構築できるかという道筋を検討し、人々の行動の指針となる戦略・政策の選択肢を提示することが、「体制変革論」においても本来の目的であるはずですが、必ずしもそうなってはいないということです。

したがって、「体制変革論」の理論面の貢献と「体制内改良論」の実践面の貢献とをうまく統合することが必要といえるでしょう。環境問題や南北問題への関心は、多様な生活経験や価値観をもつ人々の間に浸透してきています。したがって、この広く共有された潜在的関心を、いかに社会的、経済的、政治的な意思決定の中核要因に組み込むことができるかが重要な課題なのです。では、どのように統合していくのでしょうか。「体制内改良論」と「体制変革論」の各々について、いくつか具体的に取り上げ、もう少し詳細にみていくことで、その方向性を探りましょう。

体制内改良論

「体制内改良論」は、主権国家体制と資本主義体制の枠組みのなかで、資源問題、人口問題、環境問題、南北格差問題の解決に向けて、技術の進歩と市場メカニズムを活用する新たな規制や制度を導入していくという立場をとっています。立法や直接的規制、税制、補助金、助成金、融資、効率基準などを変えることにより、政府が経済に介入して、持続可能な社会への移行を進めることができると考える立場をとっているといえるのです。環境問題は、経済にとって負担であるというよりも、むしろ、技術革新を刺激し、経済を成長させる可能性を秘めたものと見るべきであると展望しているのです。「体制内改良論」に見られる、このような考えは、経済成長と環境問題との関係を切断することにより、資本主義と環境保全を両立させる道を模索するなかで生み出したものであるといえます。したがって、深井慈子氏が、「体制内改良論」の代表として挙げているとおり、ブルントラント委員会やエコ・エコノミー論のレスター・ブラウン氏、さらに、経済効率性だけでなく、エコロジー的効率性を基本とする経済への移行を説くエコ効率論を提唱し、多国籍企業の緑化推進を掲げる運動をリードしているWBCSD（持続可能な発展のための世界経済人会議）などが具体例として挙げられます。

ここでは、ブルントラント委員会については、第1章ですでに述べたので省略し、レスター・ブラウン氏について簡単に説明します。レスター・ブラウン氏は、現状では、主に経済学者が採用している、環境を経済の一部として捉える見方と、エコロジストや自然科学者が主に採用している、経済こそが環境の一部であるという2つの異なる見方があるとしています。そのうえで、自身を後者の見方に属する者と位置づけ、経済というのは、地球のエコシステムの一部であると主張しています。そして、その見方が正しいという前提に立つと、経済の体制や仕組みというのは、地球のエコシステムと適合しなければならないが、現状ではそれが不調に陥っていると分析しています。具体的には、漁場の崩壊や、森林減少、砂漠化の進行、地下水位の低下、気温の上昇、大気中の二酸化炭素濃度の増加、より破壊的な暴風雨、氷床の崩壊、海面の上昇、サンゴ礁の死滅、生物種の消失などが、まさに、その状況を如実に示しているというのです。

では、その解決に向けて何をすべきなのでしょうか。レスター・ブラウン氏は、具体的に、化石燃料に依存した自動車中心の使い捨て経済から脱し、自然エネルギーを基盤とし、鉄道と自転車中心のリサイクル社会を目指せと、いわゆる、エコ・エコノミーに移行する道筋を示そうと試みています。さらに、経済学者とエコロジストの現状認識のずれに関しても、経済学者とエコロジストが協力して、環境負荷のコストを計算し、課税すべきと主張しています。さらに、いわゆる、そのような環境革命は、産業革命に匹敵する史上最大の投資機会を生むとして、自然エネルギーや養殖漁業、人工林などに対する膨大な投資の必要性を強調しています。

体制変革論

次に、「体制変革論」についてみてみましょう。「体制変革論」の分析は、「体制内改良論」の限界を明らかにするとともに、対話を可能にする共通点を確認することを目的としているといえます。さらに対話を通じて改良論の欠陥を埋めると同時に、変革論のユートピア志向に起因する非現実性を修正していく可能性を探ることを意図しています。

「体制変革論」は、資源と環境の制約を重要視し、システム・レベルでの変革が必要であるという認識を有しています。一方で、「体制内改良論」は、資源と環境の制約は認めるが、前述のとおり、現体制の枠組みのなかで、省資源・代替資源・リサイクルなどの技術開発により、天然資源の採取、商品の生産・消費を必要最小限に減らし、持続可能性を達成できるという立場に立っているのです。

「体制変革論」は、そのような技術による解決には限界があるとの考えに立ち、技術による解決だけでは、対症療法の域を出ず、技術信仰に起因するリスク社会のさらなる複雑化を招くことになるとの認識を持っているのです。

深井慈子氏は、「体制変革論」をさらに細かく分類していますが、ここでは、そのうち、「主権国家変革・資本主義存続論」に絞って、具体的にみていくことにしましょう。「主権国家変革・資本主義存続論」とは、グローバル資本主義市場経済の存続を認めつつ、持続可能な世界秩序を構築するために、政治的・経済的分権化を進める必要があり、その分権化は国家主権の変容と弱体化と並行して進めるべきであるとするものです。具体例として、ハーマン・デイリー氏が唱える「定常型コミュニティ経済論」や、広井良典氏の「定常型社会論」が挙げられています。

それらはともに、基本的に資本主義経済の存続を認めつつ、国家主権後退論への展望を包摂しているのです。ハーマン・デイリー氏および広井良典氏の理論は、地球規模の環境問題と社会的公正問題に対応して持続可能な社会を実現していく道筋として、生活必需品は自給自足できるような自立性あるコミュニティを構築し、単一主権国家か連邦制かを問わず、一般に中央政府に集中している権力を地方に分散していくシナリオを描いています。そして、分権・分散化により、エネルギーを含め生活必需品をなるべく地域内で自給でき、住民が帰属感を抱ける、絆の強いコミュニティを構築、あるいは再生することを目指しています。その目標として掲げているものは、広告などによる需要創出ではなく、需要最小化の発想に立つコミュニティ経済の構築であるといえるでしょう。環境への負荷を減らしつつ、地域内の物質循環や、住民間のコンタクト、地域の連帯感を深めることにより、地域住民の政策決定への直接参加も可能になり、民主主義の空洞化問題も解決し、資源の再配分も進むだろうと考えるのです。

ところで、19世紀の著名な政治哲学者であるジョン・スチュワート・ミル氏は、環境・生態系の保存のためには、経済成長をやめて定常経済にしなければならない、と提唱しています。人口と富の永久の増加は不可能であり、ある時点で定常状態に達し、人口も消費もそのレベルに落ち着くことになるだろうと予測したのです。さらに、経済が定常状態であっても精神文化を高め、道徳的・社会的進歩を実現することはできると考えていました。前述のハーマン・デイリー氏および広井良典氏の理論と共通している点があるといえるでしょう。

定常型コミュニティ経済論と定常型社会論

ハーマン・デイリー氏の「定常型コミュニティ経済論」は、20世紀後半、特に1970年代の「緑の運動」に大きな影響を与え、今でも多くの緑の党や緑の運動家に支持されています。地球の環境容量は成長しないため、地球の資源を枯渇させず、その自然を破壊しないためには、「スループット」の流れを一定レベル以下に保つことが必要だというのがこの理論の基礎となります。ここで、「スループット」とは、ストックの維持管理費に当たるもので、一般の維持管理費と同様、最小限に抑えるのが望ましいとされます。つまり、新国富指標の維持管理費と言い換えてもよいでしょう。

では、「スループット」の流れを一定レベル以下に保つとはどういうことでしょうか。具体的に次の3つが挙げられます。

まず、土壌や水、森林、魚など、再生可能な資源の持続可能な利用速度は、その再生速度を超えるものであってはならないというものです。例えば魚の場合、残りの魚が繁殖することで補充できる程度の速度で捕獲されれば持続可能であるということです。

次に、化石燃料や良質鉱石など、再生不可能な資源の持続可能な利用速度は、再生可能な資源を持続可能なペースで利用することで代用できる程度を越えてはならないというものです。例えば石油の場合、埋蔵量を使い果たした後も同等量の再生可能エネルギーが入手できるよう、石油使用による利益の一部を自動的に太陽熱収集器や植林に投資することが、持続可能な利用の仕方ということになるということです。

最後に、汚染物質の持続可能な排出速度は、エコシステムがそうした物資を吸収し、循環し、無害化できる速度を超えるものであってはならないというものです。例えば、下水を川や湖に流す場合には、生態系が栄養分を吸収できるペースでなければ持続可能とはいえないということです。

ハーマン・デイリー氏は、環境危機を克服し、社会を持続可能にするためには、近代以降の文明と訣別し、質素・節約型社会を構築する必要があると主張しています。その際、足るを知る（enough-ness）、いたわり（stewardship）、謙虚さ（humility）、総体的視点（holism）の4点を挙げて、定常型コミュニティ経済への移行を説いています。少しこの4点について整理しましょう。

人類の発展の歴史で見てきたように、科学・産業革命には宗教革命と呼ばれるものがありました。伝統的な宗教は、足るを知り、欲望を抑制することにより、精神・心を現実に調和させることを教えてきたといってよいでしょう。つまり、人生の目標は、物質の獲得のみではなく、知識や知恵、楽しみ、精神的成長、共同体、つまり、コミュニティなどに置かれていたのです。

その後、人類は、科学・産業革命を経験しました。そこで、科学や産業が、自然をつくり変え、精神的空白をモノで埋めるようになってきたといってよい状況が多く生まれるようになったのです。しかし、我々人類は、ある程度の欠乏状態において、はじめて協力、分かち合い、友情などが生まれる理由を認識し、共同体も根づくといわれています。最低限の物質的ニーズを満たせない人々、つまり絶対的な貧困層に対しては、分かち合いや、いたわりの気持ちが重要であるというのです。そして、人間は、地球のエコシステムのなかで驕らずに謙虚であるべきと指摘しています。さらに、社会現象についても多様な原因の1つひとつの分析だけでなく、異なる要因の間の相互関係を重視する態度の重要性を説いています。そして、それらが最も強いのはローカルなコミュニティであろうとみているのです。

その一方で、定常型コミュニティ経済社会論に対しては、いくつかの批判が投げかけられています。第一は、今の不平等、不公正な状態を見過ごすことになり、すでに豊かな階級のエゴだという批判です。第二は、公害の予防技術の発達も自然回復技術も、つきつめれば経済成長により促進され、環境問題の解決につなげることができる、経済成長なくして環境問題の解決なし、という主張です。第三は、ゼロ経済成長論は、資本主義の成長抑制と公害防止のために、国家をより一貫性のある統治主体にしていこう、という国家権力強化論につながり、結局は現状維持派に抱き込まれ、エコロジーを売り物にする産業を発達させるだけに終わるだろう、という批判です。

そこで、広井良典氏は、このハーマン・デイリー氏の「定常型コミュニティ経済論」を、社会保障論と統合して、持続可能な福祉国家・福祉社会ともいうべき、「定常型社会」という概念を提示しました。「定常型社会」とは、個人の生活保障がしっかりとなされつつ、それが資源・環境制約とも両立しながら長期にわたって存続しうる社会である、と定義されています。「定常型社会」とは、経済システムとの関係において環境と社会保障をめぐる問題を統合して捉えうるような認識枠組みであり、これからの社会について原理的理念と具体的政策を提示するための分析枠組みである、と位置づけているのです。広井良典氏は、持続可能な福祉社会の展望として、環境と福祉の統合のあり方を議論しています。その議論にご関心のある方は、ぜひ広井良典氏の著書をお読みください。

◆持続可能な社会論とアントレプレナーシップ

さて、それでは、本書では、どのような立場をとるのでしょうか。ここで、アントレプレナーシップ、もしくは、ソーシャル・アントレプレナーシップという言葉がキーワードとなります。詳しい用語の定義や意味合いは後述しますが、ここでは、アントレプレナーシップを、仮に、自らのビジョンを持つことや、目指すべき方向性を見出し、自らの創意工夫や新しい価値創造により、組織や社会の変革を成し遂げること、もしくはその態度や意識のことである、と定義しましょう。したがって、ソーシャル・アントレプレナーシップとは、アントレプレナーシップのうち、より社会の変革に重点を置いたものといえます。

これは、既述の、「体制内改良論」および「体制変革論」の両方に関連するものです。ただし、ここで明確にそれらと異なる点は、それが体制内の改良であれ、体制そのものの変革であれ、アントレプレナーシップ、もしくは、ソーシャル・アントレプレナーシップは、集団ではなく、個々人の、そして、その態度や意識を重要視していることです。そして、関連語であるアントレプレナーが、日本語で起業家もしくは企業家を、ソーシャル・アントレプレナーが社会起業家と呼ばれるように、その背景には、企業やビジネスという意味が含まれています。いわば、体制から生まれた「体制変革論」ともいうべき特徴を持っているといえます。つまり、主権国家体制と資本主義体制の枠組みを前提としつつ、そのような体制の変革、価値観の根本的な変革もいとわない、個人の態度や行動様式といえるでしょう。その意味では、「体制内改良論」の一種といったほうが適切かもしれません。しかし、ここで、強調したいことは、いわゆる、アントレプレナーシップという言葉には、現体制の内か外かという点にかかわらず、ビジネスのような、個々人のより現実的な、経済価値的視点が含まれるという点です。

例えば、ここまでみてきたように、レスター・ブラウン氏は、化石燃料に依存した自動車中心の使い捨て経済から脱し，自然エネルギーを基盤とし，鉄道と自転車中心のリサイクル社会を目指せと主張しました。一方で，ハーマン・デイリー氏は，近代以降の文明と訣別し，質素・節約型社会を構築することを説いています。ここで，アントレプレナーシップやソーシャル・アントレプレナーシップが意味するところは，では，それを個人が，もしくは，組織が，社会が，現実に実践しようとする際，どのようにすれば実践できるか，それを実践するとどのような効果があるか，そして，その効果に見合った負担をする価値があるかについて，現実的視点，ビジネス的視点で判断し，持続可能な方法で継続して実践していくということです。

そこには，経済的な価値評価および金銭的な価値評価はさることながら，経済や金銭的に評価することのできにくい価値もできるだけ評価していくことが重要になるといえるのです。したがって，そのような評価指標の1つとして，前述した新国富指標も当然必要になってきます。

それでは，次章以降，このアントレプレナーシップおよびソーシャル・アントレプレナーシップというキーワードに焦点を絞ってさらに，話を進めていきましょう。

●参考文献

広井良典（2006）『持続可能な福祉社会』ちくま新書。

深井慈子（2005）『持続可能な世界論』ナカニシヤ出版。

Brown, L. R. (2001) *Eco-Economy: Building an Economy for the Environmental Age*, W. W. Norton

& Co. Inc.
Daly, H. (1990) Towards Some Operational Principles of Sustainable Development, *Ecological Economics* Vol. 2, issue 1, 1-6.

第7章

社会とアントレプレナーシップ

◆経済発展とアントレプレナーシップ

経済発展には、雇用創出やイノベーションが必要不可欠です。そして、その担い手としてのアントレプレナー（起業家）および起業活動に、期待が多く寄せられます。起業活動やスタートアップ企業により経済発展や産業の成長が促されるといった経済観は、経済学者のシュンペーターの名前を用いてシュンペータリアン・ビューと呼ばれます。この視点に基づけば、起業活動は、生産や経済成長に影響をおよぼす生産要素の1つであり、経済学における土地、労働、資本を主とした生産要素に、起業家活動の資本も考慮できるということです。

この考えに基づき、実証的に研究したものも数多く、それらの研究成果では、経済発展と起業活動との関係について、1人当たりGDPを豊かさの指標とすると、概して、1人当たりGDPが高い国

〔図表7－1〕　経済発展と起業活動との関係の概念図

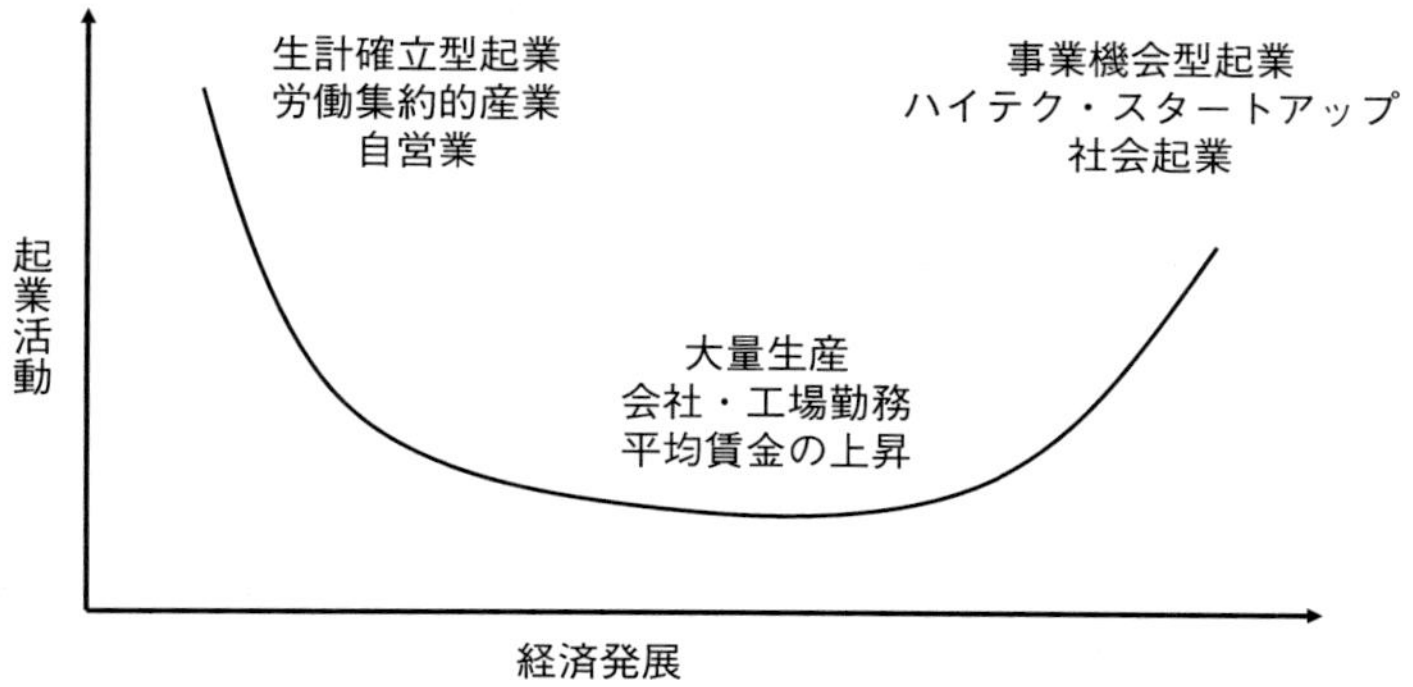

（出所）筆者作成

と低い国では起業活動が活発な反面、中位の国々では、起業活動が不活発となる、いわゆるU字型の形をとるといわれています（**図表7－1**）。

図表7－1において、概して、1人当たりのGDPが低い国々では、農業や商業など労働集約的な産業が多く、自営業が多い一方で、経済発展により工業化、生産効率化が進められると、工場や企業の大規模化、それに伴う賃金や関連制度の安定化が図られ、起業リスクを避ける傾向にあると考えられます。

では、なぜ、1人当たりGDPが高い国において、起業活動は高いのでしょうか。1つは技術革新です。情報技術・IT技術を用いて、これまでにはない、新しい事業を立ち上げるというものです。もう1つは、社会課題を解決する社会起業活動の存在が挙げられます。企業や政府など官民では対応できない、もしくは対応しない分野において、官民を含む様々なステークホルダーと連携して新たな事業を立ち上げることを指します。これは、ある程度、社会や経済が成熟してきた段階で、特に実施される分野であるといえるでしょう。したがって、この分野は、経済発展に直接的に貢献するものではないこともありますが、例えば環境問題のように、経済発展でとり残された課題の解決に、まず貢献するものといえます。技術革新やソーシャル・アントレプレナーシップによる起業は、もちろんすべての経済発展過程において必要とされるものではありますが、経済が成熟していない段階では、そこまで社会として手が回りません。

一般的に、生計を立てるために行う起業を生計確立型起業といい、技術革新や社会起業活動による新事業の機会を目指す起業を事業機会型起業と呼びます。

ところで、アントレプレナーシップに関する国際的なデータは、主にイギリスのロンドン大学らが中心になって1999年に開始したグローバル・アントレプレナーシップ・モニター（GEM）調査やグローバル・アントレプレナーシップ・アンド・ディベロップメント・インスティチュート（GEDI）によるGEDI指標で整理されており、学術的な研究はそれらのデータを用いているものが多いといえます。GEMは、国の経済発展が起業活動と密接な関係があるという仮説の下に、①国ごとの起業活動に違いはあるのか、②経済活動と起業活動に関連性はあるのか、③起業活動の違いを生み出す要因とは何かの3つを明らかにすることを目的としています。

GEM調査によって生み出される情報は、18歳から64歳までの成人を対象とした、①一般成人調査（Adult Population Survey：APS）（各国最低2000サンプル）、②専門家調査（各国最低36サンプル）の2つの調査によるものです。APS調査では、起業活動の程度、事業機会の認識、起業に必

〔図表7－2〕　アントレプレナーシップに関するGEMの理論モデル(2012年)

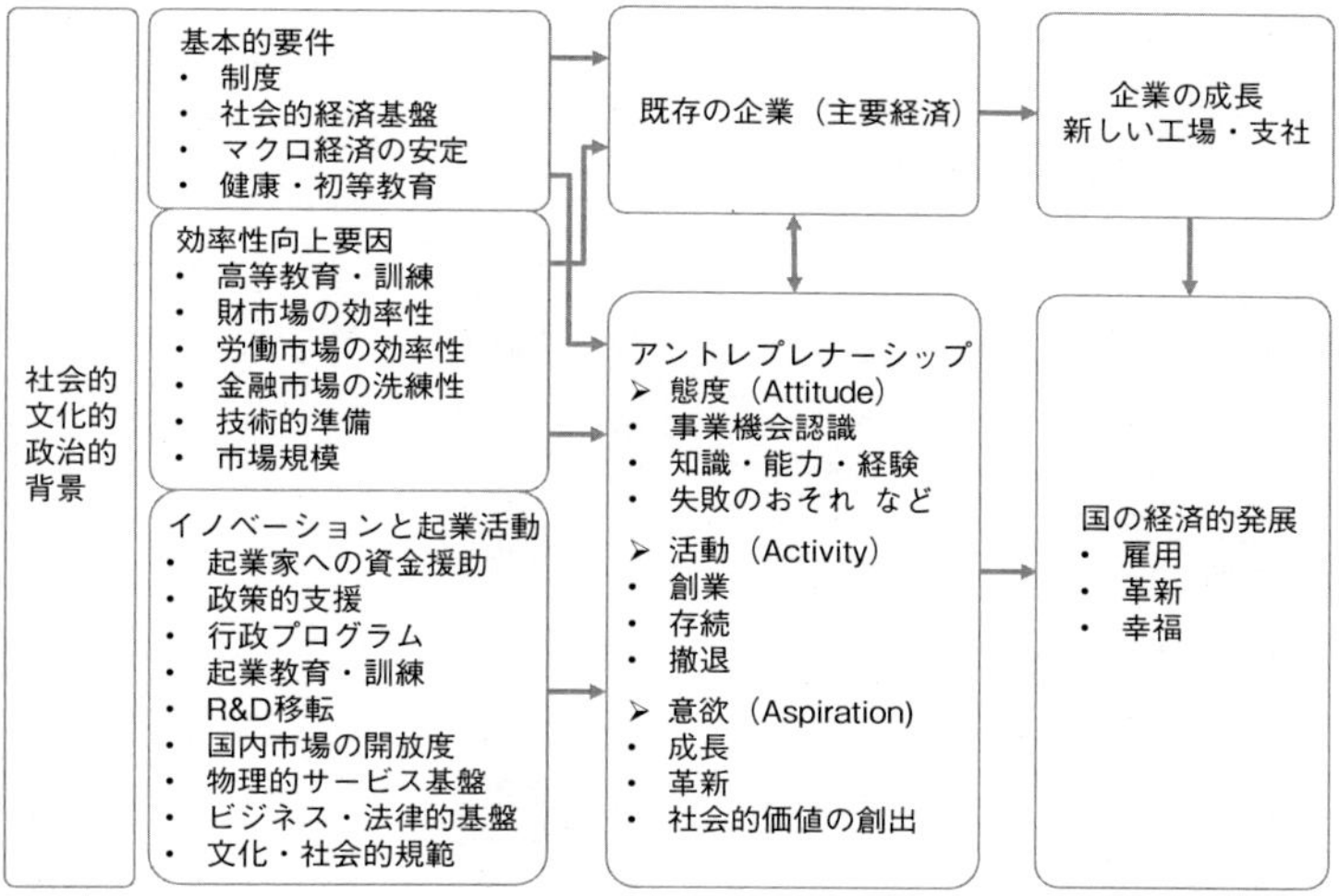

（出所）GEMの2012年レポートを基に筆者作成

要な知識・能力・経験の有無に加えて、起業家に対する社会的評価など、起業活動に対する平均的な国民の意識も理解できるように設計されています。

これらの調査を通して、起業活動、起業態度、起業活動の目標等が明らかになり、起業の国際比較が可能となるというわけです。このGEMデータを用いて、国レベルで企業の経済への影響やイノベーションについて述べた研究は数多く、それらの研究には、前述したとおり、起業率と経済成長度との関係がU字型となることや、経済学における生産関数に起業率を加えることの重要性を理論的に明示したものも含まれます。

ところで、2012年版のGEM報告書には、**図表7－2**のような理論モデルを図示化したものが提示されています。ちなみに、2017年の報告書には、この図を改良したものも提示されていますが、まずはこちらのほうが簡潔でわかりやすいので、これから見ていこうと思います。

図表7－2のアントレプレナーシップの部分は3つのAである、態度（Attitude）、活動（Activity）、意欲（Aspiration）によって構成されています。まず、態度とは、文字どおり、起業態度のことであり、新しい事業機会が訪れると思っている人の数や、起業家に対する評価、起業リスク認知、起業家としての知識・能力・経験で測られます。次に、活動とは、起業プロセスに注目するものであり、事業計画、起業準備、開業、事業継続、休業・廃業などの状況によって把握されるものです。最後に、意欲とは、起業活動に対する目標や野心を指し、企業の成長、海外展開、新製品の開発、社会的価値の創出など様々なものが考えられています。

図では、このような起業活動が、既存の企業の活動や成長とあいまって、経済成長など社会・経済的な発展につながるということを示しているのです。なお、図を見てもらえるとわかるとおり、起業活動が行われる背景には、国・地域ごとの社会・文化・政治的背景があり、それを土台として、社会制度などの基本的要件や、教育などの効率向上要因、さらには、支援策や文化的社会的規範などの起業活動を支える要因があるとしています。

ところで、先ほど、この図には、２０１７年版の改良された図があると述べました（**図表7－3**）。基本的な概念は２０１２年の図と同様であるものの、主な変更点は、主に一方向で捉えていた概念を、より相互作用を及ぼすシステムとして捉えなおしているところです。特にアントレプレナーシップ、つまり起業活動が、社会経済的な発展にとどまらず、各国・地域の社会・文化・政治・経済に回り

〔図表７－３〕　アントレプレナーシップに関するGEMの理論モデル（2017年）

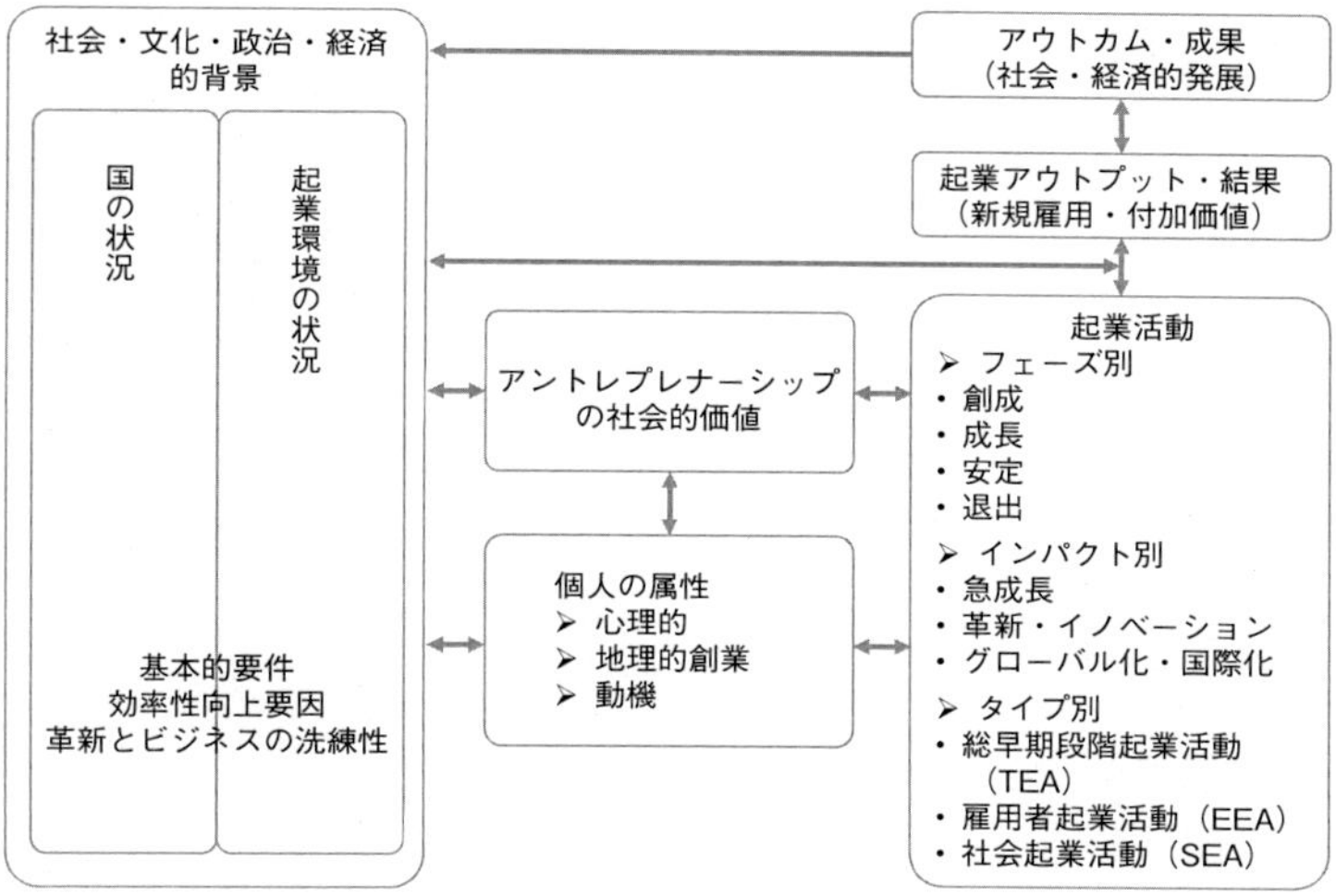

（出所）GEMの2017年レポートを基に筆者作成

回って影響を及ぼすというループ構造を示唆した点が重要であると考えられます。

さて、ここから、実際にＧＥＭデータを用いて、世界の起業活動の状況を簡単に比較していきたいと思います。その際、日本におけるデータ収集は２０１４年に行った調査が最新のものですので、２０１４年のものを見ていきます。

前述のとおり、ＧＥＭの重要な目的の１つは、各国の起業活動の水準を比較するための信頼できる指標を作成することにあります。ＧＥＭでは、各国の起業活動の活発さを表す指標として、総早期段階起業活動指数（Total Early-Stage Entrepreneurial Activity：ＴＥＡ）を用いています。この指数は、現在、１人または複数で、何らかの自営業、物品の販売業、サービス業等を含む新しいビジネスをはじめようとしているか、また、現在、１人または複数で、雇主のた

〔図表７－４〕　GEMのTEAの概念図

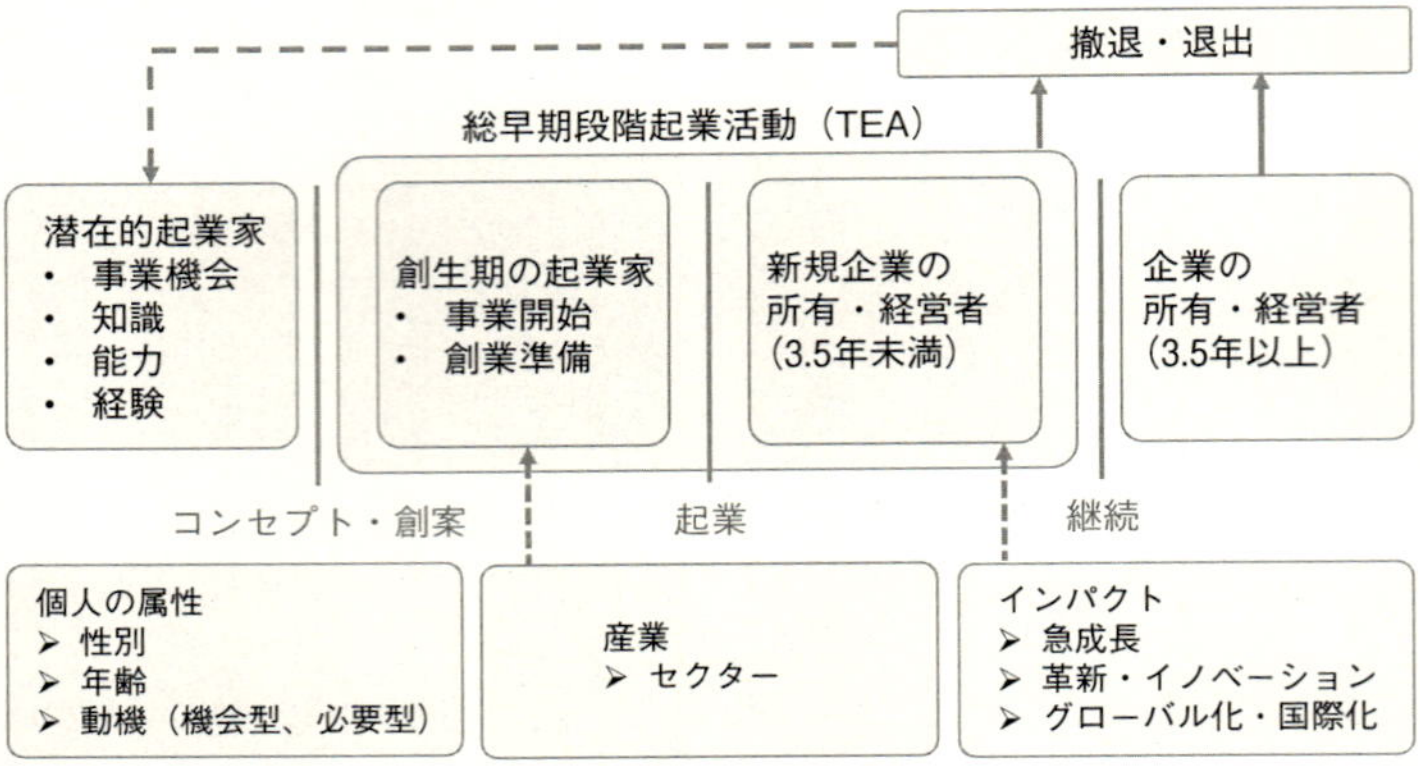

（出所）GEMの2017年レポートを基に筆者作成

めに通常の仕事の一環として、新しいビジネスや新しいベンチャーをはじめようとしているか、そして、現在、自営業、物品の販売業、サービス業等の会社のオーナーまたは共同経営者として経営に関与しているかなどの質問に基づき作成されています。ＧＥＭでは、①独立・社内を問わず、新しいビジネスをはじめるための準備を行っており、かつまだ給与を受け取っていない、もしくは、受け取っている場合その期間が3か月未満である人と、②すでに会社を所有している経営者で、当該事業からの報酬を受け取っている期間が3・5年未満の人の、2つの合計を各国の起業活動者としており、これらの起業家が成人人口に占める割合を総早期段階起業活動指数としています（**図表7－4**）。

◆世界のアントレプレナーシップの状況

図表7－5は、2014年の調査参加国の総合起業活動指数（TEA）をみたものです。日本のTEAは3・8％となっており、68か国中、下から2番めでした。日本と同様に低い順位には、先進国も多く、イタリアやドイツ、フランス、ベルギー、デンマーク、スペインやロシアが位置しています。これに対して、最も高いのはカメルーンで、37・4％に達しています。最も高いカメルーンと、最も低いスリナムとの差は35・3％にも達しており、国・地域によって起業活動の活発さは大きく異なることが示されています。なお、調査参加国の平均は13・3％となっています。

さらに、図中の四角の点は、女性の起業活動の割合を男性の起業活動の割合で割ったものとなっています。国ごとに大きなばらつきがあるものの、近似曲線をとると右斜め下に下がった曲線が描け、全体としては、女性の起業活動が盛んな国ほど、起業活動が高い傾向にあるといえるでしょう。なお、この値が高い国を見てみると、フィリピンやマレーシア、インドネシアなどアジアの発展途上国であることがわかります。そのほかには、スイスが先進国のなかでは際立って高くなっている様子も見てとれます。

図表7－6は、横軸に経済発展の段階を示す、各国の1人当たりGDP、縦軸にTEAをとり、両者の関係をみたものです。ここでは、2014年のデータだけではなく、2001年からのデータを

活動指数（2014年）

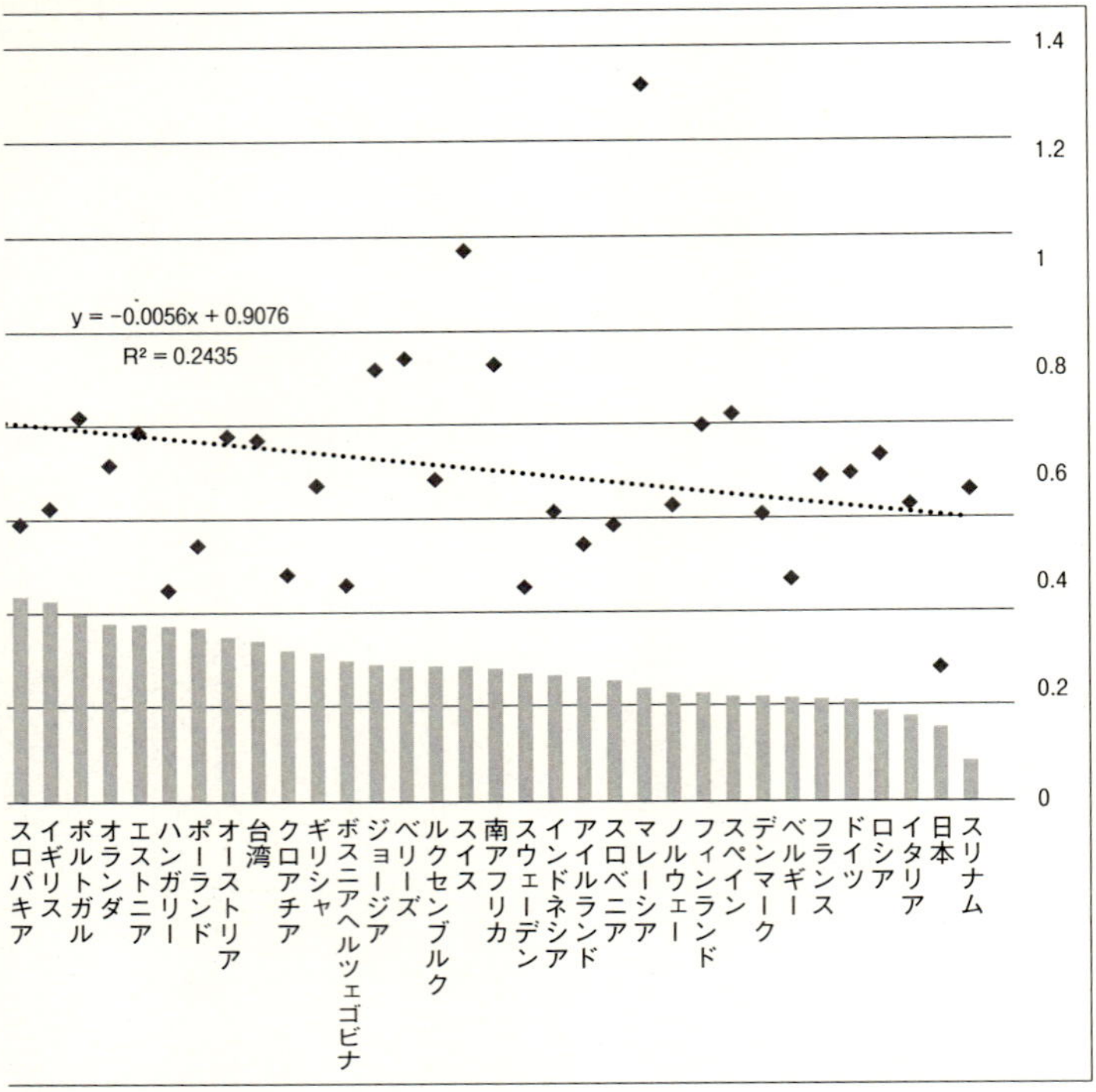
y = −0.0056x + 0.9076
R² = 0.2435
1.4
1.2
1
0.8
0.6
0.4
0.2
0
スロバキア
イギリス
ポルトガル
オランダ
エストニア
ハンガリー
ポーランド
オーストリア
台湾
クロアチア
ギリシャ
ボスニアヘルツェゴビナ
ジョージア
ベリーズ
ルクセンブルク
スイス
南アフリカ
スウェーデン
インドネシア
アイルランド
スロベニア
マレーシア
ノルウェー
フィンランド
スペイン
デンマーク
ベルギー
フランス
ドイツ
ロシア
イタリア
日本
スリナム

〔図表7－5〕 総合起業

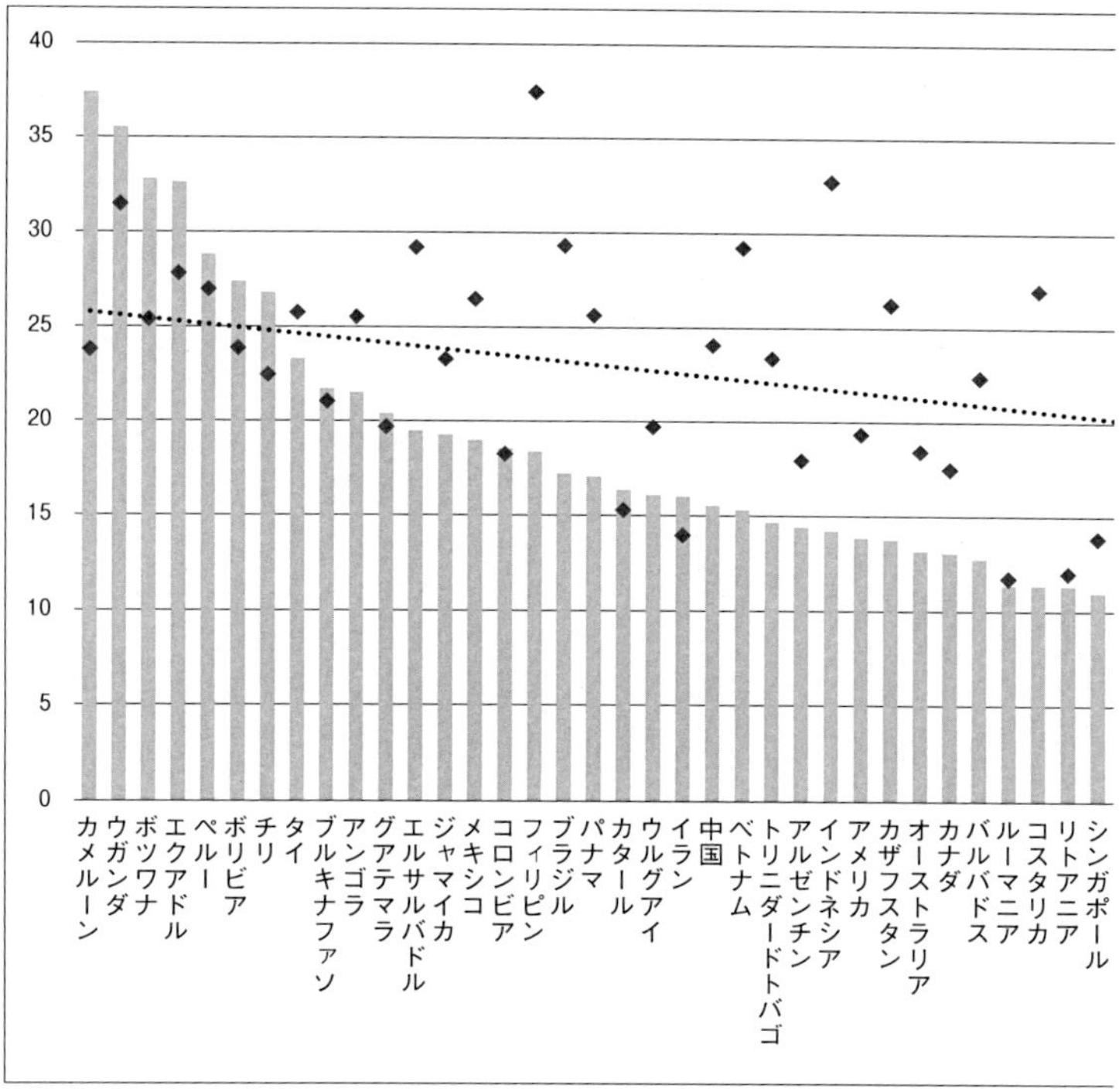

＊左縦軸（棒線）：2014年の調査参加国のTEA該当者の割合（%）。右縦軸（◇）：女性の起業活動の割合／男性の起業活動の割合。

（出所）GEMのデータを基に筆者作成

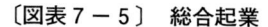

〔図表7－6〕　1人当たりGDPと起業活動指数との関係

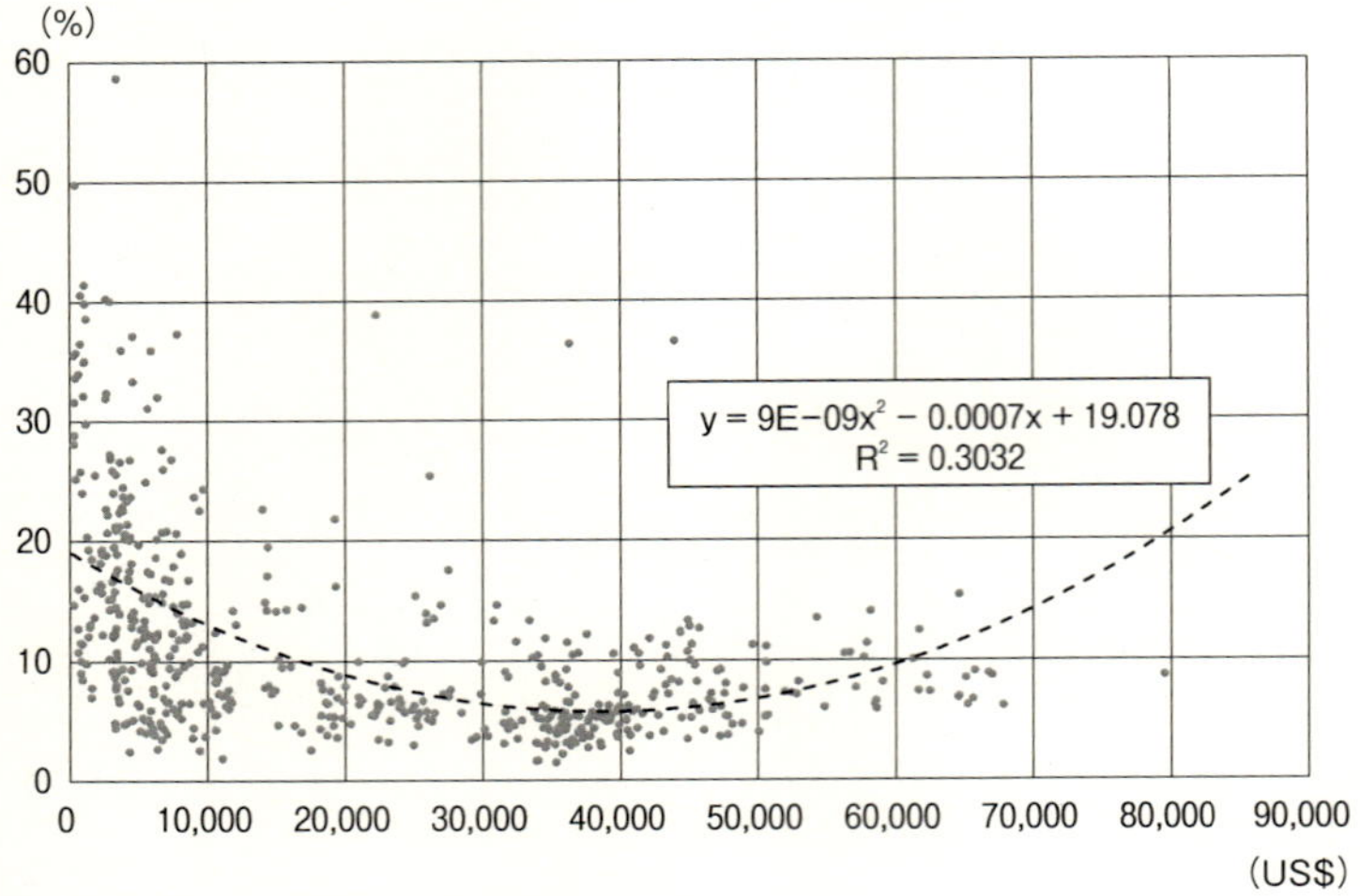

（注）横軸：1人当たりGDP、縦軸：TEA
（出所）GEMおよびWDI（World Development Indicator）のデータを基に筆者作成

合わせてこの関係を見てみることにします。

また、図中の点線は、これらのデータを基に二次の近似曲線を示しています。ここからわかることは、起業活動は、経済発展の低い段階では高いが、経済が発展するに伴い低下、その後、ある一定の経済発展段階を超えると再び上昇するという、先に概念図で示したことと同様のことです。なお、日本は、ちょうどU字型曲線の転換点に位置します。

◆経済の発展段階における起業活動と環境負荷との関係

次に、経済発展（１人当たりＧＤＰ）と１人当たり二酸化炭素排出量との関係をみていこうと思いますが、まず先に、第１章で既述した環境クズネッツ曲線が二酸化炭素排出量で成り立つかどうかについて、実際のデータを使って確認してみましょう。結果は、**図表７−７**のとおりとなりました。１人当たり二酸化炭素排出量との関係に関しては、逆Ｕ字型の形状は確認できず、むしろ、１人当たりＧＤＰの増加と同時に、１人当たり二酸化炭素排出量も増加する傾向が見てとれます。

では、１人当たり二酸化炭素排出量と、起業家の割合との関係を見てみるとどうでしょうか。結果は、**図表７−８**のとおりとなりました。この図からは、起業家の割合が高い国ほど、１人当たり二酸化炭素排出量が少なく、１人当たり二酸化炭素排出量が多くなるにつれ、起業家の割合も低くなる傾向が示されています。

しかしながら、ここで留意すべきは、１人当たりＧＤＰと起業家の割合の関係がＵ字型である一方で、１人当たりＧＤＰと１人当たり二酸化炭素排出量との関係は逆Ｕ字型ではないため、起業家の割合が高く、１人当たり二酸化炭素排出量が少ない国は、主に発展途上国の貧しい国であり、先進国は必ずしもそこに当てはまらないということです。**図表７−８**を見ると、１人当たりＧＤＰの高い国は、図中の右側、起業家の割合が低いところに位置するものも多くなっています。

〔図表7－7〕　1人当たりGDPと1人当たり二酸化炭素排出量との関係

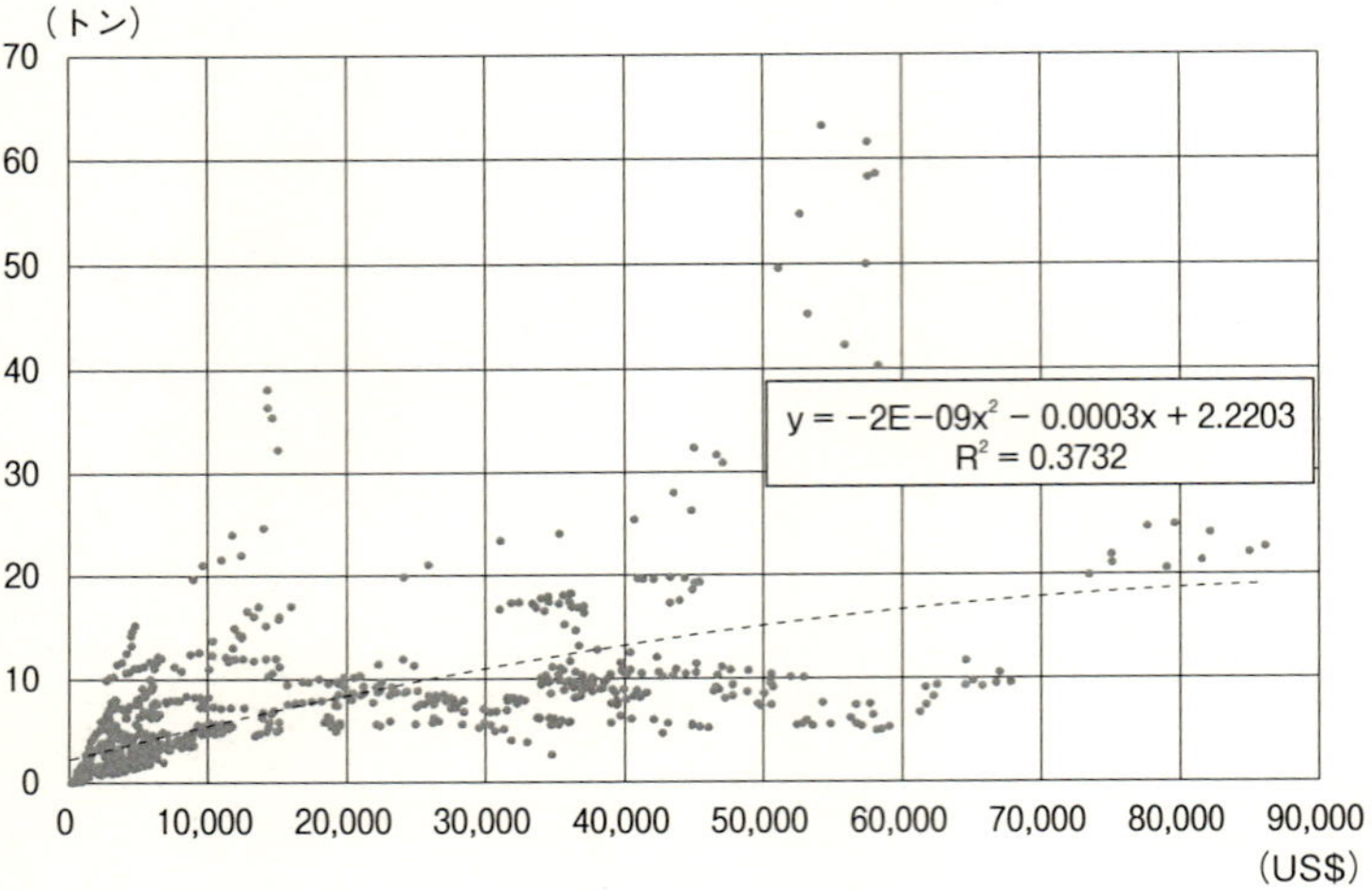

（注）横軸：1人当たりGDP、縦軸：1人当たり二酸化炭素排出量
（出所）WDIのデータを基に筆者作成

また、総じて、1人当たりGDPによるグループにかかわらず、各国はまばらに位置しているといえます。これは、経済発展の段階にかかわらず、1人当たり二酸化炭素排出量および起業家の割合に関して、多様な特徴を持った国々が混在していることを示しており、そこから、全体的な関係性の特徴や類型を見出すことは難しいといえるでしょう。

また、その背景には、ここで取り上げた指標は、すべて1人当たりの指標であり、発展途上国や先進国にかかわらず、総人口数による影響が大きいことも想定されます。例えば、二酸化炭素排出量が他国と比べて多い国でも、人口数も同様に多ければ、1人当たり二酸化炭素排出量はそこまで大きくならない可能性があるのです。同様に、

〔図表7－8〕　1人当たり二酸化炭素排出量と起業活動指数との関係

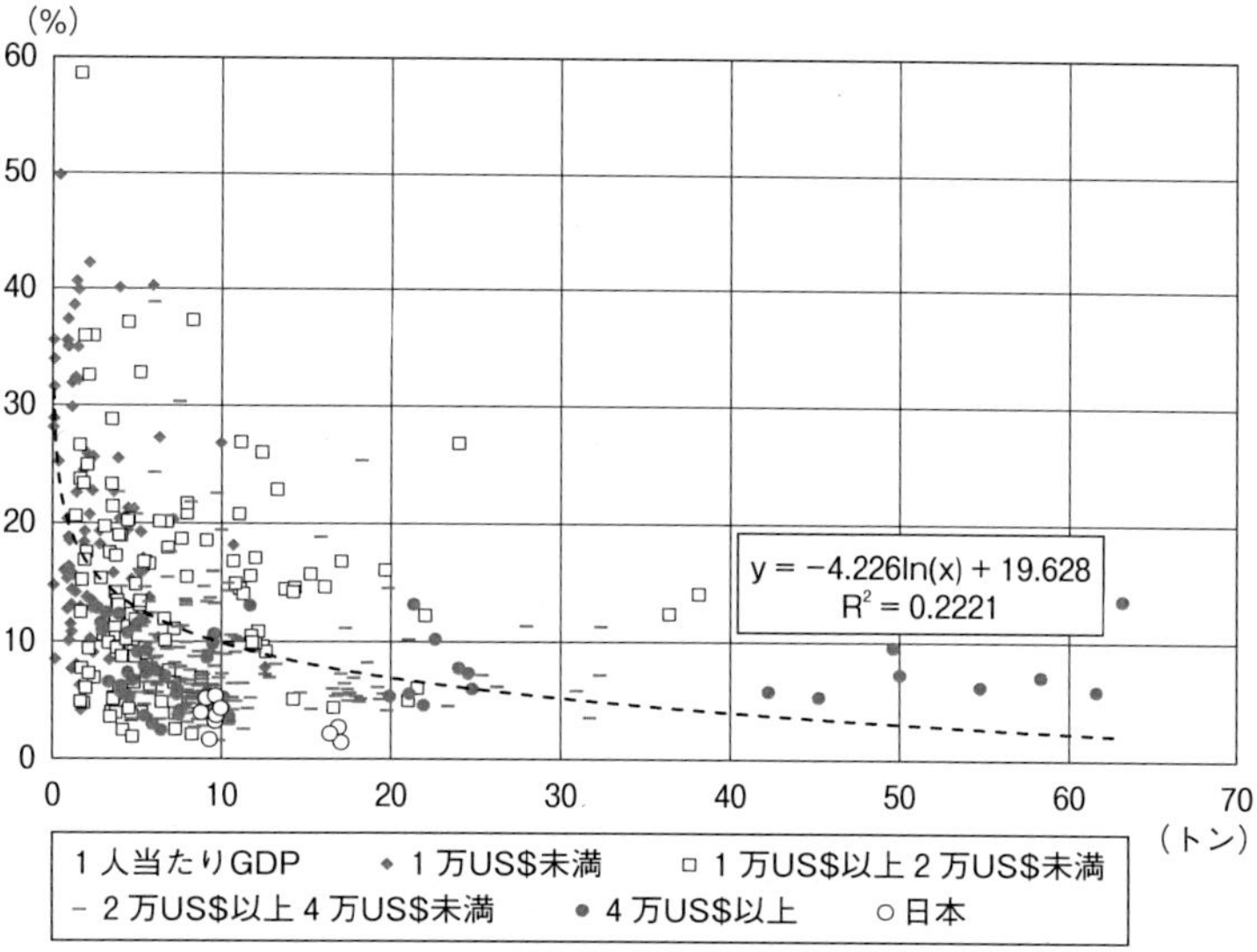

（注）横軸：1人当たり二酸化炭素排出量、縦軸：TEA
（出所）GEMおよびWDIのデータを基に筆者作成

二酸化炭素排出量の削減に成功している国であっても、国が小さく、人口数が極端に少なければ、1人当たり二酸化炭素排出量は必ずしも小さくならない可能性もあります。

以上のことを考慮すると、環境負荷と起業活動に関して、より明確な関係性を分析するには、1人当たり二酸化炭素排出量ではない、二酸化炭素排出に関連する効率性を表す指標が必要となるといえます。例えば、経済の発展程度に対する二酸化炭素排出量、つまり、経済が発展している割には二酸化炭素排出量が少ないなど、何らかの効率性の観点が必要となるのです。

そこで、次に、経済発展段階における起業活動と、二酸化炭素排出の削減

〔図表7－9〕　二酸化炭素排出削減価値と起業活動指数との関係

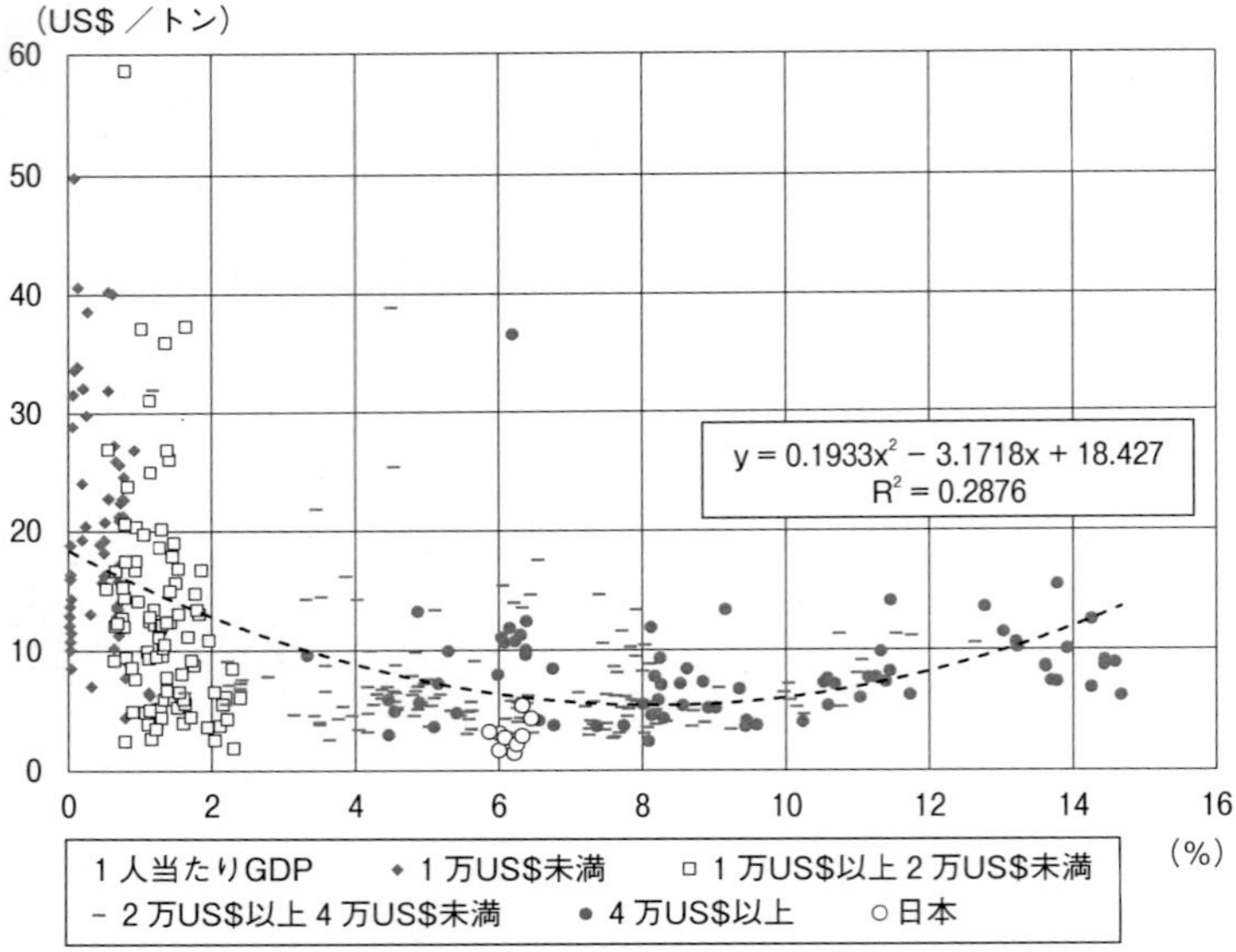

（注）横軸：二酸化炭素排出削減価値、縦軸：TEA
（出所）筆者作成

価値との関係に着目してみましょう。

ここで、二酸化炭素排出の削減価値に着目した理由は、二酸化炭素排出量を経済的価値に換算でき、さらに、その国ごとの潜在価格は、効率性に多大な影響を受けていると想定されるためです。二酸化炭素排出の削減価値を算出する詳細な計算内容については、ここでは省略します。二酸化炭素排出削減価値と起業活動との関係を**図表7－9**に示します。

図表7－9を見ると、起業活動に関する軸を横軸に、環境負荷削減価値に関する軸を縦軸にとったとき、その関係はU字型になることが示されました。つまり、二酸化炭素排出削減価値が低い国ほど起業活動は盛

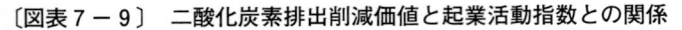

んであり、二酸化炭素排出削減価値が高くなるにつれて、起業活動は盛んでなくなるといえます。しかし、ある転換点を超えると、今度は、二酸化炭素排出削減価値が高くなるほど起業活動も盛んになるということが示されたのです。

さらに、経済発展レベルを、１人当たりＧＤＰの指標で表し、それを、①１万ドル未満、②１万ドル以上２万ドル未満、③２万ドル以上４万ドル未満、④４万ドル以上の４類型に分類し、比較しました。その結果、①、②の類型に属する、いわゆる発展途上国や新興国では、二酸化炭素排出削減価値が低く、経済発展が進むにつれ、総じて二酸化炭素排出削減価値は高くなることがわかりました。さらに、**図表７−９**中、左側に位置する上記の国々では、前述のとおり、平均すると起業活動は盛んであるものの、ばらつきが大きいことがわかります。その一方で、右側に位置する、経済レベルが高い先進国の国々では、二酸化炭素排出削減価値が高く、ばらつきが少ないことがわかります。

Ｕ字型曲線の転換点周辺に位置するものに関しては、起業活動のばらつきが多く、経済発展度合いも異なる国々が混在しています。例えば、日本は、先進国ではありますが、二酸化炭素排出削減価値は中程度、起業活動は盛んでなく、ちょうどＵ字型曲線の転換点あたりに位置しています。

転換点を超えたところに位置する国々は、経済発展を成し遂げ、成熟期に入っているといえます。そこでは、経済活動・生産活動のみならず、環境問題をはじめとした社会的な課題への取り組みも進んでおり、いわゆるソーシャル・アントレプレナーによる社会起業活動や技術革新を伴う起業、いわば事業機会型起業が起きていると示唆されます。

さらに、そのような国々において、二酸化炭素排出削減価値が高いということは、これ以上の環境負荷削減活動や環境活動、広くいえば社会課題解決の活動が、困難であるということを意味すると同時に、それゆえ、その活動の価値が高いということも意味します。したがって、日本を含む、転換点周辺に位置する国々は、その壁を乗り越え、より持続可能な発展を成し遂げられるように、環境起業や社会的起業をさらに推し進めていくことが、今後の持続可能な発展を考えるうえで重要な視点であるといえるでしょう。

◆起業・企業活動を行う事業主体

さて、アントレプレナーシップ、または、起業活動というと、日本ではアントレプレナーのことを起業家もしくは企業家ということからも想像されるとおり、多くの人は起業、つまり会社を頭に置いているのではないかと考えられます。しかし、起業家精神とも訳されるアントレプレナーシップは、自らのビジョンを持つことや、目指すべき方向性を見出し、自らの創意工夫や新しい価値創造により、組織や社会の変革を成し遂げることを意味し、その意味で必ずしも主体は、企業・会社だけではありません。もちろん、組織ではない個人もアントレプレナーシップの主体であるといえますが、ここでは、まず、様々な事業の主体となりうる「組織」に着目し、行政・企業・非営利活動法人などの大まかに3つに分類される各セクターの理念や行動原理を概観しましょう（**図表7－10**）。

〔図表7－10〕　セクター別の特徴

セクター	主体	価値観	行動原理	サービスの質
第一	国、地方自治体	社会的使命	平等・公平	画一・平均的
第二	企業	経済的価値	利潤追求	対価に応じて
第三	公益法人 非営利活動法人	社会的価値 個人的・社会的価値	公平・効率 公平・機動的	平均＋対価的 個別多様

（出所）松下（1998）より作成

事業主体となるセクターは、3つに分かれます。行政が主体となる第一セクター、企業を主体とする第二セクター、非営利活動法人（NPO：Non-profit organization）や公益法人を主体とする第三セクターです。特に第三セクターは、行政と企業の相互補完的意味合いを持つものであるといえます。特に、非営利活動法人の活動が注目を集めていますが、その背景には、現実の生活問題に関心を持って、解決に取り組む、多様な民間の非営利活動が拡大しているという実態があることが挙げられます。

非営利活動法人は、行政と企業の相互補完的な受け皿として位置づけられ、その受け皿として活動が継続的に取り組まれることが期待されています。非営利組織がそのミッションを実現するために、事業を継続させることは必要不可欠です。特に、その活動内容が、地域へのサービスに関するものであれば、受益者のためにも、活動を継続させることに一定の責任が生じる一方で、そのような活動は、必ずしも収益性があるものとはいえないため、どのように活動を継続させるかの工夫が重要となるのです。非営利活動法人については、第10章で詳述します。

また、**図表7－10**のとおり、各セクターの行動原理として、行政は平等・公平を、企業は経済優先・効率性・利潤原理を掲げているのに対して、第三セクターの非営利活動法人は、人間同士のつながりを評価し、機動性を発揮しながら、公平な社会づくりを目指すことを特徴とし、地域経済への貢献、文化、まちづくりの面で大きな意義と役割を果たしていることも特徴として挙げられています。このことは、先に紹介した、持続可能な社会論の議論のうち、例えば定常型コミュニティ経済論や定常型社会の理論と照らし合わせると、相性が良いといえます。

ただし、近年は、営利企業からのアプローチや形態も盛んになっています。営利企業といえども、CSRの浸透を背景に、コーポレートガバナンスの取り扱う範囲が株主への利益還元要求中心のものから、環境的側面・社会的側面への対応までもが包含されるようになってきており、企業が社会的な貢献とは無関係の存在ではいられなくなってきているのです。

また、営利企業という組織形態のなかで社会的弱者に良質のサービスを提供することをも目指したベンチャービジネスも出現しており、この場合は、実態的には社会起業家（ソーシャル・アントレプレナー）のスピリットを持った起業家が存在することになるのです。社会的課題を解決するビジネスである、ソーシャル・ビジネスにおいては、社会的課題や事業内容によって組織形態は多様であり、社会的企業と事業型非営利活動法人の境界は必ずしも明確ではなくなっているのです。

●参考文献

松下啓一（1998）『自治体NPO政策』ぎょうせい。

Global Entrepreneurship Monitor (GEM) (2009) 2009 Global Report.
Global Entrepreneurship Monitor (GEM) (2017) Global Report 2016/17.
World Bank, World Development Indicators Database (WDI).

第8章 企業の持続可能性とＥＳＧ

◆ＥＳＧとは

ＣＳＲ（Corporate social responsibility）やＳＲＩ（Socially responsible investment）などに見るように、近年では企業や投資側には単なる利潤だけではなく社会的責任が求められています。そして、この社会的責任は企業の持続可能性に資するものとされています。このような背景から、企業の活動やそれによってもたらされる「豊かさ」の持続可能性を評価するための指標である、ＥＳＧ（環境・社会・ガバナンス）や、投資先を決める際にＥＳＧを考慮するＥＳＧ投資が注目を集めています。

２００６年に当時の国連事務総長であったコフィ・アナン氏によりＰＲＩ（Principles for Responsible Investment：国連責任投資原則）が提唱されました。このＰＲＩでは、投資先企業の評価には従来の財務情報に加え、環境問題への対応（Environment）、社員の機会均等や地域社会への貢献などの社会的問題への対応（Social）、グローバル化に対応した経営体制や企業倫理などのポリシーといった企業統治（Governance）のような非財務情報を考慮するべきとされています。そして、この３つの非財務情報を総称したものがＥＳＧです。

ＰＲＩ策定当初はわずか68であった署名機関は、企業や投資機関の社会的責任に対する関心の高まりを受け、２０１６年時点ではおよそ１５００となっています。日本でも、２０１５年には年金積立金管理運用独立行政法人（ＧＰＩＦ）が、資産運用受託者（機関投資家）の行動規範であるスチュワードシップ・コードを果たすためにＥＳＧへの取り組みを強化することと、ＰＲＩに署名したことを発表しました。さらに同法人は、２０１７年10月に投資原則を改め、株式にとどまらず、債券などすべての資産でＥＳＧを考慮した投資を進めていくとしています（GPIF, 2017）。また、これら署名機関による運用投資額も２００６年の６兆５０００億米ドルから２０１６年には62兆米ドルと飛躍的に伸びています（PRI, 2016）。日本の２０１６年の一般会計予算が約１兆ドルであることを考えても、その額は非常に大きいものであることがわかります。

特に、ＥＳＧを判断材料として行う投資のことをＥＳＧ投資（またはサステナブル投資、責任投資）と呼びますが、このＥＳＧ投資による運用資産額も膨らみ続けています。国際団体のＧＳＩＡ（Global Sustainable Investment Alliance）が２年に一度発行しているＥＳＧ投資の報告書（GSIA, 2016）によると、２０１６年時点でのＥＳＧ投資額は約23兆米ドルとなり、２０１４年の投資額（約18兆米ドル）から25％以上増加しています。これは世界の運用資産の約３割にものぼる額であり、企業や投資機関にとってＥＳＧは避けては通れないものとなりつつあります。

◆ＥＳＧと新国富指標の関係

新国富指標が国や地域を対象としているのに対し、ＥＳＧに関する情報は、先にも述べたＳＤＧｓのなかの企業に関係する項目を網羅しており、企業版の総合的な持続可能性を評価するものといえます。また、新国富指標は国や地域の価値を人工資本・人的資本・自然資本の３つの要素で表すのに対し、ＥＳＧは企業の価値を環境・社会・企業統治という３つの情報から判断し、定量的な評価も可能なことから、構造や評価方法も似ています。

さらに、それぞれの指標の構成要素間にも対応関係があるといえます。道路や橋梁、工場、機械などの人工資本と、経営体制や企業倫理などの企業統治は、それぞれ国や地域あるいは企業の基盤に関するものです。健康や教育に関する人的資本と、労働環境や社会貢献などは、同列で考えることは難しいですが、ともに人や社会に関する、平たくいえば社会的なものであるといえます。自然資本と環境問題への企業の対応については、企業の環境問題への取り組みが自然資本の一部に影響を与えることは想像に難くないでしょう。

ＥＳＧが対象とする企業は、国や地域を社会システムとして捉えると、その一部を構成することになります。つまり、ＥＳＧで評価される企業の価値やその持続可能性は、新国富指標で表される国や地域の価値やその持続可能性の一部に相当し、その寄与度は立地する企業の多寡や規模などによると考えられます。特に自然資本については環境保全等の企業活動の影響を受けることになるでしょう。このことから、ＥＳＧは企業自体の持続可能性評価のみならず、立地する国や地域の持続可能性への貢献を評価するツールとしても活用可能であるといえます。

◆ＥＳＧ開示スコアから見た世界のＥＳＧへの取り組みの現状

実際には企業のＥＳＧへの取り組みはどのように評価されているのでしょうか。**図表８－１**に示すように、大手の金融情報サービス会社等によって、情報提供がなされており、その過程で様々な指標が開発されています。開発された指標によって評価がなされているものについては、調査会社によって評価項目や評価方法が異なることや、評価方法自体が非公表の場合もあります。さらに、ＥＳＧ情報を開示していない企業もあるため、現状では従来の財務情報より比較や評価が難しいという問題もあります。

ここからは、経済・金融情報の配信等を手がけるアメリカの大手総合情報サービス会社であるBloombergによるＥＧＣ開示スコアを用いて、世界各国の企業のＥＳＧへの取り組み状況を見ていきます。

Bloombergでは、２００９年からＥＳＧに関するデータのリリースをはじめており、世界の主要

〔図表8－1〕　企業のESGに着目した評価指標

名	指標の概要	対象企業	評価方法
ダウ・ジョーンズ・サステナビリティ・インデックス（DJSI）	世界の企業をESGで格付けし、上位10％を組み込んだ指標	世界 2,500社	企業に質問書を送付し、回答を採点
CDP（CDP気候変動、CDP水、CDP森）	世界の企業の気候変動、水、森への対応を採点	気候変動 5,000社 水 1,000社 森 800社	企業に質問書を送付し、回答を採点
MSCIグローバル・サステナビリティ・インデックス	世界の企業をESGで格付けし、AAA～CCCのうちBB以上を組み込んだ指標	先進国企業 約1,600社	企業の公開情報を調べて、業界ごとに企業を格付け
FTSE 4Goodインデックス・シリーズ	ESGに関する世界基準を満たす企業を構成銘柄とした指数	世界 2,400社	企業の公開情報を用いて、投資家・専門家・労働団体やNGOで構成される方針委員会で評価

（出所）馬奈木編著（2017）

企業約1万1000社をカバーし（2016年時点）、ESGに関する200以上のデータポイント（項目）について企業情報を収集しています。そして、これらデータポイントに関する情報をもとに、企業ごとの環境情報開示スコア、社会情報開示スコア、ガバナンス情報開示スコアと、これらを統合したESG開示スコアが算出されています。

ESG開示スコアは、業種ごとに219のデータポイントのうち100を選定し、これらを開示する企業数に応じてそれぞれ重みづけをしたう

〔図表８－２〕 ESG関連データの国・地域別構成

国・地域名	サンプル数	国・地域名	サンプル数
アメリカ	3,094	台湾	334
日本	2,071	カナダ	242
中国	1,114	香港	172
インド	572	フランス	126
イギリス	378	ドイツ	121
オーストラリア	361	韓国	117
		南アフリカ	115
		その他	1,450

（出所）Bloombergの2015年データを基に筆者作成

〔図表８－３〕 ESG関連データのセクター別構成

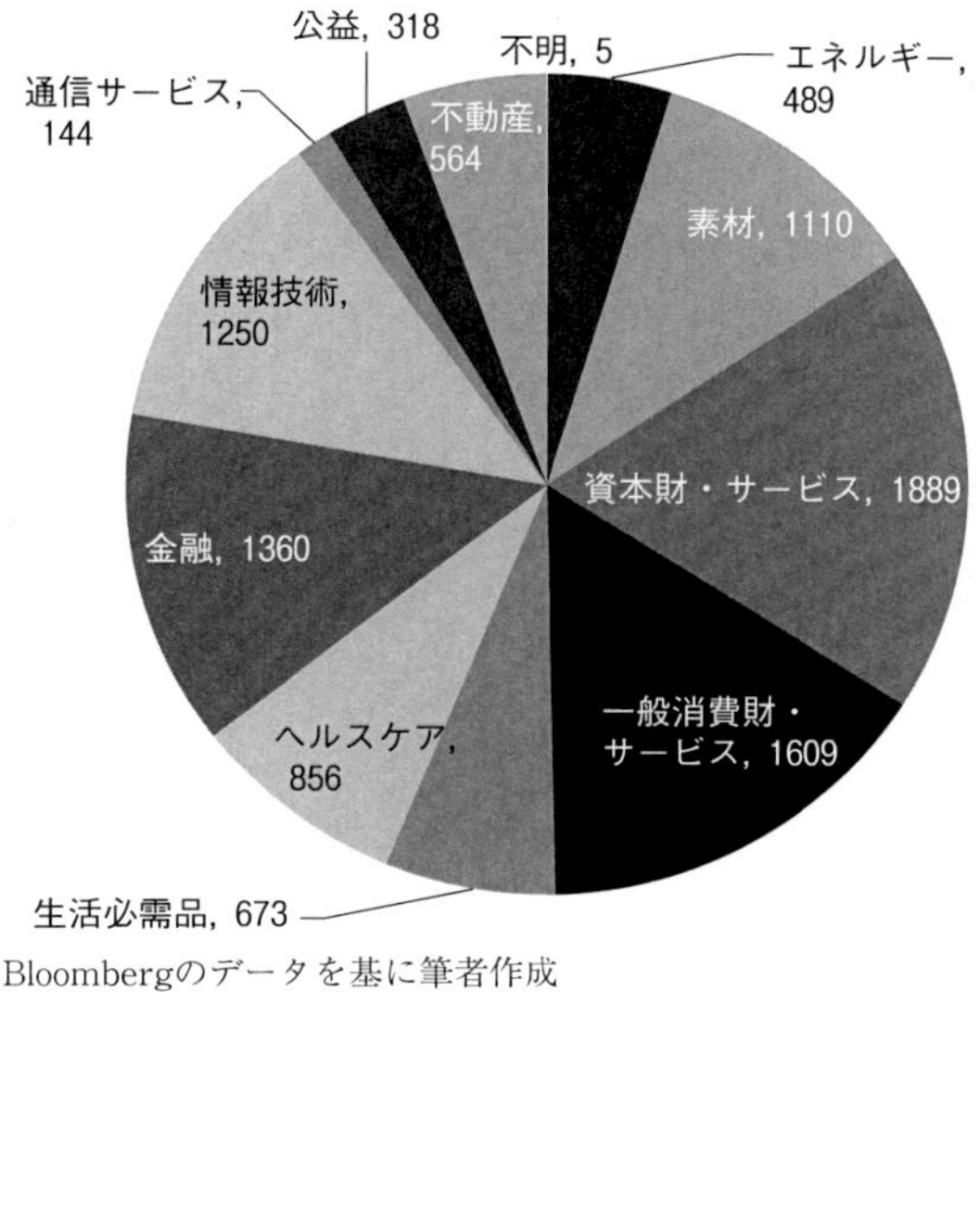

（出所）Bloombergのデータを基に筆者作成

えで、0から100までの範囲で標準化して算出しています。ポイントが0の場合は、対象100項目すべてのESGデータを開示していないことを、100の場合は逆に対象項目すべてのESGデータを開示していることを意味します。

ここで注意したいのは、ESG開示スコアや各情報開示スコアは、ESG課題への対応の良し悪しや成果にかかわらず情報を開示していればスコアがつくものであるため、これ自体は企業のESGへの取り組み内容を評価できるものではないという点です。しかし、他の同業他社の多くが開示している項目について、評価対象の企業が情報を開示しているかどうかでESGへの姿勢を判断することは可能だと考えます。

今回分析に使用したのは、直近で最もまとまったサンプル数が確保できた2015年のESG開示スコアに関するデータです。ESG開示スコアおよび環境・社会・ガバナンス情報開示スコア、各データポイントのスコアに加え、企業情報として証券コード、企業名、時価総額、株式時価総額、GICS（世界産業分類基準）に基づいたセクター・産業グループなどが含まれます。**図表8－2**に全データの国・地域別構成、**図表8－3**にセクター別構成を示します。

国およびセクター間のESG開示スコア比較

図表8－4に全体と国別およびセクター別のESG開示スコアおよび各情報公開スコアと、それぞれのスコア取得率を示します。スコア取得率とは、情報開示によってスコアが付与されている企業の

〔図表８－４〕　ESG開示スコアと各情報開示スコアおよびスコア取得率（上：全体、中：国別、下：セクター別）

	ESG開示スコア		環境情報開示スコア		社会情報開示スコア		ガバナンス情報開示スコア	
	平均値	スコア取得率	平均値	スコア取得率	平均値	スコア取得率	平均値	スコア取得率
全サンプル	21.21	99.68	21.51	51.64	27.56	63.21	47.53	99.67

	ESG開示スコア		環境情報開示スコア		社会情報開示スコア		ガバナンス情報開示スコア	
	平均値	スコア取得率	平均値	スコア取得率	平均値	スコア取得率	平均値	スコア取得率
アメリカ	15.84	99.55	20.59	20.65	18.50	40.76	49.99	99.55
日本	20.41	99.90	26.10	49.98	22.19	55.19	45.22	99.90
中国	19.89	99.73	10.56	81.24	23.85	95.78	42.46	99.73
インド	15.94	99.65	12.51	49.48	22.11	48.25	43.32	99.48
イギリス	31.33	99.47	21.49	92.33	36.50	94.44	53.32	99.47
オーストラリア	21.50	100.00	16.49	52.08	27.86	88.09	47.52	100.00
台湾	36.76	99.70	28.56	98.20	41.21	98.20	52.04	99.70
カナダ	23.03	99.17	22.94	50.83	30.71	60.74	52.52	99.17
香港	21.90	100.00	18.42	58.14	24.51	72.67	51.10	100.00
フランス	44.42	100.00	37.06	97.62	49.14	98.41	59.07	100.00
ドイツ	29.20	100.00	27.66	81.82	37.65	88.43	39.95	100.00
韓国	30.24	100.00	19.98	99.15	35.12	99.15	48.69	100.00
南アフリカ	35.57	100.00	26.49	87.83	43.74	94.78	56.38	100.00

	ESG開示スコア		環境情報開示スコア		社会情報開示スコア		ガバナンス情報開示スコア	
	平均値	スコア取得率	平均値	スコア取得率	平均値	スコア取得率	平均値	スコア取得率
エネルギー	22.61	100.00	22.42	54.19	31.00	65.24	48.73	100.00
素材	26.28	99.91	22.91	76.67	30.34	81.44	47.88	99.91
資本財・サービス	22.12	99.79	20.89	60.56	27.52	68.77	47.05	99.74
一般消費財・サービス	19.72	99.63	20.24	45.99	25.50	59.73	46.88	99.63
生活必需品	23.12	99.70	22.64	60.18	28.01	71.47	47.29	99.70
ヘルスケア	17.09	99.65	19.62	32.83	24.01	48.60	46.99	99.65
金融	18.89	99.71	20.07	35.98	26.13	51.14	48.38	99.71
情報技術	19.94	99.36	23.39	43.52	26.36	56.96	47.14	99.36
通信サービス	26.08	100.00	26.20	59.72	35.76	72.92	49.49	100.00
公益	27.10	99.37	22.49	77.67	32.39	84.59	49.25	99.37
不動産	19.00	99.65	18.98	43.62	25.91	57.45	47.64	99.65

（出所）Bloombergの2015年データを基に筆者作成

割合（%）です。また、全体平均より低い項目については網掛けをしています。

国・地域別の表を見ていくと、フランスやイギリス、ドイツなどヨーロッパの国々や南アフリカにおいては、いずれのスコアも比較的高い水準にあることがわかります。また、アジアでは台湾、香港、韓国が高い水準にある一方で、日本、インド、中国は低い水準になっています。これは各国のESGに対する取り組みの差もありそうですが、サンプル数が多い国は水準が低く、少ない国は高い傾向にあることから、対象企業数の影響も考えられます。また、スコア取得率については、ESG開示スコアやガバナンス情報開示スコアはすべての国においてほぼ100%ですが、環境情報開示スコアと社会情報開示スコアは50%を下回る国も存在します。特にアメリカの環境情報開示スコアは20・65%と他と比べてかなり低く、環境対策に消極的な姿勢が情報開示に反映されていることがうかがえます。

セクター別の表については、エネルギー、素材、生活必需品、通信サービスなどがスコアと取得率ともに平均値より高い水準にあります。他方、一般消費財・サービス、ヘルスケア、情報技術、不動産などは低い水準にあります。特に、環境情報開示スコアと社会情報開示スコアの取得率が低いセクターは軒並みスコアも低い傾向にあり、セクター間でESGへの姿勢の違いがあると考えられます。

ESG投資が企業に与える影響

ESG投資では、企業のESGに対する取り組みを投資の判断材料とするのは先にも述べたとおりです。つまり、ESGに関する課題に対して積極的かつ適切に取り組んでいると評価される企業ほど投資額が大きくなると考えられます。そこで、ＥＳＧ開示スコアと企業価値を表す指標である株式時価総額の相関から、ＥＳＧ情報の開示に対する企業姿勢は企業価値に反映されているのか、また、そこにＥＳＧ投資は介在するのかを考察していきます。

図表8－5は、Bloombergが公表している２０１５年の世界1万１３９社のＥＳＧ開示スコアと株式時価総額の関係を散布図に示したものです。これを見ると、一部の例外を除いてＥＳＧ開示スコアが50ポイント以下の場合は正の相関が見られます。特に、株式時価総額が５００億米ドル以上の企業ではその傾向が強いといえます。他方で、ＥＳＧ開示スコアが50ポイント以上になると、スコアが高くなるにつれて株式時価総額が下がる傾向にあります。

さらに、環境・社会・ガバナンス情報開示スコアと株式時価総額の関係について見ていきます。**図表8－6**、**図表8－7**、**図表8－8**にそれぞれの相関図を示します。いずれもあるスコアの値を境に、それ以下の場合はスコア値が高くなるほど株式時価総額も高くなり、逆にそれ以上になるとスコア値が高くなるにつれて株式時価総額も低くなります。そのうち、環境情報開示スコアと社会情報開示スコアについては40ポイントあたりが境となっており、ＥＳＧ開示スコアのピーク値より10ポイントほど低くなっています。他方で、ガバナンス情報開示スコアについては、ピーク値が70ポイント周辺と他より高くなっており、他の情報よりガバナンス情報の開示は企業価値にとってプラスに働くと考えられます。言い換えると、ガバナンス情報の開示に積極的な企業は、ＥＳＧ投資において評価されることになります。

〔図表8－5〕　2015年の世界10,139社のESG開示スコアと株式時価総額の関係

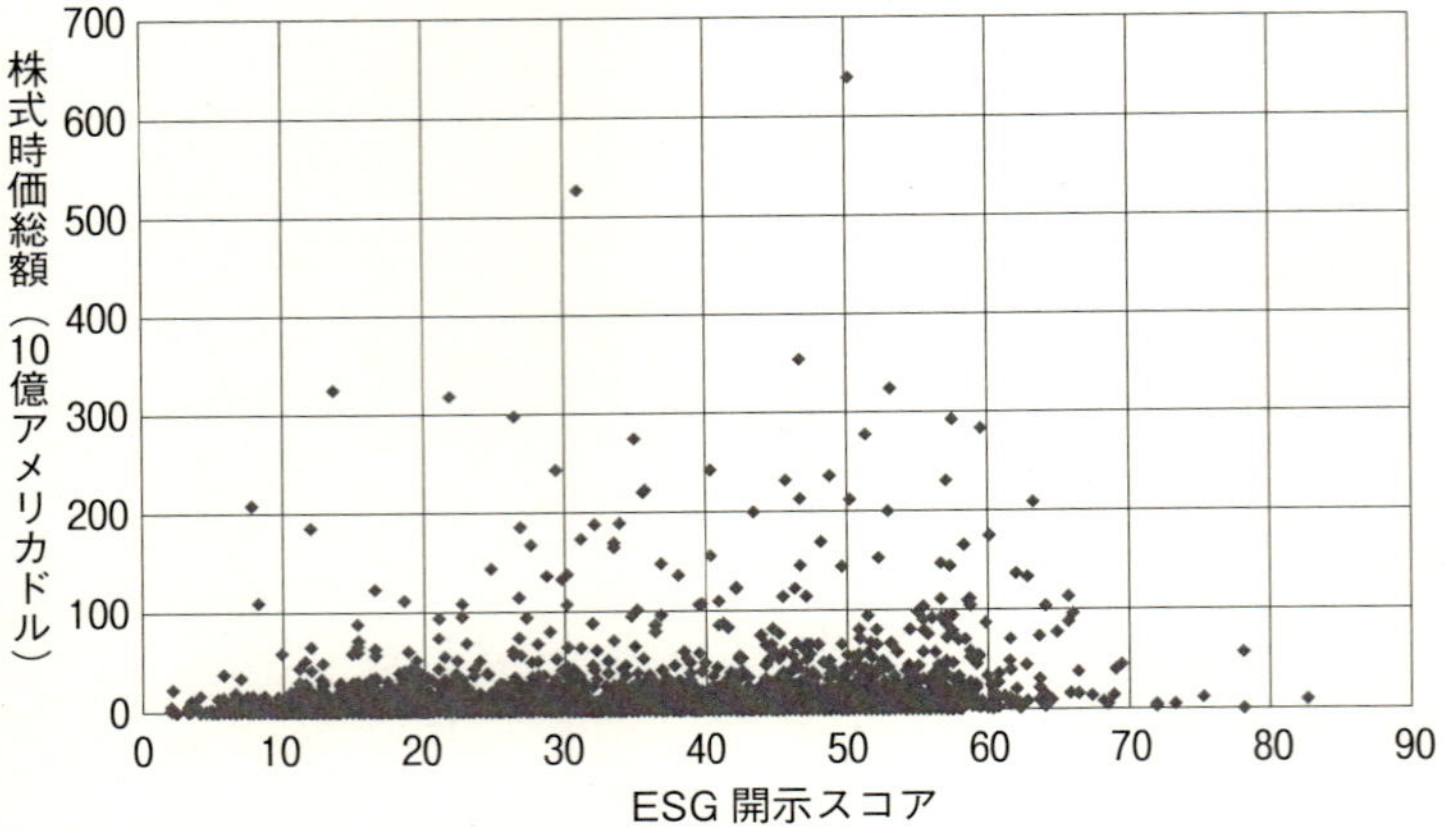

（出所）Bloombergの2015年データを基に筆者作成

〔図表8－6〕　2015年の世界10,139社の環境情報開示スコアと株式時価総額の関係

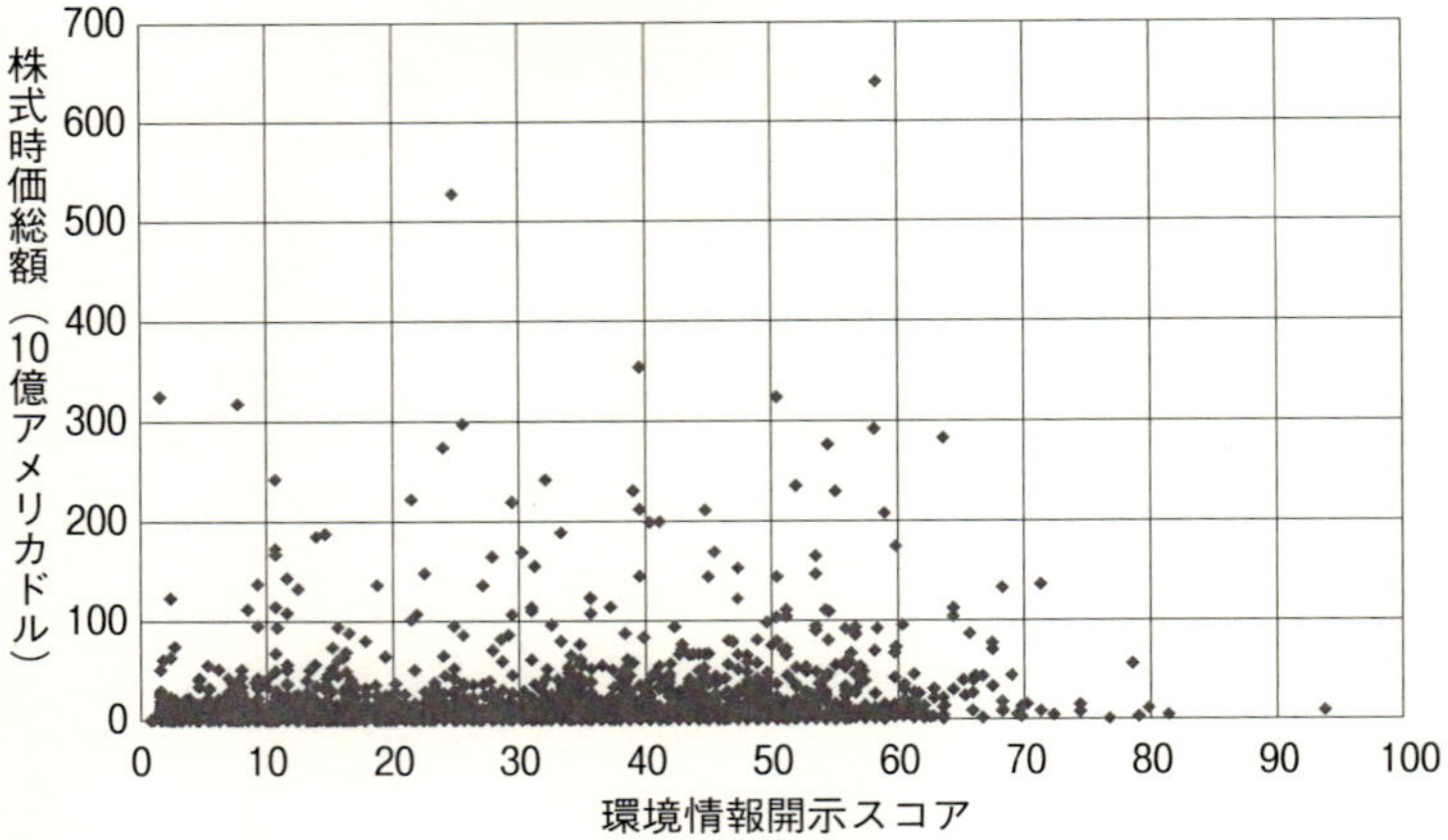

（出所）Bloombergの2015年データを基に筆者作成

〔図表８－７〕　2015年の世界10,139社の社会情報開示スコアと株式時価総額の関係

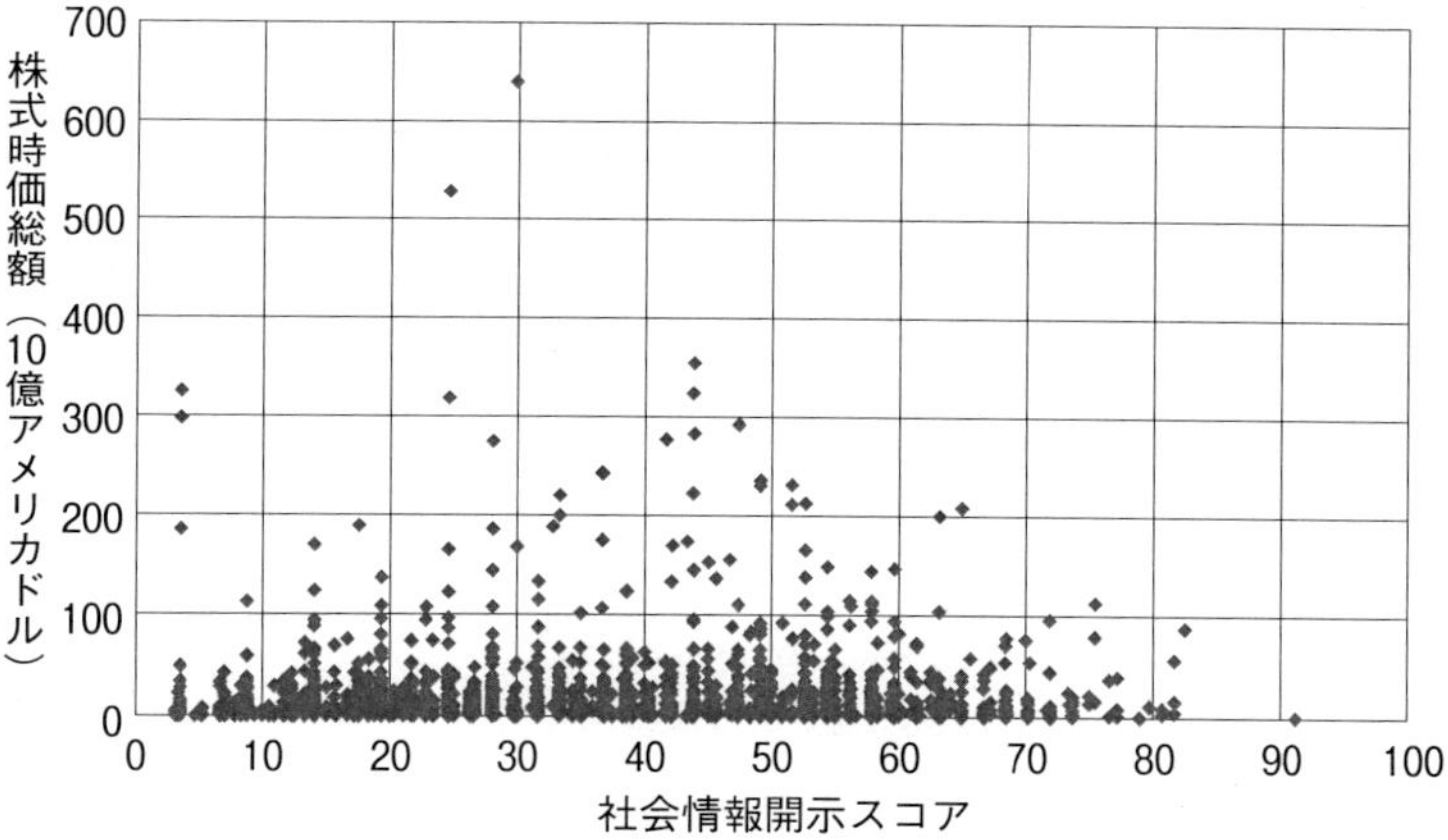

（出所）Bloombergの2015年データを基に筆者作成

〔図表８－８〕　2015年の世界10,139社のガバナンス情報開示スコアと株式時価総額の関係

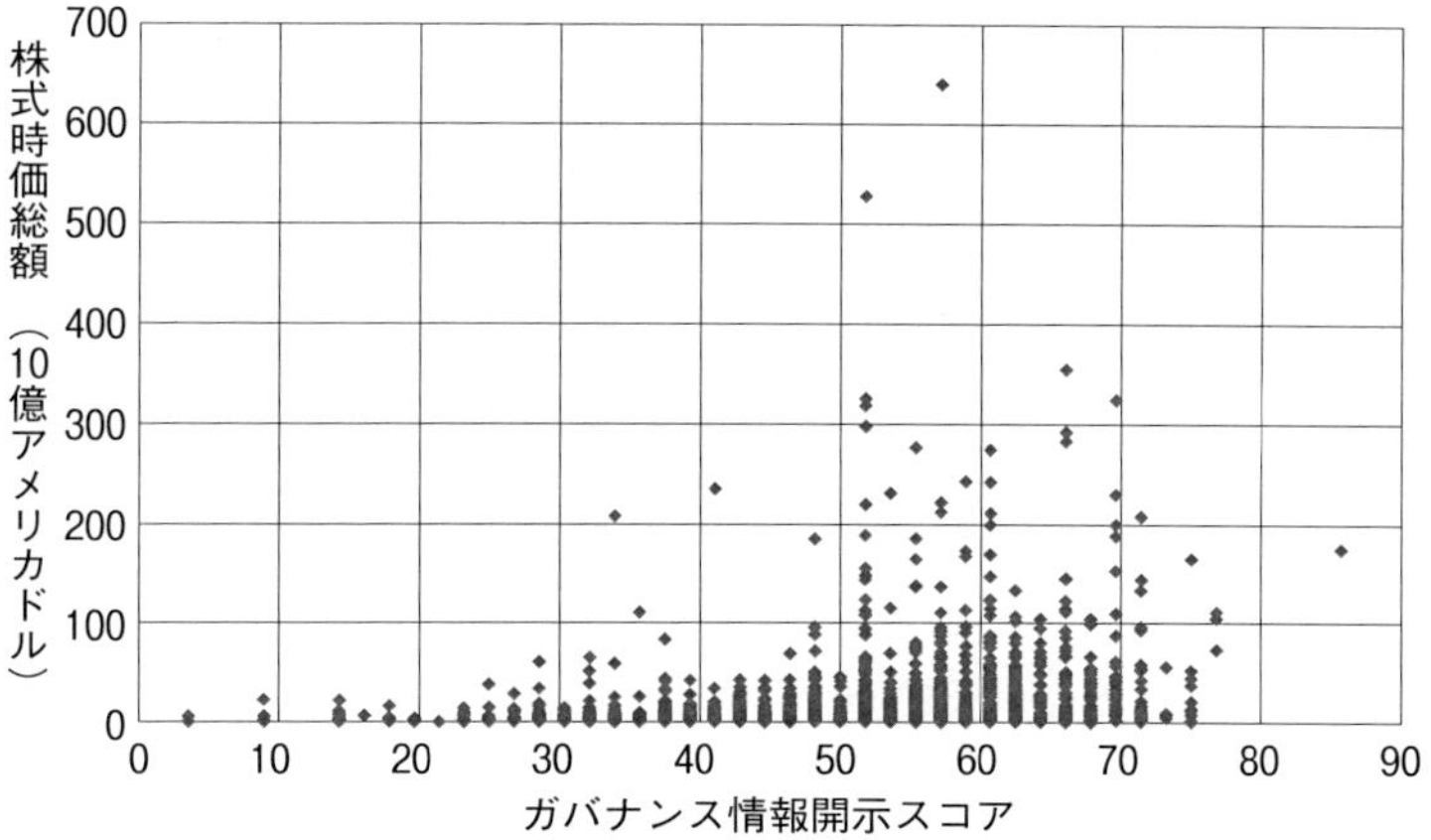

（出所）Bloombergの2015年データを基に筆者作成

〔図表８－９〕　2015年の日本企業のESG開示スコアと株式時価総額の関係

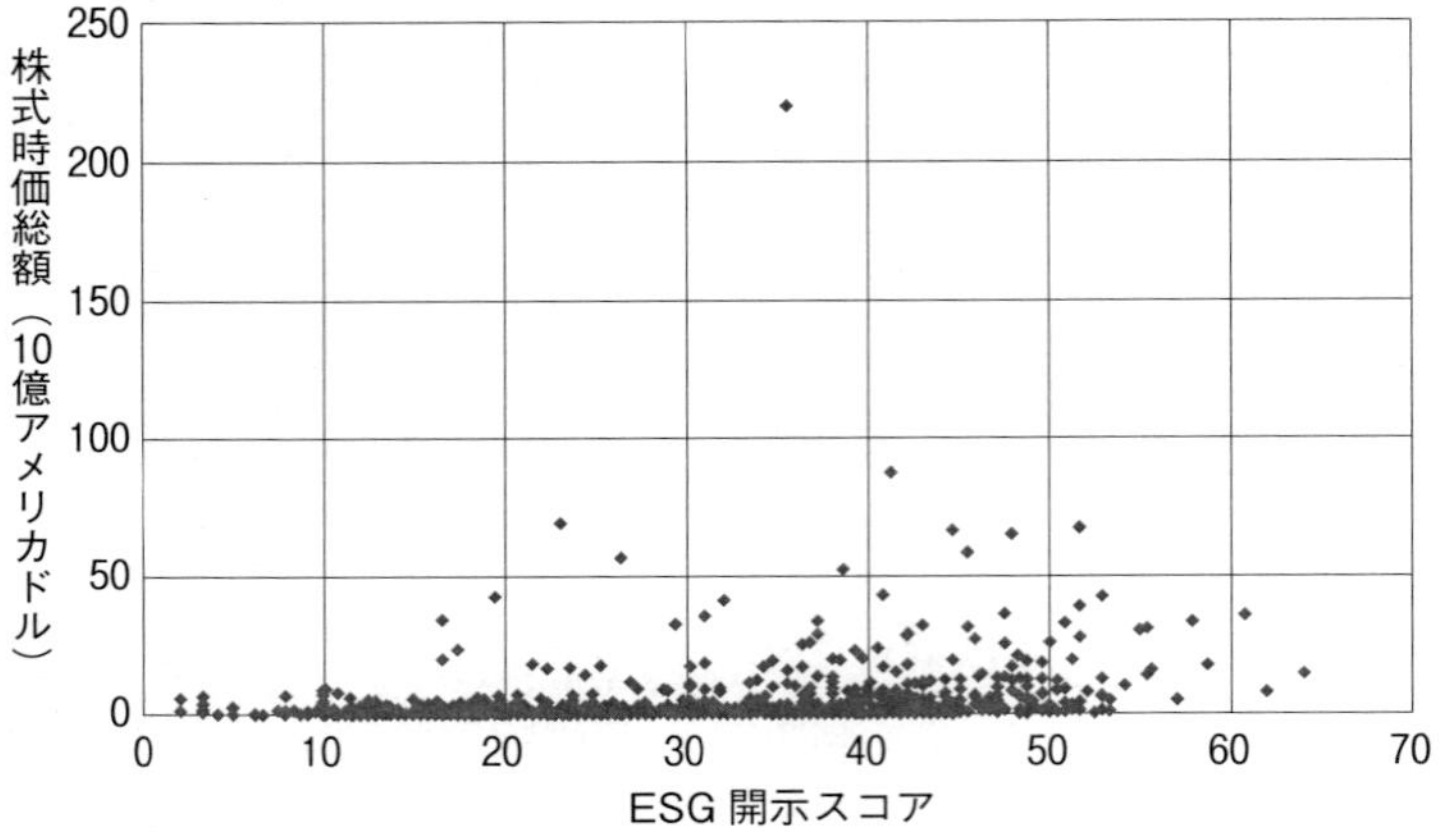

（出所）Bloombergの2015年データを基に筆者作成

〔図表８－10〕　2015年のアメリカ企業のESG開示スコアと株式時価総額の関係

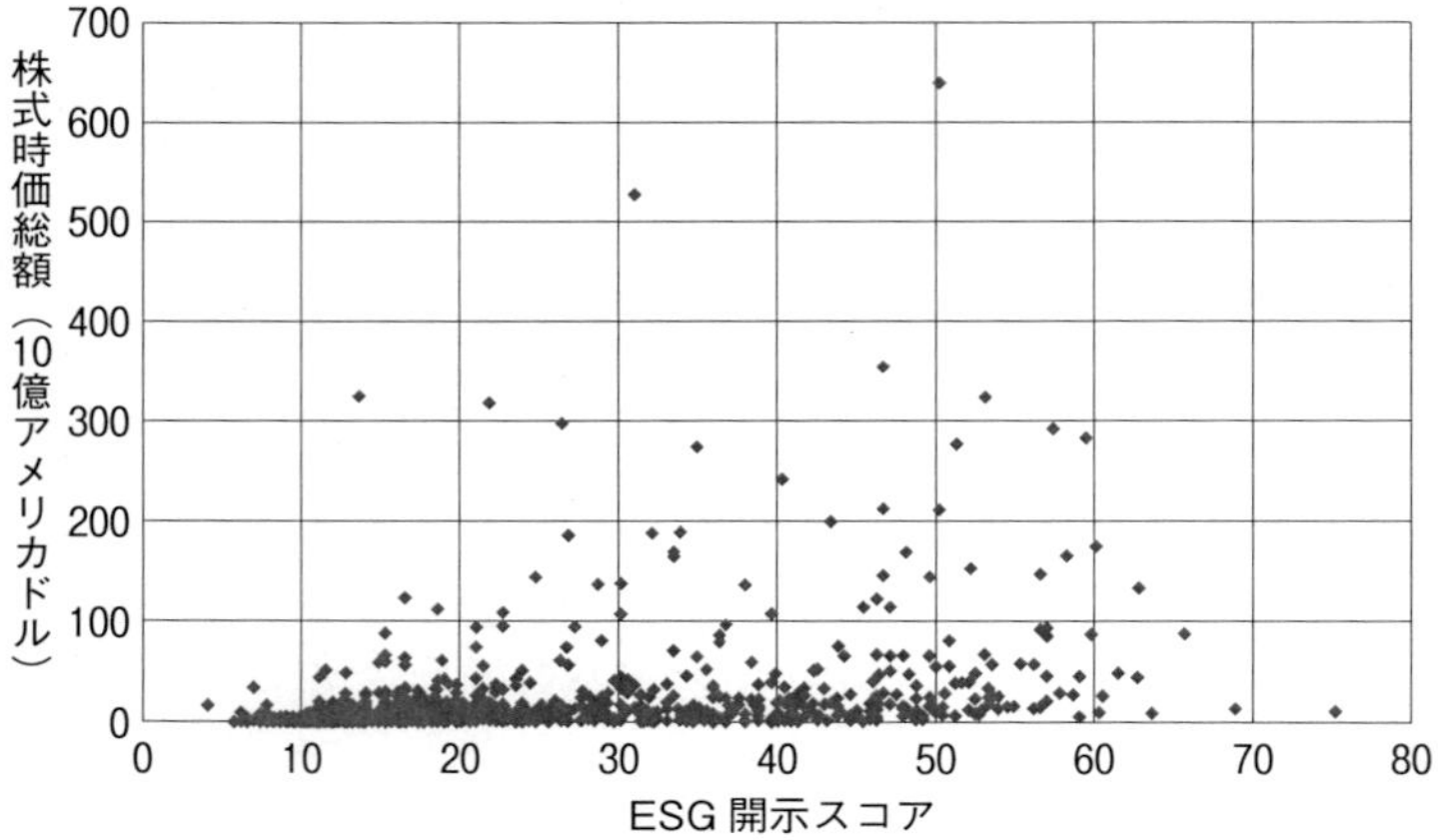

（出所）Bloombergの2015年データを基に筆者作成

〔図表８－11〕　2015年中国企業のESG開示スコアと株式時価総額の関係

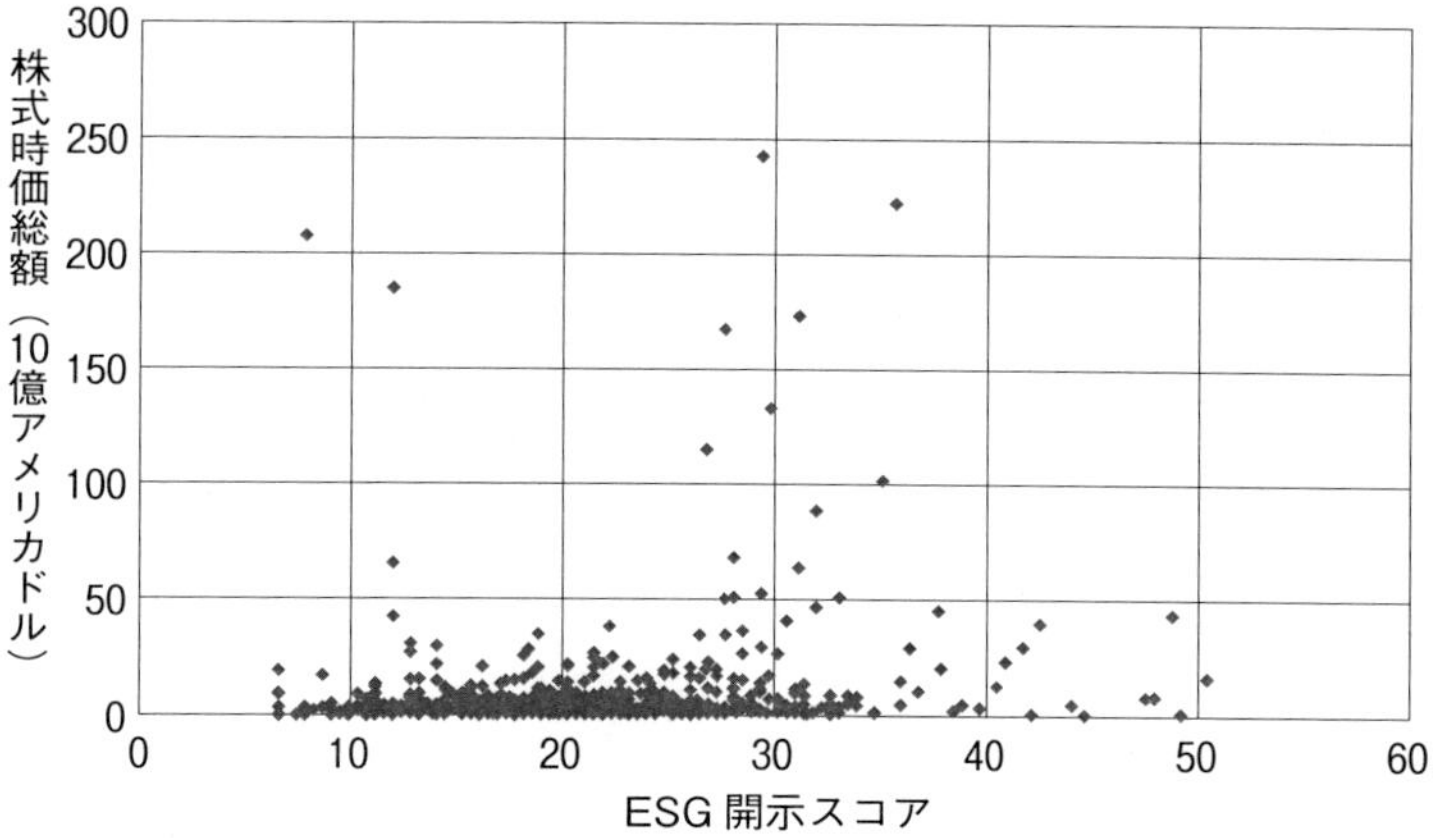

（出所）Bloombergの2015年データを基に筆者作成

〔図表８－12〕　2015年のフランス企業のESG開示スコアと株式時価総額の関係

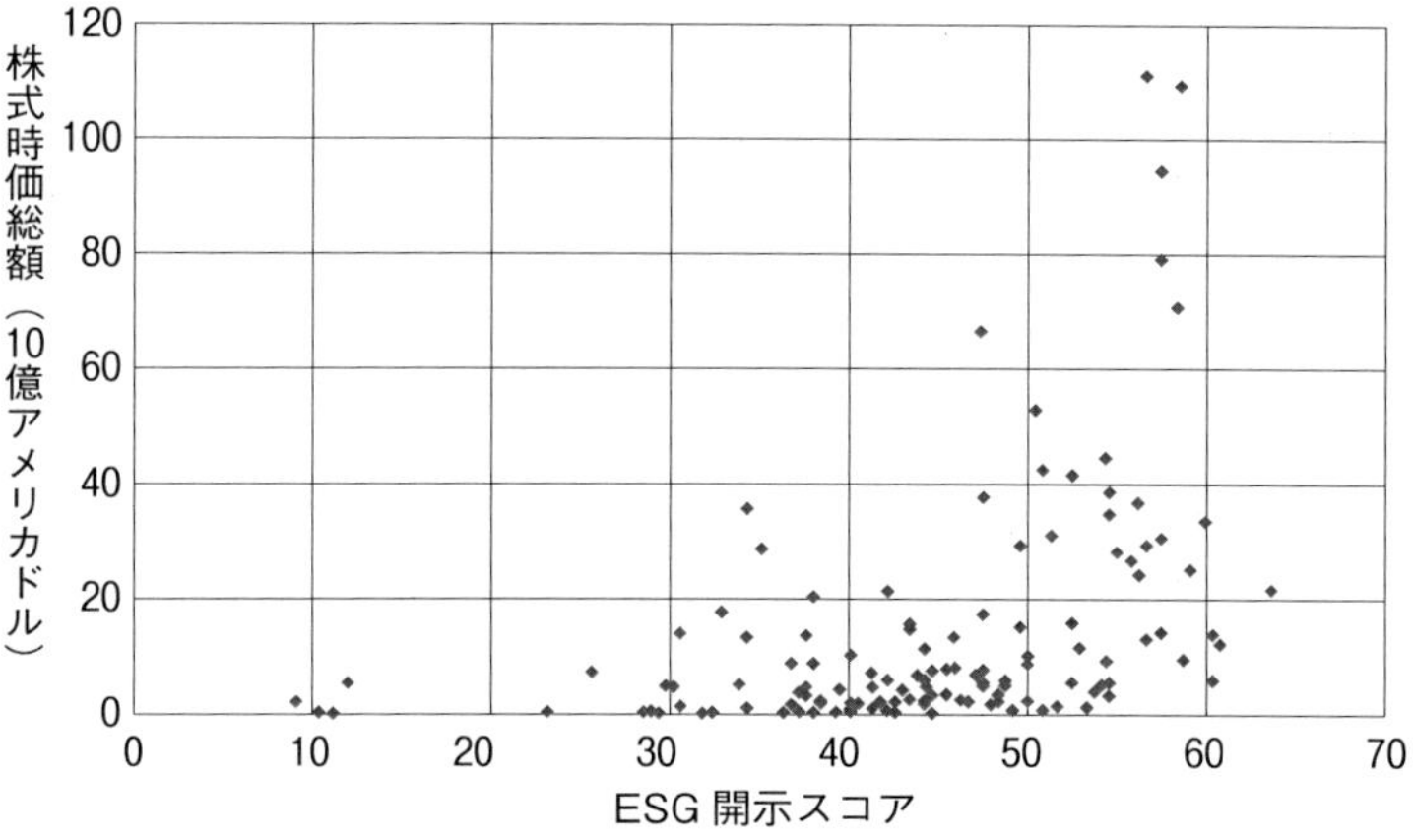

（出所）Bloombergの2015年データを基に筆者作成

最後に、国別にＥＳＧ開示スコアと株式時価総額の関係を見ていきましょう。**図表８−９**から**図表８−12**は、日本、アメリカ、中国、フランスのＥＳＧ開示スコアと株式時価総額の関係を散布図に示したものです。日本については、１つだけ株式時価総額が突出したものを除いては、ＥＳＧ開示スコアに関係なく株式時価総額は低い傾向にあります。アメリカについては、**図表８−５**の全体の傾向とよく似ています。これは、全サンプル数の約30％を占めているため、アメリカの傾向が全体の傾向に大きく反映されているためです。中国については、スコア値が30ポイント以下の企業の多くは株式時価総額が低く、30ポイントから40ポイントの間ではスコア値が高いほど株式時価総額が高い傾向が見て取れます。しかし、40ポイント以上になると、再び株式時価総額が低くなります。一番傾向が異なったのがフランスで、概ねＥＳＧ開示スコアが高くなるにつれて株式時価総額が高くなっています。このことから、フランスの企業においては、ＥＳＧ関連の情報開示が進んでいるほど企業の価値も高く、ＥＳＧ投資を反映している可能性があります。

●参考文献

馬奈木俊介編著（２０１７）『豊かさの価値評価―新国富指標の構築』中央経済社。

GPIF (2017) ＥＳＧ投資，http://www.gpif.go.jp/operation/esg.html，２０１７年12月３日閲覧。

GSIA (2016) Global Sustainable Investment Review 2016, http://www.gsi-alliance.org/wp-content/uploads/2017/03/GSIR_Review2016.F.pdf，２０１７年12月３日閲覧。

PRI (2016) PRINCIPLE FOR RESPONSIBLE INVESTMENT (PRI_Brocure_2016. pdf), https://www. unpri. org/about，２０１７年12月２日閲覧。

第9章 世界のソーシャル・アントレプレナーシップ

◆ソーシャル・アントレプレナーシップとは

まず、ソーシャル・アントレプレナーシップの定義について考えてみましょう。ソーシャル・アントレプレナーシップは、すでに言及したアントレプレナーシップのひとつの種類である、と見なされることが少なくありません。そのなかで、社会課題を解決するという点により重点を置いているのが、ソーシャル・アントレプレナーシップです。それゆえ、ソーシャル・アントレプレナーシップの狭義の解釈として、非営利組織が革新的なアプローチをとることとしているものもあるほどです。

それでは、ソーシャル・アントレプレナーシップにおいて、お金を稼ぐこと、収益を上げることは度外視されているでしょうか。実は必ずしもそうではありません。ソーシャル・アントレプレナーシップにおいては、収益獲得戦略がミッションとダイレクトに結びついていること、収益性や利潤はシェアホルダーに再配分されるのではなく、むしろミッションに再投資されることがより重要です。

したがって、広義の解釈では、ソーシャル・アントレプレナーシップは、営利セクターおよび非営利セクターの組織が、その接合部分において展開する、社会的志向の革新的活動として理解されています。ソーシャル・アントレプレナーシップの定義として、グレゴリー・ディーズ氏に拠れば、ソーシャル・アントレプレナーシップは次の５点に要約されます。①私的な価値ではなく、社会的価値を創造・維持するというミッションを掲げていること、②ミッションに奉仕する新しい機会を識別し追求すること、③イノベーション、適用、ラーニング・プロセスに従事すること、④現存する資源に限定されることなく行動すること、⑤活動成果に対する利害関係者への説明責任の意識を高く持つこと、の５つです。

しかし、今見てきただけでもわかるとおり、ソーシャル・アントレプレナーシップの定義や分類は、必ずしも一様ではなく検討すべき論点はいくつか残されています。その理由としては、ソーシャル・アントレプレナーシップは、①営利的なものと非営利的なもの、②経済的なものと社会的なもの、そして、③価値判断を要するものと合理的な計算を要するものの接合点に存在しているからです。そのために、アントレプレナーシップの解釈が幅広くなり、結果的に、多様な形態のソーシャル・アントレプレナーシップが存在することになるのです。それでは、ソーシャル・アントレプレナーシップは本当のところなにを意味しているのでしょうか。ソーシャル・アントレプレナーとはどのような存在なのでしょうか。

〔図表９－１〕　ソーシャル・アントレプレナーシップの４つの類型

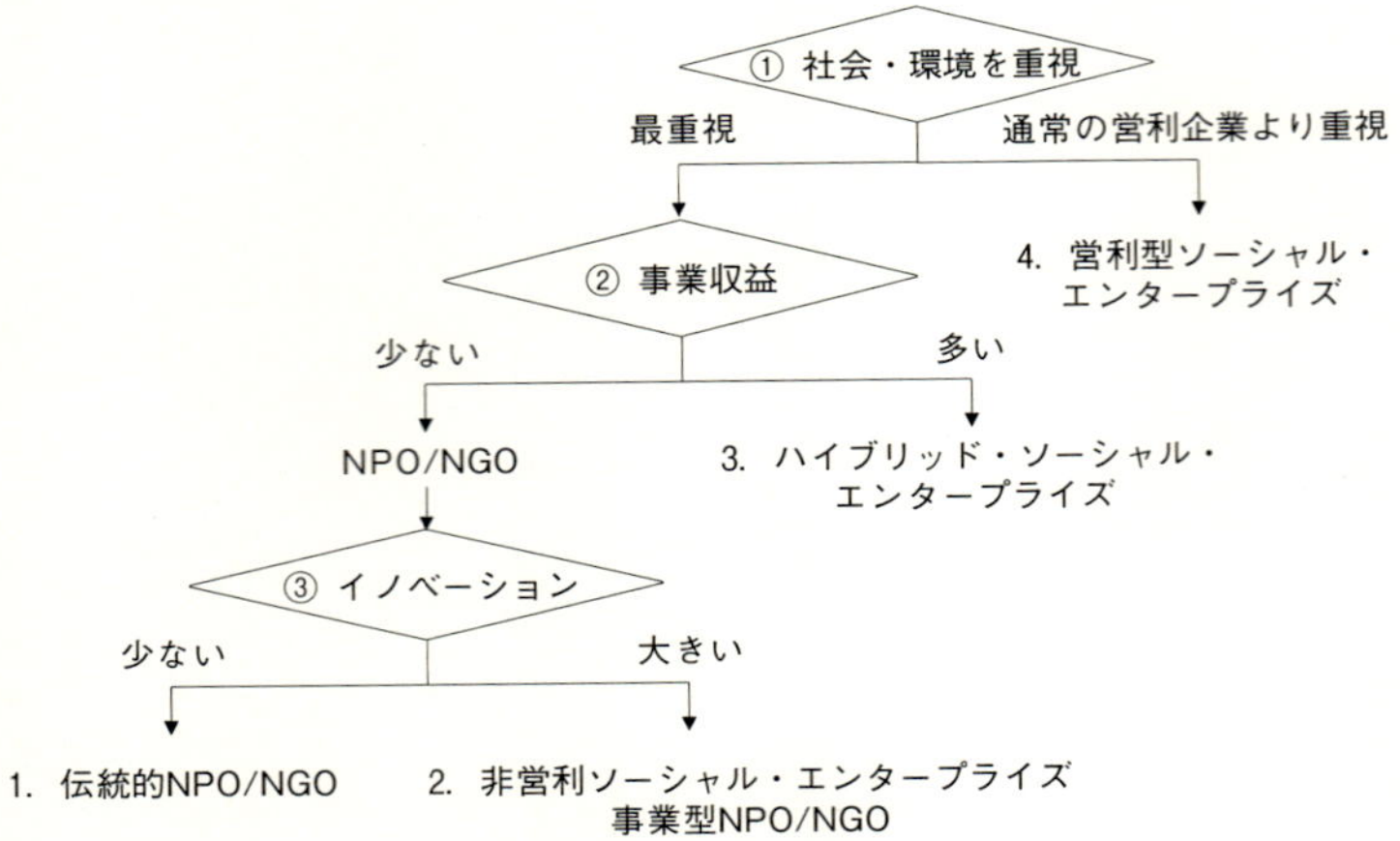

（出所）GEMのレポートを基に筆者作成

すでに本書でも何度か登場しているＧＥＭの２００９年の報告書では、ソーシャル・アントレプレナーシップについて、簡潔に、組織あるいは個人が関与している、社会的志向を有する、企業家・起業家活動、として定義され、ソーシャル・アントレプレナーシップの類型化がなされています。それでは、ＧＥＭの２００９年の報告書に則って、ソーシャル・アントレプレナーシップを分類しましょう。

まず、分類の決定基準・プロセスは、①経済活動・お金よりも社会的ミッションを優先しているかどうか（社会・環境を重視）、②主たる活動やプロジェクトから収益を得ているかどうか（事業収益）、③社会的なイノベーション・変革を起こしているかどうか（イノベーション）の３つであり、これらを組み合わせると、４つのタイプに分類されます。それは、１．伝統的なボランタリーな非営利組織・NPO・NGO、2. 非営利の社会的企業（ソーシャル・エンタープライズ）・事業型NPO・NGO、3. ハイブリッド・ソーシャル・エンタープライズ、4. 営利型ソーシャル・エンタープライズの4つです（**図表9－1**）。

GEMの2009年の報告書によれば、これらの類型のなかで、2の非営利のソーシャル・エンタープライズが24％、3のハイブリッド・ソーシャル・エンタープライズが23％です。

さて、このように書いてみたものの、もしかしたら、ますます混乱してしまったかもしれません。その原因の1つは、先ほどの分類で社会企業（ソーシャル・エンタープライズ）という新しい用語が出てきたからでしょう。まさに、これこそソーシャル・アントレプレナーシップを定義する難しさといえます。これだけでも混乱しがちなのに、それに加えて、以上の言葉を日本語訳するとますます訳がわからなくなります。したがって、各用語の定義を少し丁寧に見てみましょう。

◆ソーシャル・アントレプレナーシップとソーシャル・ビジネス

すべてのソーシャル・アントレプレナーシップは、必ずしもソーシャル・ビジネスではありません。これは少しわかりにくいかもしれませんが、重要なことです。ソーシャル・アントレプレナーシップは、ソーシャル・ビジネスよりも幅広い概念であり、社会的ミッションの存在と社会的価値の創出がソーシャル・アントレプレナーシップの必須条件であるといえます。一般的によく知られた定義によれば、人々に対する援助を目的とした革新的な創意工夫はすべてソーシャル・アントレプレナーシップです。

例えば、ある発展途上国の地域に医療サービスを無償で提供することも、病院を設立し、採算性が取れる範囲で経営することも、ソーシャル・アントレプレナーシップであるということができますが、無償で医療サービスを提供することは、ソーシャル・ビジネスといえません。あくまで、ソーシャル・ビジネスは、ビジネス的観点で社会課題を解決しようという事業のことです。

ソーシャル・ビジネスという言葉は、貧しい人々の経済的自立を助けるマイクロ・クレジット（小額無担保融資）という金融サービスを発案し、それをバングラデシュ全土に広めることによって貧困を軽減したムハマド・ユヌス氏によって提案されたといわれています。ムハマド・ユヌス氏は、ソーシャル・ビジネスを提案するにあたって、次の3つのことを主に指摘しています。

第一に、経済学などにおいて、従来、人間は利己的な存在であると前提され、人間の集合体である企業（会社）も私的利潤の追求を前提に行動していると理解されてきました。しかし、人間は利己的であると同時に利他心を併せ持つ存在であり、会社組織にとっても、これら2つの行動動機に対応した次の2つの制度が必要です。1つは、従来型の個人的利益ないし利潤最大化を追求する会社（営利企業）であること、そしてもう1つは、他者の利益に専念する会社（ソーシャル・ビジネス）であり、資本主義社会において後者を新しく制度的に導入することが必要であるというのです。こうした新制度としてのソーシャル・ビジネスは、その達成すべき目標として人類が苦しんできた飢饉、ホームレス、病気、公害、教育不足等、社会・経済・環境の諸問題の解決を掲げていることが多くなっています。

第二に、ソーシャル・ビジネスは、その目的を確実に達成するため、組織面で、従来の会社にはない幾つかの特徴を持たせる必要があることを強調しています。具体的には、まず企業の所有者（株主ないし出資者）に対して配当金の支払いを行うとは限らないということです。これは、ソーシャル・ビジネスの活動に伴う利益は、その将来の活動のために使う必要があるという考え方に基づいています。つまり出資者にとっては、配当の受領ではなく他者の役に立つことが報酬になるのです。

第三に、以上の特徴を持つソーシャル・ビジネスは、現在の資本主義制度のなかで運営されるべきものであり、ビジネスとしての厳しさが強く要請されることを強調しています。特に、持続可能性のある経営、つまり営利企業と同様、経費を賄うだけの収益を確保すること、自らのアイディアを実行に移す野心的な起業家によって設立される必要があることなどの重要性を指摘しています。

ソーシャル・ビジネスの最も重要な基準は、ダブルボトムライン、すなわち、社会的価値と経済的価値の創出と利潤を社会的活動の発達に再投資することであるといえます。ムハマド・ユヌス氏は、社会問題の解決を図ろうとする場合、それを企業の社会的責任（CSR：Corporate Social Responsibility）というかたちで対応しようとすれば、それは企業が経済的利益と社会的利益の2つを同時に追求する点に問題があると指摘しており、その矛盾を解決する方法としてソーシャル・ビジネスという制度が別途必要だとしているのです。

つまり、ソーシャル・ビジネスは、ビジネスの持つ創造性や活力と、慈善の持つ理想主義や利他精神とを組み合わせたものであり、社会問題を解決するうえで、個人が持つ政府にない能力（知恵、才能、創造力）を活用する仕組みであるといえます。

多様なステークホルダー

ソーシャル・ビジネスには2つの種類があるといわれます。第一は、実施主体の利潤の最大化ではなく、社会のために利益を生み出すことを目的としている組織・団体です。第二は、利潤を求めて創設されたが、貧しい人々や社会的弱者から依託された者が、それを所有している組織・団体です。ソーシャル・ビジネスの特徴は、株主、投資家、従業員、消費者、コミュニティ、政府・行政、NPO／NGOなど一般の事業よりも多様なステークホルダーが関わっていることが挙げられます。また、実施主体は、多様な組織形態を選択し、多様な組織形態のポートフォリオを構成していることもあります。

組織は既述のとおり、営利企業から非営利活動法人まで、ポートフォリオは、1つの団体だけの時もあれば、非営利活動法人と営利企業、非営利活動法人と協同組合など、様々な形態をとることもあります。

この組織選択と組織ポートフォリオは、社会的ミッションを達成するために最も効率的であるべきといわれ、谷本寛治氏によると、その組織選択と組織ポートフォリオの基準は、①市場性、②資金調達、③税制、④信頼性の４つであり、企業が非営利活動法人を設立する場合や非営利活動法人が企業を設立する場合なども考えられると指摘しています。いずれの形態にせよ、それらは、何らかの社会問題を解決する、多様な社会的ミッションをもっており、その社会的ミッションを達成するために、何らかの新しい仕組みの提案や実行を行っているのです。

なお、これらは、従来の非営利活動法人とまったく違う概念として出てきているものではなく、第三セクターの再編成プロセスのなかで浮かび上がってきている概念であり、非営利組織論からの延長上の理論であるともいえます。事実、ソーシャル・ビジネスの多くは、非営利活動法人など、非営利セクターを出自として発展しています。つまり、それらの事業主体は、非営利組織の変化の一形態として捉え直すことができるでしょう。

ソーシャル・エンタープライズ

一般的には、これまで挙げてきたソーシャル・アントレプレナーシップや、ソーシャル・アントレプレナー、ソーシャル・エンタープライズ、ソーシャル・ビジネスという言葉は、同じ文脈で使用されます。同じ文脈というよりもむしろ、同じ意味で使われることが多いかもしれません。実際に、日常的に使う程度であれば、それで、ほとんど問題ないでしょう。

しかし、より理解を深めるために、ここでは、これらをあえて日本語で訳してみましょう。微妙なニュアンスの違いは残りますが、ソーシャル・アントレプレナーシップは社会起業・起業家精神、ソーシャル・アントレプレナーは社会起業家・企業家、ソーシャル・エンタープライズは社会企業、ソーシャル・ビジネスは社会事業と訳すことができます。

まずはっきりとわかることは、社会起業家・企業家は個人、社会企業は組織、社会事業は活動であるということです。それではソーシャル・アントレプレナーシップを指す社会起業・起業家精神とは何でしょうか。前述したように、その定義には議論が分かれますが、ここでは簡単に行動・過程（プロセス）・態度としましょう。つまり、ソーシャル・アントレプレナーシップとは、個人にも組織にも活動にも関わる幅広い概念なのです。

ちなみに、ソーシャル・アントレプレナーを社会起業家・企業家と、起業と企業が併記されているので、また混乱しがちですが、これにも理由があります。それは、研究者のなかには、社会起業という、社会的変革のプロセスにおいて重要なことは、何も組織を起こすこと（起業）だけでなく、新たな活動モデルを企てることであると強く主張する者もいるためです。それゆえ、そのような研究者は、組織を起こすスタートアップの意味合いが強い起業家という言葉よりも企業家という言葉を使うのです。もちろん、社会起業・起業家精神を社会企業・企業家精神と書いてもよいのですが、本書では省略して記述しています。少しくどくなりましたが、この分野は、似たような用語が多く、紛らわしいので、説明させていただきました。実は、もっと似たような概念や用語がこの後も登場しますが、それはその都度説明させていただきたいと思います。

ここからは、再び社会起業・起業家精神について、ソーシャル・アントレプレナーシップという用語を用いることとします。本書で一貫して、日本語の社会起業という言葉を使わない理由は、既述のとおり、ソーシャル・アントレプレナーシップという言葉がソーシャル・エンタープライズ（社会的企業）といった組織やソーシャル・アントレプレナー（社会起業家・企業家）といった個人を含んでいるのに対して、日本語の社会起業・起業家精神という言葉は、やや狭義に意味を持っているように筆者には感じられるためです。

ソーシャル・アントレプレナーシップの活動原資と企業との関係

ソーシャル・アントレプレナーシップの活動原資に関する問題には、様々な見解があります。例えば、代表的な見解として、ある学派では、活動原資は混合的な性格のものであり、営利活動の結果として入手できるだけではなく、ボランティアによって確保されるし、さらには助成金や補助金もその原資であると主張されている一方、アメリカの研究者を中心とする学派では、原資を市場からの収益に限定しています。この立場は、イギリス、アイスランド、フィンランドなど多くのヨーロッパ諸国でも支持され立法化されました。

ソーシャル・アントレプレナーシップがより活発に展開される流れのなかで、それを制度化しようという動きが生じたのは１９９０年代です。この現象は、前述した持続可能な発展という概念の普及と一致しています。また、一方で、21世紀の初頭、企業のＣＳＲの領域で、ソーシャル・アントレプレナーシップに関する議論と研究が盛んになりました。企業の社会的活動は、①チャリティや資金援助、従業員ボランティアに力を入れるフィランソロピー型、②現行のビジネスをより責任あるものにすることを目指す責任統合型、③社会的・環境的問題を解決するための新しいビジネスモデルの開発に力を入れるイノベーション志向型の3タイプに分類されるともいわれています。

CSRとソーシャル・アントレプレナーシップの関係は、研究者により定義が異なり、統一的な区別が必ずしもあるとはいえませんが、著名な経営学者のマイケル・ポーター氏は、マーク・クラマー氏との共著の論文で次のように検討しています。具体的には、CSR、持続可能な発展、共有価値(Shared value)という概念を提示し、CSRプログラムが社会の圧力に対する応答として表れた現象であるとすれば、共有価値概念では、会社は、その競争能力だけでなく、地域社会の経済的および社会福祉的水準を高めるような活動方式を導入し定着させることが必要であると述べています。

その背景には、会社の競争能力と地域社会の状態が、密接に相互作用し合っており、市場は経済的だけではなく社会的欲求によっても形成されるという認識が存在するのです。そして、CSRから共有価値の創造を意味するCSV(Creating Shared Value)への転換の必要性を論じています。そこでは、共有価値を創造する担い手は限定されず、また、その責任を企業や国家、市民社会に分割するという伝統的な考え方と対立するものであるとしています。したがって、この議論に即していえば、ソーシャル・アントレプレナーシップが、社会に利益をもたらすだけではなく、共有価値を創造しているといえ、それゆえ、共有価値概念の担い手であるといえるのです。

ソーシャル・アントレプレナーシップは、社会的志向のミッションを掲げ、そして独立採算組織であるために、社会的価値と経済的価値を同時に効果的につくりだすことができます。それは、社会的な活動が、会社の戦略と結びつかず、社会の圧力に応じて実施されていることも少なくない企業やビジネス、もしくは、その正反対で、社会的な活動がミッションとして中心に据えられており、時として資金調達を外部に依存しているために、経営的に不安定な性格を帯びている非営利組織の両者と大きく異なっている点であるといえます。

とはいえ、繰り返しになりますが、そのことは、ソーシャル・アントレプレナーシップが、企業や非営利組織にはないといったことを意味しているのではありません。ここが少し混乱するところですが、非営利組織が、ビジネスツールやアントレプレナーシップ的方式を用いることによって、社会的価値以外にも経済的な価値をつくりだし、事業を安定的に継続するとき、また他方で、営利会社がCSRや企業内ソーシャル・アントレプレナーシップに対して革新的に取り組んだときに、それらの組織にソーシャル・アントレプレナーシップは生まれるのです。

そして、また、ソーシャル・アントレプレナーシップを有するステークホルダー同士の連携により、シナジー効果が生まれ、さらなる経済的価値と社会的価値が同時につくりだされます。例えば、ムハマド・ユヌス氏が創設した、グラミン銀行は、スポーツブランドのアディダスや、フランス食品大手会社ダノン、日本の衣料品生産販売会社のユニクロと連携して、事業を行っています。これらはソーシャル・ビジネスとして有名である一方、以上の3つの個々の企業を、ソーシャル・エンタープライズと特に呼ぶことはあまりないのではないでしょうか。この例は、企業のCSRがソーシャル・アントレプレナーシップへと姿を変えて現れる事例であるといえるのです。

◆世界のソーシャル・アントレプレナーシップの特徴

ソーシャル・アントレプレナーシップは、環境、福祉、教育、貧困削減などSDGsとも関連する、社会的な課題を解決するうえで重要な要素ですが、その特徴は国によって様々です。そもそも、その国による特徴の違いや、その背後にある社会的背景の違いが、ソーシャル・アントレプレナーシップに対する見方、ひいては言葉の微妙なニュアンスの違いを生んでいるといっても過言ではありません。

そもそも、ソーシャル・アントレプレナーシップが、伝統的、営利的なアントレプレナーシップから区別される社会経済的・組織的現象として、一般的に認知されるようになったのは、1980〜90年代のことであり、本格的な研究対象となり、学術的な概念規定がはじまったのは、1990年代といわれています。ソーシャル・アントレプレナーシップは、新しい研究領域であり、初期のソーシャル・アントレプレナーシップ研究の大部分は非営利セクターに関連したものでした。

このこと、つまり、非営利セクターからのアプローチは、アメリカおよびヨーロッパに共通した傾向です。例えば、イギリスでは、公共サービスを担う非営利組織が、事業化を強めていったという社会的背景があります。一方で、アメリカでは、もともとNPOのような非営利組織やボランティア活動が盛んであり、経営基盤の強化に力を入れて、より大規模な社会事業を行う事業型非営利活動法人や社会活動を生み出していこうということがあります。

しかし、ここで留意すべきは、アメリカでは、ソーシャル・アントレプレナーシップに関して、個人としての社会起業家により重点が置かれ、その社会起業家の育成・支援およびそれらに関する研究が、積極的に実施されているということです。これは、移民国家としての歴史的経緯を持つアメリカでは、社会そのものが広義の起業家により成り立っているといえるからです。

一方で、ヨーロッパでは、イギリスを含めて、慈善組織や協同組合、共済組合の長い歴史を持ち、組織論として、ソーシャル・アントレプレナーシップにアプローチする傾向があるといえます。そのアプローチの違いが言葉のニュアンスの違いにも影響を及ぼしているのです。

それでは、我が国、日本ではどうでしょうか。もちろん両者の影響を受けていることはいうまでもないですが、例えば、経済産業省がコミュニティ・ビジネスという言葉をよく使用していたことからもわかるとおり、「地域」という視点が1つの特徴であると筆者は考えています。

そもそも、ソーシャル・アントレプレナーシップが抱えている大きな課題の1つとして、社会的問題への普遍的な解決策はなく、具体的な国、あるいは地域の特殊性に影響されることが挙げられます。ゆえに、ソーシャル・アントレプレナーシップにおける地域の視点は、日本に限らず、すべての国において必要不可欠な視点であるといえるでしょう。

現在において、ソーシャル・アントレプレナーシップは多くの国々で見られる現象である一方で、その発生時期や形態、活動規模、普及の速度は、国ごとに異なります。次に、各地域におけるソーシャル・アントレプレナーシップの歴史的経緯を概観しつつ、そのうえで、主にGEMによる調査の結果をもとに現在の国・地域ごとの違いについて見てみましょう。

図表9－2は、2015年のGEM調査において、参加国のソーシャル・アントレプレナーシップ指数をみたものです。日本は残念ながら調査対象国のなかに入っていません。黒い棒グラフは、全人口のうち、ソーシャル・アントレプレナーシップに関する立ち上げ段階の活動に従事している人の割合を、白い棒グラフは、運営段階の活動に従事している人の割合を示しています。立ち上げ段階のソーシャル・アントレプレナーシップの割合が最も高いのは、ペルーであり、そのほかにも、コロンビアやチリなど中南米のソーシャル・アントレプレナーシップが高いことがわかります。しかし、南米でもブラジルは低くなっています。そして、最もこの値が低いのは韓国となっていることがわかります。

ブラジルやインド、中国といった、急激に経済成長を遂げている新興国におけるソーシャル・アントレプレナーシップに関して、これらの国々では、まず、住民の福祉の向上や、世界における自国の立場強化に力点が置かれています。急速な経済発展に伴い、社会の分断化と貧困層の存在、不均等な地域発展、権利の侵害、司法制度の未確立、情報の非公開、民主的な制度の未整備などが見受けられます。したがって、社会的問題の解決としてのソーシャル・アントレプレナーシップが必要とされています。

まず、ブラジルでは、ソーシャル・アントレプレナーシップの歴史は浅く、ソーシャル・アントレプレナーシップは，ロシアや中国と比較すると低いといえるでしょう。人種差別や社会的な不平等も顕著であり，その他の多数の社会的に重要な問題が，解決されないままになっています。

インドのソーシャル・アントレプレナーシップに関しては，比較的，豊かな歴史を持っており，立ち上げ段階の活動および運営段階の活動の割合を両方考慮すると，比較的，高い値を示していることがわかります。インドでは，その社会・文化的伝統において，フィランソロピーなど様々な形態を介して，ソーシャル・アントレプレナーシップの支援と普及を促進してきた経緯があります。それゆえ，現在では，貧富の差の拡大，都市と農村の対立等の社会的課題に対して，様々なプロジェクトおよびプログラムで対応しています。

ここで，特に興味深いことは，中国の値，とりわけ，立ち上げ段階の活動が高いことです。中国では，ソーシャル・アントレプレナーシップは，比較的新しい現象といえるでしょう。これまで中国の国家政策の影響で，ソーシャル・アントレプレナーシップはあまり発達してきませんでしたが，2010年以降は，社会的問題の解決に民間資本が投資する額は，増加傾向を示しています。また，中国には寄付の伝統が幅広く浸透しており，このことが，ソーシャル・アントレプレナーシップの普及にも貢献しているといえるでしょう。経済が急速に発展するに従って，ソーシャル・アントレプレナーシップに関する立ち上げの活動が，増えてきているといえます。

また，ソーシャル・アントレプレナーシップに関して，運営段階の活動に従事している人の割合が最も多いのは，セネガル，次いで多いのは，イスラエルとなっています。そのほかにも，ルクセンブ

レプレナーシップ指数（2015年）

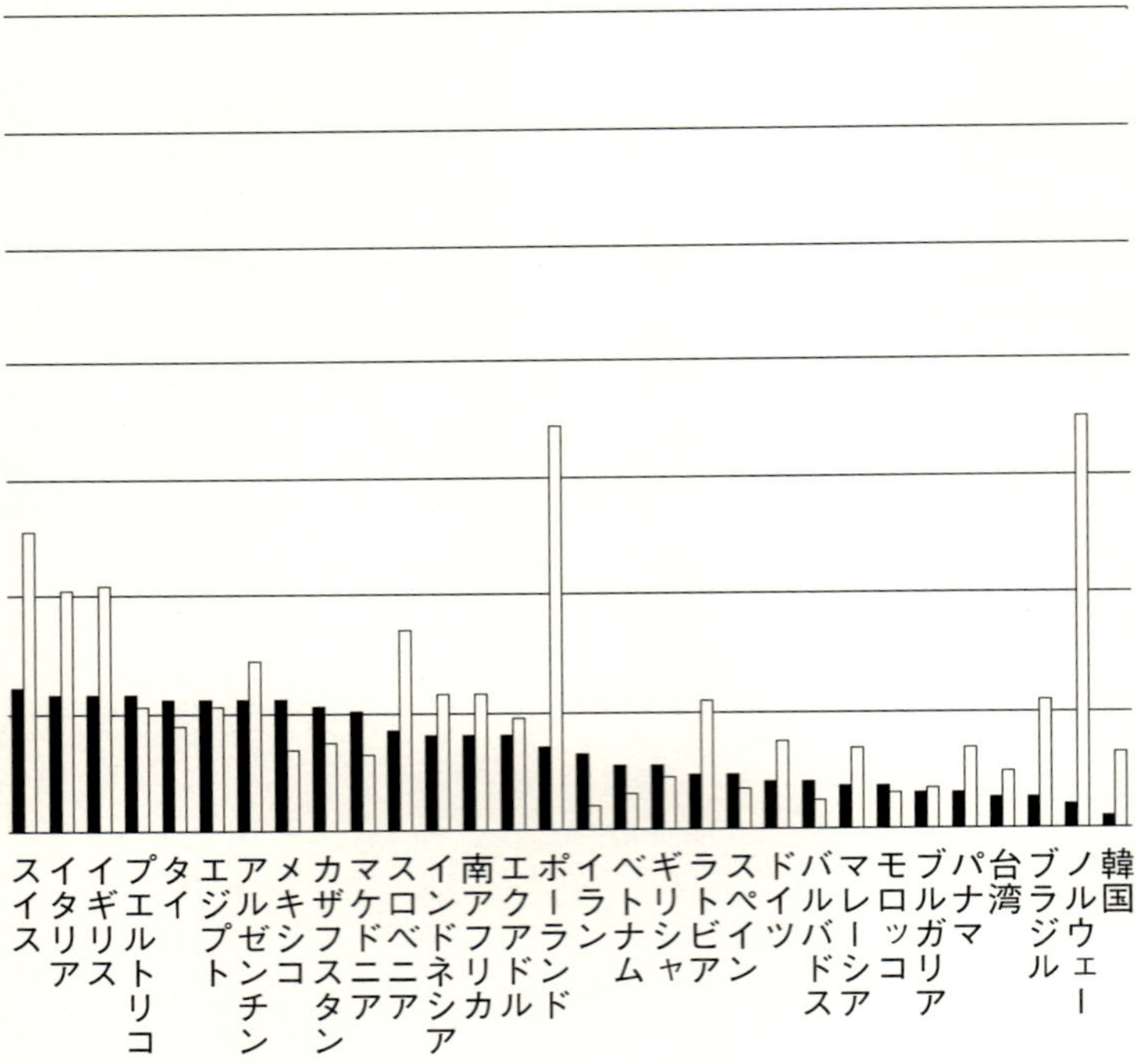

〔図表９－２〕　ソーシャル・アント

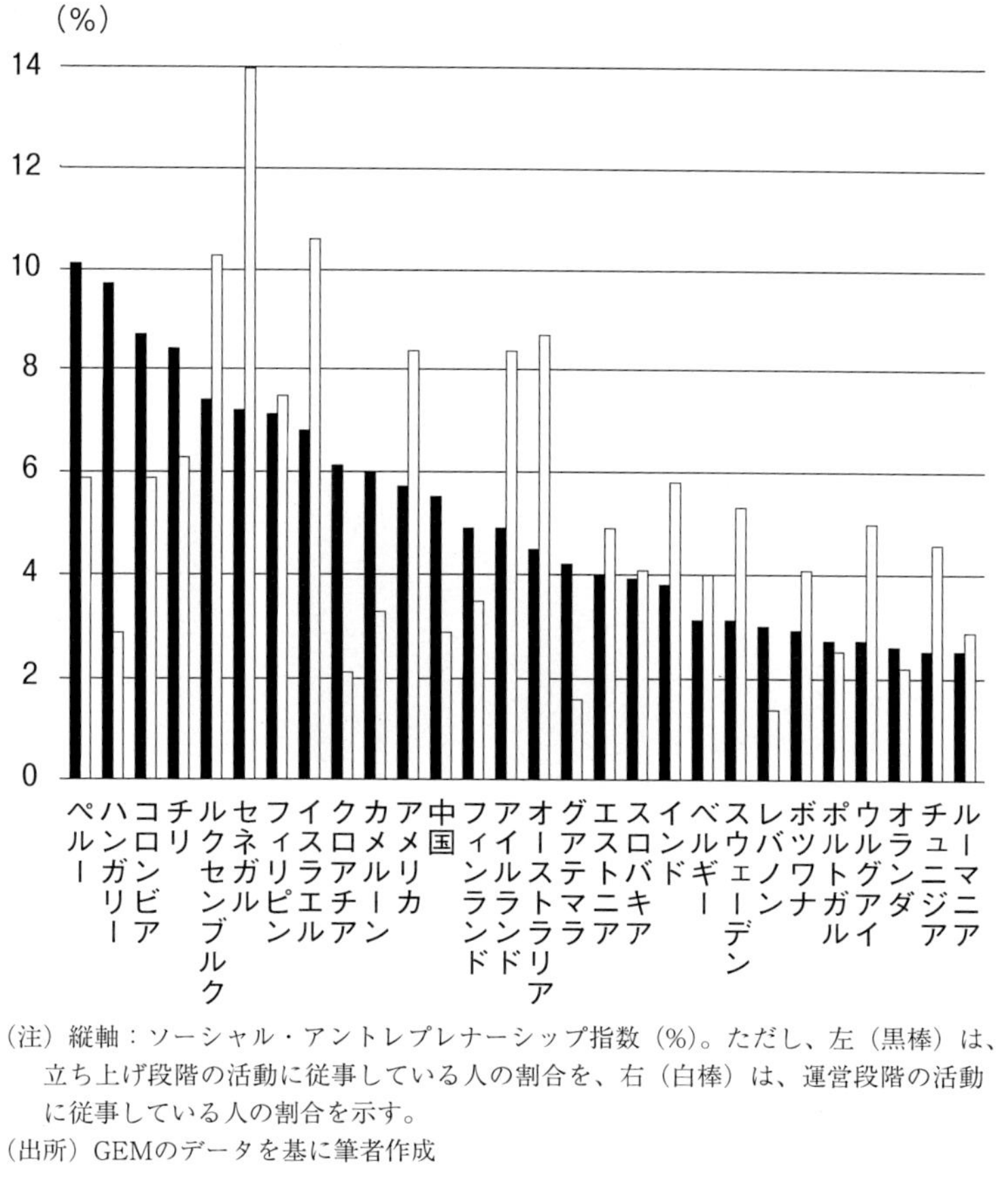

（注）縦軸：ソーシャル・アントレプレナーシップ指数（%）。ただし、左（黒棒）は、立ち上げ段階の活動に従事している人の割合を、右（白棒）は、運営段階の活動に従事している人の割合を示す。

（出所）GEMのデータを基に筆者作成

ルクやオーストラリアといった国が高くなっています。また、ノルウェーやポーランドといった国は、立ち上げ段階の活動に従事している割合は少ない一方で、運営段階の活動に参加している割合が高く、すでにソーシャル・アントレプレナーシップの活動がある程度盛んで、安定段階に入っていると想定されます。

ノルウェーなどがあるヨーロッパにおいて、ソーシャル・アントレプレナーシップが見られるようになったのは19世紀のことであるといわれます。協同組合や、共済組織、アソシエーションとソーシャル・アントレプレナーシップは密接にかかわっています。当時、ヨーロッパやソ連では、いくつかの社会主義国家が誕生し、その後の社会主義国家の市場経済への移行が、非営利組織や市民組織の誕生につながっていきます。しかし、その移行期においては、経済的・法的基盤が完備されておらず、それらの組織の活動の効率は低い水準でした。その後、20世紀の終わり頃になって、多くのヨーロッパ諸国で、雇用、健康、教育等の領域において社会問題が顕在化すると、これらの社会問題の解決は、国家や民間の力だけでは不可能であったため、非営利組織や市民組織、さらに地域共同体の活動がより活性化してきたのです。非営利組織や、市民組織、地域共同体は、ボランティアの労力を利用して、徐々に、財・サービスの生産活動に積極的に参入しはじめました。そして、その際、効率性の向上や、財務的安定性のために、企業的・ビジネスアプローチが必要とされたのです。

また、アメリカは、図に示されているとおり、ソーシャル・アントレプレナーシップの立ち上げおよび運営活動ともに高い結果となっていることがわかります。北米地域では、ソーシャル・アントレ

〔図表9－3〕 経済の発展段階とソーシャル・アントレプレナーシップ指数の関係

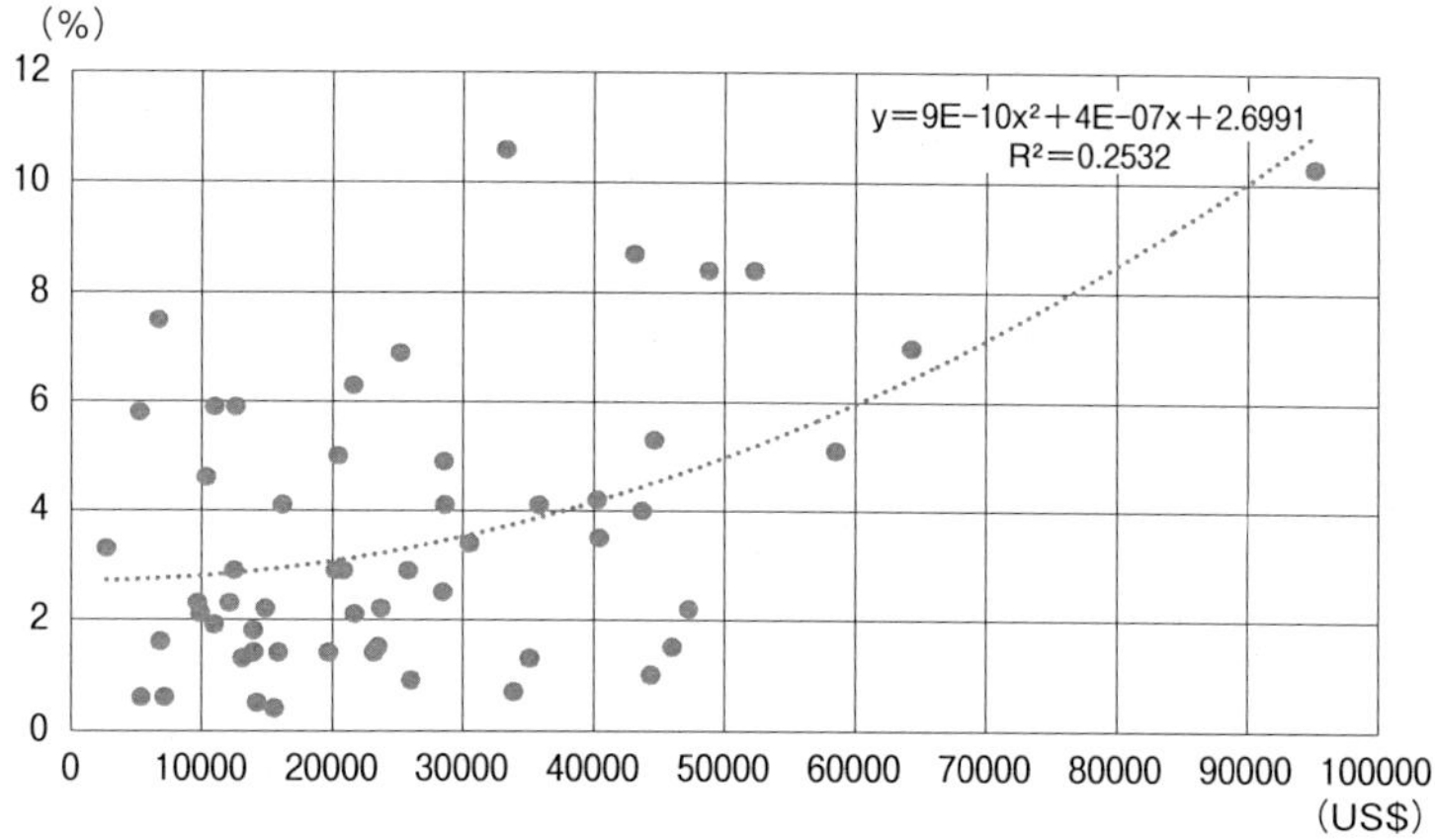

(出所) GEMおよびWDIのデータを基に筆者作成

プレナーシップが、ヨーロッパと比べると、かなり幅広く理解され、社会的に責任ある活動を展開している営利組織から、収益を生み出している非営利組織まで含まれています。また、北米地域では、セクターの枠を越えた多様な形態の相互協力があり、それが社会政策の効率を高めているのです。この背景には、北米地域で、ソーシャル・アントレプレナーシップが生まれ、成長した歴史的経緯があります。

例えば、アメリカでは、18世紀の終わり頃に、非営利組織の営利・収益活動が一般的に認知されるようになったといわれます。非営利組織として代表的な宗教団体や地域団体が、地域におけるバザーなどで手づくり物品を販売し、収益を上げることで、寄付金を補っていました。また、1960年代には、アメリカ政府は、グレート・ソサイエティ・プログラムを開始し、貧困問題の解決や教育、健康、環境、芸術の分野に投資を行いました。その投資資金をもとに新たな非営利活動法人が数多く生まれたといいます。しかしながら、1970年代に入ると、経済の低迷とともに政府としての予算は削減されました。その結果、非営利活動法人は、補助金やその他の寄付以外の収益源を見つけなければならなくなったのです。同時に、収益を生み出す活動が積極的に展開されるようになります。

図表9−3は、横軸に経済発展の段階を示す各国の1人当たりGDP、縦軸にソーシャル・アントレプレナーシップに関する運営段階の活動に参加している人の割合を示し、両者の関係をみたものです。図中の点線は、これらのデータを基に二次の近似曲線を示しています。国ごとにばらつきはありますが、概して、経済発展が高い段階にある国ほど、ソーシャル・アントレプレナーシップに関する運営段階の活動に参加している人の割合が高いことがわかります。社会的な問題の分野が多岐にわたる以上、経済発展の段階にかかわらず、常に社会的課題はどのような社会にも存在していると考えられますが、経済発展を一定以上成し遂げ、比較的成熟した社会は、その社会的な課題を解決しようとするソーシャル・アントレプレナーシップが高まるといえるでしょう。

◆ソーシャル・アントレプレナーの代表的な事例

現在では、世界中にソーシャル・アントレプレナーおよびソーシャル・エンタープライズが数多く存在するため、それらをすべて把握することはほぼ不可能といえるでしょう。したがって、本書で紹介できるのも、それらのごくわずかにすぎません。ここでは、主要なものをいくつか紹介します。

代表的なソーシャル・アントレプレナー

代表的なソーシャル・エンタープライズといえば、まず、グラミン銀行とアショカを挙げることができます。もちろん、その創設者であるムハマド・ユヌス氏とビル・ドレイトン氏の両氏は、代表的なソーシャル・アントレプレナーであり、ソーシャル・アントレプレナーの父といっても過言ではありません。ビル・ドレイトン氏は１９８２年にアショカを、ムハマド・ユヌス氏は１９８３年にグラミン銀行を創設しました。

ソーシャル・アントレプレナーシップが、伝統的・営利的なアントレプレナーシップから区別され、社会経済的・組織的現象として一般的に認知されるようになったのは、１９８０~90年代のことであり、両氏が組織を立ち上げた１９８０年代の初めは、現在のようにソーシャル・アントレプレナーシップという言葉は広く普及していませんでした。

アショカを創設した、ビル・ドレイトン氏は１９８０年代に入る少し手前の１９７７年、アメリカのカーター大統領の政権時にＥＰＡ（Environmental Protection Agency）と呼ばれる環境保護庁のアシスタント・アドミニストレータとして、排出権取引制度の考案に携わったといわれています。排出権取引とは、各国家、各企業に二酸化炭素を主とした温室効果ガスの排出枠を定め、排出枠が余った国や企業と、排出枠を超えて排出した国や企業との間で取引する制度であり、この20年後の京都議定書の第17条において、温室効果ガスの削減を補完する京都メカニズムの1つとして規定されていました。

ビル・ドレイトン氏が環境政策に携わったのちに、アショカ財団を立ち上げたということは、ソーシャル・アントレプレナーシップにおける環境分野の重要性を物語っているようで大変興味深い事例といえるでしょう。なお、同氏は、１９８２年当時、世界有数のコンサルティング会社であるマッキンゼーでコンサルタントとして働きながら、アショカをＮＰＯという非営利型の組織形態で設立した点も着目すべき点であるといえます。このアショカは、ソーシャル・アントレプレナーを、アショカ・フェローとして積極的に育て、支援し、世界中にソーシャル・アントレプレナーシップのネットワークを構築することをミッションとしており、そこから誕生したソーシャル・アントレプレナーも数多くいます。この点は大変重要であるので、その仕組みやそこから生まれたソーシャル・アントレプレナーの紹介とともに詳細に後述します。

一方、ムハマド・ユヌス氏に関しては、２００６年にノーベル平和賞を受賞し、その偉業は世界中の人が知ることになりました。１９４０年バングラデシュ生まれのムハマド・ユヌス氏は、バングラデシュ国内で教育を受け、アメリカに留学、アメリカの大学で経済学博士号を取得しました。バングラデシュに帰国した１９７２年の2年後、１９７４年に大飢饉による貧しい人々の窮状を目の当たりにし、貧困撲滅のための活動を開始します。１９８３年にマイクロ・クレジットと呼ばれる無担保小口融資を行うグラミン銀行を創設しました。ベンガル語で村の銀行を意味するグラミン銀行では、貧しい者のための信用制度には、抵当も担保も必要ないという理念のもと、従来の銀行からはお金を借りられない農村部の低所得者層の自営業者、特に貧しい女性など貧しい人びとに、無担保で小額の融資や、生活や事業の指導・相談など自立支援を行ってきました。

グラミン銀行のその他の特筆すべき特徴としては、①貧困層の人びとが収入と住居を手に入れ、自立を支援するために提供されるのであって、それ以上の消費を促すものではないこと、②融資計画段階から銀行が貧しい人びとのもとへ出向くこと、③借り手は５人一組のグループに所属し、借入れの権利を得た最初の２人が６週間以内に元利を返済し終わった段階で他のメンバーが借入れ申請する仕組みをもつこと、が挙げられます。

創設以来、グラミン銀行の知名度は瞬く間に上がり、バングラデシュ国内の村の多くの貧しい人びとにサービスを提供するに至りました。そして、その借り手の多くは女性であり、融資の返済率は非常に高いものとなっています。このグラミン銀行の活動をきっかけとして、ムハマド・ユヌス氏は、教育、医療、エネルギー、情報通信などの様々な社会課題を解決する、グラミン・ファミリーと呼ばれる複数のグラミン関連企業を設立、経営しています。例えば、日本の衣料品メーカーのユニクロとの共同事業であるグラミン・ユニクロなどがそれにあたります。また、九州大学には、ユヌス&椎木ソーシャル・ビジネス研究センターというムハマド・ユヌス氏の名前を冠し、実際に同氏と連携した活動があります。ユヌス&椎木ソーシャル・ビジネス研究センターが主催するＹＹコンテストは、ユヌス&ユースの頭文字をとったソーシャル・ビジネス・コンテストであり、若い人へのソーシャル・アントレプレナーシップの醸成を促しているのです。

ソーシャル・アントレプレナーシップのネットワーク

ビル・ドレイトン氏の話に戻ります。ビル・ドレイトン氏は、アショカ設立の後、数年間は、インドやインドネシアを中心として将来の社会起業家を探し回りました。その結果、初期のアショカ・フェローの大多数はインド人となっています。現在のアショカ・フェローは、全世界に数千人と、大人数となったこともあり、アショカ・フェローに対するアショカの財政援助は、必ずしも多いとはいえないかもしれませんが、生活費の援助や事業実施のためのコンサルティングやトレーニング、アドバイスが受けられるという実践的な特典があるといわれています。また、アショカ・フェローに選ばれるということは、世界中にネットワークができるということでもあり、それはアショカ・ファミリーとも形容されるものです。

アショカの誕生以後、アショカのようなソーシャル・アントレプレナーシップを応援・支援し、ソーシャル・アントレプレナーのネットワークを形成する団体・組織は徐々に増えていきます。アルゼンチンにあるアショカのブエノスアイレス支部で働いた経験を持つ、リンダ・ロッテンバーグ氏は、ピーター・ケルナー氏とともに、発展途上国での起業を促進するNPO法人エンデヴァーを、1997年に、弱冠27歳の若さで設立しました。アルゼンチンやチリ、ブラジルといった中南米の様々な業種の起業を支援することからはじまり、現在ではその活動の幅は世界中に広がり、発展途上国での起業支援のみならず、シリコンバレーのような先端を行く起業家の支援も行っています。

リンダ・ロッテンバーグ氏は、その活動が世界中に求められ、２００１年には米タイム誌の、21世紀のビジネスリーダー１００人や、世界経済フォーラムの、明日を担う世界的リーダー１００人、シュワブ財団の、世界の社会起業家40人の一人として取り上げられました。また、２０１４年に刊行された彼女の著書『Think Wild』はベストセラーとなっています。

そのような支援団体はほかにもたくさんありますが、シュワブ財団の名前が出てきたので、まずはそこから見ていきましょう。シュワブ財団は、シュワブという名前を冠するとおり、世界経済フォーラムの提唱者であるクラウス・シュワブ博士と、その妻ヒルデ・シュワブ氏が、ソーシャル・アントレプレナーの認知・育成やソーシャル・アントレプレナーシップの促進を目的に、１９９８年にスイスのジュネーブで設立しました。シュワブ財団の理事には前述したムハマド・ユヌス氏らも参画し、活動を推進しています。

例えば、ＳＥＯＹ（Social Entrepreneur of the Year）と呼ばれる、社会起業家を発掘し社会に紹介するアワード・プログラムを２０００年から実施しており、過去の受賞者には、ＮＰＯ法人ティーチ・フォー・アメリカを創設したウェンディ・コップ氏やデイビッド・グリーン氏がいます。

ウェンディ・コップ氏が設立したティーチ・フォー・アメリカは、アメリカ国内の大学の卒業生を、国内各地の教育困難地域にある学校に講師として赴任させるプログラムを実施しており、アメリカの教育再生に大きなインパクトをもたらしました。

また、デイビッド・グリーン氏は、白内障治療が受けられず失明していくインドの貧困層のため、1992年、アラヴィンド眼科病院と共同でオーロラボ社や、安価な水晶体レンズを製造する工場も建てました。インドの貧困層が、先進国の2％程度の治療費で白内障手術を受けられるスキームを確立したのです。アラヴィンド眼科病院での受診者数は年間数百万人に及び、大半の患者が無償、あるいは正規料金より安い金額で治療を受けることができるようになりました。

同様のスキームは、インドのみならず、アフリカや中米などでも導入されています。また、2001年にはアショカ・フェローに選出、2009年にはバングラデシュに眼科病院を設立したいというムハマド・ユヌス氏からの支援要請に応え、グラミン眼科病院の設立にも尽力しました。

なお、余談ではありますが、2010年には、東京工業大学において、このデイビッド・グリーン氏とアショカ創立者のビル・ドレイトン氏による講演シンポジウムが開催され、社会起業家を養成するためのシステムづくりについて議論がなされました。

さて、アラヴィンド眼科病院の名前が出たので、この病院に関することも触れなければいけないでしょう。アラヴィンド眼科病院は、世界的に有名なヴェンカタスワミ医師によって設立された病院です。わずか11床の病院として1976年に開始したアラヴィンド眼科病院は、1992年には1400床の総合病院へと成長しました。手術と手術の合間の無駄な時間と動きを極力なくすため、手術室には数台のベッドを並べ、医師は次から次へ流れ作業的に手術をしていきます。院内感染やトラブルの可能性を抑えつつ、このように徹底的な効率化を図ることで手術費用を抑え、手術の件数を増やすことに成功しています。病院と診療所は、インド南部を中心に10か所あり、そこで年間数百万の診療と数十万の手術をこなしているといわれています。

ここまでざっと見ただけでも、ソーシャル・アントレプレナーシップのネットワークについて触れることができたと思います。ソーシャル・アントレプレナーシップは、社会課題を解決するため、社会をよくするための活動であり、ソーシャル・アントレプレナーを結びつけることがさらなる社会変革を産むため、必然的にソーシャル・アントレプレナーシップのネットワークは大きくなっていくのです。

ところで、ここで挙げたアラヴィンド眼科病院は、ヴェンカタスワミ医師によって設立される際、アキュメン・ファンドと呼ばれる団体を含めた、いくつかの団体からの資金援助を受けました。アキュメン・ファンドは、ソーシャル・ベンチャーやソーシャル・アントレプレナー、ソーシャル・ビジネスを、特に金銭的に支援し、将来的に投資収益を得るソーシャル・ベンチャー・ファンドと呼ばれる新しいタイプの投資グループです。これは社会的責任投資とも呼ばれますが、次では、ここに着目して、さらに事例を見ていこうと思います。

ソーシャル・アントレプレナーシップへの投資支援

アキュメン・ファンドに触れる前に、アメリカの社会的責任投資のトップランナーともいうべき、ドミニ・ソーシャル・インベストメンツについてまず見てみましょう。アキュメン・ファンドがジャクリーン・ノヴォグラッツ氏によって設立されたのが，２００１年。その約10年前の１９９１年に，ドミニ・ソーシャル・インベストメンツは，エイミー・ドミニ氏によって設立されました。エイミー・ドミニ氏は，ボストン大学で統計学を学んだのち，１９８０年に，証券取引所で，同僚は男性ばかりのなか，女性のトレーダーとなりました。投資先を選択する際の企業のモラルや社会的責任の重要性に着目し，１９８４年に『社会的責任投資』という本を執筆します。１９８７年より，ボストンに本社のあるローリング・ウォルコット・アンド・クーリッジの個人信託受託者兼ポートフォリオ・マネージャとなります。そこで，多額の資産を持つ個人顧客の資産管理を手助けし，50億ドル超の顧客資産のうち約10億ドルを社会的責任投資の対象としました。

また，同年には，ピーター・キンダー氏やスティーブ・ライデンバーグ氏とともに「ドミニ・ソーシャル・インデックス」と呼ばれる，最初の社会責任投資インデックスを作成します。このインデックスでは，一定の倫理基準を満たした４００社の企業が選定されたため，「ドミニ４００」とも呼ばれます。このドミニ４００は市場平均を上回るパフォーマンスを示し，企業の利益追求と社会的責任は両立できることを示したのです。エイミー・ドミニ氏の活動を契機に，社会的責任投資は徐々に世界的に広まっていくこととなりました。

次に，ジャクリーン・ノヴォグラッツ氏について設立されたアキュメン・ファンドについて触れます。アキュメン・ファンドは，２００１年に，ロックフェラー財団等の資金を基にニューヨークで設立されました。アキュメン・ファンドは，アラヴィンド眼科病院の資金援助をしたことでもわかるとおり，発展途上国により重点を置いています。具体的には，発展途上国において，雇用を生み出し，社会に貢献するサービスを持続的に提供することが望めるビジネスの設立に投資することで，貧困問題の解決に寄与することを目指す起業ファンドです。アキュメン・ファンドは，医療，住宅，水，エネルギー，農業のインフラ分野において，社会的サービスや物品を提供する革新的なベンチャー企業の設立や人材育成に投資しており，どちらかというと，ドミニ・ソーシャル・インベストメンツと異なり，リターンを追求するというよりはむしろ，非営利的な組織であるといえるでしょう。ちなみに，2013年には，アキュメン・ファンドという名称からファンドをとり，アキュメンと呼ばれています。

ここでは，1つの文脈のなかでドミニ・ソーシャル・インベストメンツとアキュメンについて言及しましたが，実は大きな違いがあります。アキュメンの出資金の出どころは，政府や財団などの助成金や寄付金であり，ドミニ・ソーシャル・インベストメンツと異なり，出資先の多くは非営利組織です。このスタイルは，金銭的なリターンを得にくい分野で特に有効といえます。例えば，前述のNPO法人ティーチ・フォー・アメリカを創設したウェンディ・コップ氏と学生時代からの知り合いであるキム・スミス氏が，ジョン・ドウアー氏，ブルック・バイヤーズ氏とともに1998年に設立したニュースクール・ベンチャー・ファンドの事例において，そのことが当てはまるといえるでしょう。ニュースクール・ベンチャー・ファンドは，アメリカの貧困地域の公立校の教育の質を向上させるため、教育起業家の組織に支援金や援助活動を行っていますが、これは、金銭的なリターンを必ずしも得られない分野です。

一方で、ティモシー・フルンドリッヒ氏が共同経営者としてかかわるグッドキャピタルは、通常の営利企業と非営利組織との谷間に存在するソーシャル・エンタープライズに的を絞っているところに特徴があります。そこでは、個人投資家や機関投資家からの投資をもとに、通常の投資家向け資産運用会社と同様の形態で資金を運用する形態をとっています。もともと、ティモシー・フルンドリッヒ氏は、29歳から、ドミニ・ソーシャル・インベストメンツと同様にアメリカの社会責任投資の草分け的存在である、1995年に設立されたカルバート社会責任投資財団に勤務していました。その後、39歳の2007年に、グッドキャピタルを立ち上げました。

このような投資ファンドは、アメリカのみならずヨーロッパでも誕生します。具体的には、2007年以降、グラミン銀行と同様のマイクロ・ファイナンスで有名なブルーオーチャードの設立者である、ドウ・シュレーベル氏が考案したオアシスというファンドや、スイス出身の銀行家ティム・ラドジー氏が立ち上げたソーシャル・アルファ・ファンドなどが挙げられます。これらによる投資先の事業は、インフラ整備やヘルスケア、教育、エネルギーなど多岐にわたります。

環境問題に関連するソーシャル・アントレプレナー

ところで、アジアなどの発展途上国に行くと、廃棄物処理システムが未整備で、中間ごみ捨て場やごみ処理場では、ごみが高く積まれ、腐敗臭が漂っていることがよくあります。そしてそのなかに、ホームレスや、ウェスト・ピッカー、もしくはスカベンジャーと呼ばれる、いわゆるごみくずを拾い集めて生活している人をよく見かけます。そのなかには、小さい子も多く、彼らは場合によっては裸足でごみをあさったり、ごみの横で食事をしたりします。それはアジアに限らず、多くの途上国で見受けられる光景です。

ペルーのNPO法人シウダ・サルダブレの創始者兼事務局長であるルイス・アルビナ氏は、この問題に長年取り組んでいます。ペルーにおいても、ごみくずを拾い集めて生活している人は少なくなく、現地の言葉で彼らを呼ぶ呼び名こそあれど、尊厳や支援はほとんどない状態でした。そこで、ルイス・アルビナ氏は、リサイクル業の会社を立ち上げ、彼らを廃棄物処理サイクルのなかの、正規な組織で働く労働者として組み込むことで、その問題を解決することを試みたのです。それは、雇用を生み出すのみならず、ごみが有効な資源であり、ごみの分別やリサイクルの重要性、有料で回収することの必要性をペルーの人々に知ってもらう効果ももたらしました。その後、ルイス・アルビナ氏は、さらにペルーの廃棄物処理システムそのものの大きな変革を成し遂げるため、廃棄物処理システムに関する初めての法律づくりや、リサイクル業者向けのマイクロ・クレジット事業、再利用可能な材料を使ったリサイクル製品の販売など関連事業を次々と実施しました。

また、バングラデシュのダッカにある、シンハ・A・H・マクスード氏とエナイェチュラ・イフテカール氏によって設立されたウェイスト・コンサーンは、ごみのなかでも生ごみに着目して事業を行っています。具体的には、地域のごみを回収し、リサイクル可能なものを分け、残りの大半を占める生ごみを分別します。そして、生ごみを大きな容器に入れ、酸素量と温度を一定に保つことで、生ごみを分解、発酵させるのです。それにより生ごみは、堆肥に変わります。

ウェイスト・コンサーンが生ごみから作る堆肥を、バングラデシュにある大手肥料会社が大量に買ってくれたり、農家が次第に買ってくれたりするようになり、事業は着実に拡大し、国際的にも知名度を上げるようになりました。また、その後、ウェイスト・コンサーンは、ごみ処理場の付随施設として、有機ごみが発酵することで生じる有毒なメタンガスを発電に利用するバイオガス工場建設の事業なども行っています。

エネルギーもまた、ごみ問題と同様に環境問題に関して重要な分野です。化石燃料を使わない太陽光発電を発展途上国にいち早く導入することに貢献した会社として、セルコが挙げられます。セルコは、1994年に、インド中部の起業が盛んな都市バンガロールで、ハリシュ・ハンデ氏が設立しました。同社は、太陽光発電の設置・管理を主たる事業としつつ、1997年にはマイクロ・ファイナンス組織と共同で、低所得者向けのローンと太陽光発電の販売・管理サービスをセットで販売することを開始しました。その背景には、電気が届かないインドの多くの世帯にとって、太陽光発電は環境に良いだけでなく、現実的な技術として現地の状況に見合った便利なものであるということがありました。

しかしながら、その一方で、太陽光発電は初期導入費用が高く、日々の暮らしで精一杯である人々にとってとても手の届かないものでした。さらに、太陽光発電は、メンテナンス・フリーと思われているものの、一度少しでも故障してしまうと、技術者が多くない発展途上国の地域では、修理・改修ができず、場合によっては放置されてしまいます。そのようなことが原因で発展途上国においては、太陽光発電はなかなか普及しませんでした。そのような課題の解決のために、セルコは低所得者向けのローンと太陽光発電の販売・管理サービスを提供するというビジネスを行っているのです。

また、ブラジルの過疎の村でもインドと同様の課題はあり、ＩＤＥＡＡＳを設立したファビオ・ロサ氏は、ブラジルの過疎の村において、太陽光発電の普及に関するソーシャル・ビジネスを行っています。アショカなどアメリカの財団などの資金援助を受けながら、太陽光発電のリース事業で、地域へエネルギーを届けています。

エネルギーに限らず、発展途上国の地域における問題の1つに、流通の問題があります。流通の問題とは、要は、製品やサービスへのアクセスが悪いということです。太陽光発電に関するソーシャル・ビジネスでは、石油などの燃料のアクセスが悪い地域に、エネルギーを届けることができるということも重要な視点の1つでした。この流通の問題は、何もエネルギーだけではないのです。

そのような課題を、コミュニティ・エンパワーメント・ソルーションを立ち上げたグレゴリー・ヴァン・カーク氏は、小規模委託販売モデルによって解決しようと事業をはじめました。小規模委託販売モデルは、製品やサービス、技術が届きにくい地域の人々を、小規模事業家に育成し、地元の人々に様々なものを供給できるようにすることで、地域の経済システムを安定させ、持続可能なものにします。これは，いわゆる委託販売の形であり，それ自体は決して新しいビジネスモデルではありません。しかし，前述したとおり，特に発展途上国の地域にそれを導入することによる社会的効果・インパクトは，先進国の地域以上のものであり，そこに目を付けたソーシャル・ビジネスとなっているのです。この小規模委託販売モデルにより，地域には，料理ストーブやソーラーランタン，眼鏡などが流通するようになったといいます。

良い製品やサービスを発展途上国の地域に届けるには，このように流通システムをうまく整える必要があります。しかし，もちろんそこには良い製品やサービスがあるという前提があってのことです。高効率で格安の料理ストーブを開発しました。それにより，これまでインドやネパール，パキスタン，フィリピン，ペルー，ホンジュラス，グアテマラ，そして多くのアフリカの国の地域の人に，この高効率で格安の料理ストーブを届けることに成功しています。エンヴィロフィットは，同時に，「高効率の料理ストーブを使うことは，電気代の節約になると同時に環境にやさしい」というプロモーションを積極的にしており，人々の環境意識の変革を促す活動も行っています。

以上のような，発展途上国において，地域の流通システムを改善するという発想とは別の流通の視点で行うソーシャル・ビジネスもあります。代表的なものは，フェア・トレードでしょう。フェア・トレードとは，直訳すれば，公平な貿易のことです。現在のグローバルな国際貿易の仕組みは，経済的にも社会的にも弱い立場の発展途上国の人々にとって，場合によっては不公平であり，この国際貿易システムそのものが、貧困を拡大させる構造を持っているといわれます。この問題を解決するための手段として、フェア・トレードは存在し、そこでは、発展途上国の原料や製品が、適正な価格で継続的に取引されるのです。それにより、立場の弱い発展途上国の生産者や労働者の生活改善と自立を促す仕組みとなっています。

具体例として、例えば、ポール・ライス氏は、アメリカ大手のフェア・トレード商品第三者認証機関であるフェア・トレードＵＳＡの創設者であり、長い間ニカラグアで小規模農業生産者を支援してきました。ポール・ライス氏は、スターバックスのような世界的なカフェ・コーヒー専門店や量販店と契約し、コーヒー豆やカカオ、砂糖などのフェア・トレードを行いました。そのほかにも、フランスでは、トリスタン・ルコント氏が設立したアルタエコは、ボリビアのコーヒー豆、タイのコメ、パレスチナのオリーブ・オイルをフェア・トレードしているなど、フェア・トレードの事例はとても多くなっています。

●参考文献

神座保彦（２００６）『概論ソーシャルベンチャー』ファーストプレス。

経済産業省ソーシャルビジネス研究会（２００８）『ソーシャルビジネス研究会報告書』。

斎藤槙（２００４）『社会起業家―社会責任ビジネスの新しい潮流―』岩波新書。

谷本寛治（２００２）『企業のリコンストラクション』千倉書房。

谷本寛治（２００５）「企業とＮＰＯの組織戦略―ソーシャル・エンタープライズの組織ポートフォリオ―」『組織科学』38(4)、53－65頁。

谷本寛治編著（２０１５）『ソーシャル・ビジネス・ケース―少子高齢化時代のソーシャル・イノベーション』中央経済社。

塚本一郎・山岸秀雄編著（２００８）『ソーシャル・エンタープライズ　社会貢献をビジネスにする』丸善。

宮坂純一（２０１４）「ロシアから見たソーシャルアントレプレナーシップ論の現状―アライ『21世紀の初頭のソーシャルアントレプレナーシップ：基本概念と国別特徴』を読む―」『社会科学雑誌』９、２３１－２８２頁。

M. ユヌス著、岡田昌治監修、千葉敏生翻訳（２０１０）『ソーシャル・ビジネス革命―世界の課題を解決する新たな経済システム』早川書房。

渡邊奈々（２００５）『チェンジメーカー―社会起業家が世の中を変える』日経ＢＰ社。

渡邊奈々（２００７）『社会起業家という仕事―チェンジメーカーⅡ』日経ＢＰ社。

Darnil, S. and M. LeRoux (2005) 80 hommes pour changer le monde.（シルヴァン・ダルニル、マチュー・ルルー著、永田千奈訳『未来を変える80人―僕らが出会った社会起業家』日経ＢＰ社、２００６年）

Dees, J. G. (1998) The Meaning of "Social Entrepreneurship", https://centers.fuqua.duke.edu/

case/wp-content/uploads/sites/7/2015/03/Article_Dees_MeaningofSocialEntrepreneurship_2001.pdf, ２０１８年８月取得。

Global Entrepreneurship Monitor (GEM) (2009) 2009 Report on Social Entrepreneurship.

Porter, M. and M. Kramer (2011) Creating Shared Value: Redefining Capitalism and the Role of the Corporation in Society, *Harvard Business Review*, January and February 2011.（マイケル・ポーター、マーク・クラマー著、編集部訳「共通価値の戦略」『DIAMONDハーバード・ビジネス・レビュー２０１１年６月号』ダイヤモンド社、２０１１年）

Schwartz, B. (2012) *Rippling -How social entrepreneurs spread innovation throughout the world.*（ビバリー・シュワルツ著、藤﨑香里訳『静かなるイノベーション―私が世界の社会起業家たちに学んだこと』英治出版、２０１３年）

第10章 日本の地域におけるソーシャル・アントレプレナーシップと評価

◆地域のソーシャル・アントレプレナーシップとコミュニティ・ビジネス

ソーシャル・アントレプレナーシップやソーシャル・ビジネスのなかでも地域に着目したものは、特に日本では、コミュニティ・ビジネスと呼ばれています。ここでは、社会問題の解決のためのソーシャル・ビジネスのうち、地域社会の問題を解決するための事業をコミュニティ・ビジネスと定義しましょう。

コミュニティ・ビジネスにおいて、地域社会が抱える問題を解決していくためには、まず、地域の新しい可能性を引き出していく、コミュニティの再生に結びつく取り組みが必要です。ここまで、コミュニティという言葉と地域という言葉の2つを、あまり明確に定義せずに、同様の意味で使ってきましたが、実は、この言葉にこそ地域の特徴を知る大きな意味があります。

そこで、議論の大前提として、まず、コミュニティとは何かという基本論点について考えてみましょう。社会学者であるジョージ・ヒラリー氏によると、そもそも、コミュニティという用語には複数の定義が存在することを踏まえ、その定義を検討すると、地域、社会的相互作用、共通の絆、の3点が、共通するものとして挙げられるとしています。また、広井良典氏によると、コミュニティという言葉と、その概念についての理解や定義は多様であると断ったうえで、コミュニティとは、そこにいる人・メンバーが、何らかの帰属意識をもち、かつその構成メンバーの間に一定の連帯、相互扶助、支え合いの意識が働いているような集団であるとしています。

これらのことを総じていえば、コミュニティは、一定の地域の共同生活で繰り広げられる生活空間における共同性や相互作用で生み出される価値意識ということができます。コミュニティは、地域住民が、生活者の視点で生活の場を見直し、共通の問題への関心のもと、共同の力で地域問題を解決していくための活動の場であるといえるのです。

したがって、コミュニティにおける重要な事業主体は、地域住民の要望を把握している住民自身であり、さらに、地域社会を基盤として成り立つ非営利活動法人や地域住民組織であるといえるでしょう。これらの個人や組織による活動が、地域の諸問題を解決し、今後のあり方を自己決定していくことになるのです。

今日の地域社会では、物質的豊かさのみならず、精神的・文化的な豊かさを含めた生活の質の向上が重要視され、そのための住民主体の地域社会の総合的再構築、つまり、住民の暮らしの保障・充実のための相互扶助的・協働的な仕組みの構築が強く要請されています。

それでは、そのコミュニティにおけるコミュニティ・ビジネスとはどういうものなのでしょうか。それを考える際、以下に述べるような点に留意する必要があります。コミュニティ・ビジネスという言葉には、ビジネスという言葉が入っており、企業や経済活動がメインのようにも聞こえます。しかし、あくまで、重きを置くのは、コミュニティのほうであり、地域に根差した活動や組織です。

現在では、もちろんそのようなコミュニティ・ビジネスを行う、地域に特化した営利企業も多いため、一概にはいえませんが、これまでは、主にその役割は非営利活動法人や地域住民組織であったことはすでに述べました。したがって、コミュニティ・ビジネスの議論では、そのような非営利活動法人や地域住民組織に言及されることが多いのです。繰り返しになりますが、あくまでビジネス要素を持った非営利活動法人や地域住民組織がコミュニティ・ビジネスの主体なのです。

コミュニティ・ビジネスという用語は、イギリスにおける地域再生の取り組みのなかから１９７０年代後半以降に登場してきたものであるといわれています。日本においては、市場でも政府でも解決できない課題に取り組むものとして、１９９０年代半ば以降から登場しました。その後、１９９５年の阪神・淡路大震災を契機として、地域再生やボランタリーな市民活動への関心が高まるなか、地域問題解決のための新たな手法として脚光を浴びるようになりました。日本におけるコミュニティ・ビジネスは、地域社会に関わる様々な事業活動を、幅広い意味で捉える傾向にあり、例えば、コミュニティビジネス総合研究所の細内信孝氏は、コミュニティ・ビジネスを、住民主体の地域事業、つまり、生活ビジネスとして位置づけています。そして、その活動内容を、福祉、環境、情報、観光・交流、食品加工、まちづくり、商店街の活性化など、幅広いものとしています。また、コミュニティ・ビジネスの形態としては、中小零細企業、市民事業、非営利活動法人、協同組合、自治会の一部と重なるものが多いと指摘しています。

コミュニティ・ビジネスとは、ここまで見てきたように、概して、地域社会における社会貢献のための地域社会に根差した事業性・収益性のある活動ということができますが、その定義については、複数あります。例えば、中小企業庁が発行する『中小企業白書』では、従来の行政（公共部門）と民間営利企業の枠組みだけでは解決できない、地域問題へのきめ細やかな対応を地域住民が主体となって行う事業であるとし、社会貢献性の高い事業であると同時に、ビジネスとしての継続性も重視される点で、いわゆるボランティアとは異なる性格を持っているとしています。

また、『中小企業白書』では、その特徴を、①地域住民が主体である、②利益の最大化を目的としない、③コミュニティの抱える課題や住民のニーズに応えるため財・サービスを提供する、④地域住民の働く場を提供する、⑤継続的な事業または事業体である、⑥行政から人的、資金的に独立した存在である、としています。

そのほかにも、経済産業省によると、コミュニティ・ビジネスは、地域問題解決を主要な内容とするコミュニティの創造（まちづくり）のための具体的なアクティビティから出発し、次の4つに分類されるとしています。1つめは、地域資源活用型まちづくりで、地域産業の振興や地域文化・自然条件などの資源を活かしたまちづくりです。2つめは、地域問題解決型まちづくりで、地域住民の暮らしに共通するごみ・環境・過疎・商店街再生などの地域問題を共同管理していくためのまちづくりです。3つめは、地域生活支援型まちづくりで、高齢者の生活支援や人にやさしいまちづくりなどがこれに当たります。4つめは、地域起業就労型まちづくりで、地域の生活要望に根差し、生活に密着して、高齢者・障がい者の就労の場を創出するというものです。

ソーシャル・アントレプレナーシップやソーシャル・ビジネスにおいては、その成り立ちの背景などから、環境分野に関する取り組みも重要視されていることは既述のとおりです。その一方で、コミュニティ・ビジネスにおいては、その主眼がコミュニティにあることもあり、環境に特化したものは環境コミュニティ・ビジネスと呼び、より明確に区別する傾向があるといえます。経済産業省によると、地域の、特に環境に着目したものを、環境コミュニティ・ビジネスと位置づけており、**図表10－1**に示しているとおり、リサイクル事業や、新エネルギー事業、省エネルギー事業、環境配慮型交通システム事業、環境学習など様々なものを挙げています。

環境コミュニティ・ビジネスは、コミュニティ・ビジネスのうち、地域の環境保全や環境改善、リサイクル活動など環境分野に関する収益性のある事業に、地域の企業・非営利活動法人・市民団体等の地域コミュニティを形成する主体が連携・協働しながら取り組み、地域が抱える環境問題を解決することで、地域コミュニティをよりよくするものです。そして、それゆえ、環境コミュニティ・ビジネスにより得られる効果は、経済産業省によると、①環境負荷の削減と地域環境の改善、②事業活動

〔図表10－1〕　環境コミュニティ・ビジネス分野例

事業分野	事　例
新エネルギー	太陽光発電・太陽熱利用、風力発電
省エネルギー	エネルギー効率化、家庭版ESCO
リデュース	廃棄物の発生抑制
リユース	不用品（家具、パソコン等）の再活用
リサイクル	再生資源の利用促進、廃棄物のリサイクル
廃棄物処理	廃棄物の適正処理、不法投棄の防止
農業利用	生ごみ堆肥化、剪定枝・間伐材等の堆肥化
燃料利用	廃食油燃料化、生ごみバイオガス化
環境配慮型交通システム	コミュニティ・バス、カー・自転車シェア事業
緑化・自然的空間	屋上・壁面緑化、緑地の創出、ビオトープ
環境配慮型商業拠点	地域通貨・エコマネー、エコポイント
情報化推進	ポータルサイトによる環境情報提供
野生動植物の保護	希少動植物の保護、移入種への対処
ふれあいの場	里山・農地保全、自然公園での活動
水環境	水質改善（河川、湖沼、干潟、沿岸域等）
土壌環境	土壌浄化、農薬の適正散布、地下水の保全
環境マネジメント	リスクコミュニケーション、企業の環境配慮
環境コンサルティング	環境改善に資する事業のコンサルティング
有害化学物質	シックハウス症候群対策、汚染物質回収
環境学習	環境学習メニュー提供、エコツアー企画

（出所）経済産業省（2007）より筆者作成

を通じての地域経済・社会の活性化、③地域住民の主体参加・連携を通じての地域コミュニティの再生（再活性化）、④活動者および周囲の協力者の満足感・生き甲斐の４つであるといわれています。

◆コミュニティ・ビジネスにおける事業主体としての非営利活動法人

コミュニティ・ビジネスにおける事業主体は様々ですが、後述する事例にみられるとおり、非営利活動法人が担う役割は小さくありません。そこで、コミュニティ・ビジネスにおける事業主体としての非営利活動法人についてみていくこととします。

非営利活動法人の活動分野

そもそも、非営利活動法人とは、どのような組織でしょうか。非営利活動法人の存在意義に関しては、すでに様々に議論が展開されています。その代表的なものは、市場の失敗と政府の失敗を乗り越える存在、つまり、市場によっても政府によっても供給されることが難しい分野において財やサービスの供給を担うものとしての位置づけです。非営利活動法人は、特定非営利活動促進法にも掲げられているとおり、特定の公益的・非営利活動を行うことを目的とする法人です。

また、非営利活動法人は通称ＮＰＯ法人とも呼ばれ、この通称はNon-Profit Organization、またはNot For Profit Organizationに由来し、営利に非ざる組織、または営利のためではない組織となります。非営利とは、団体の構成員に収益を分配せず、主たる事業活動に充てることを意味しています。つまり、収益を上げることを制限するものではありません。しかし、非営利活動法人の事業を論じるうえで、利益を創出する過程をどのように理解するべきかという問題が生じます。

一般に、非営利活動法人という概念には多様な事業組織が含まれ、そのなかには恒常的に利益を生み出しているものもあれば、まったく利益が生み出されないような事業運営がなされているものも含まれます。しかし、非営利活動法人論においては、事業活動を行った結果として利益が生み出されたとしても、生み出された利益の分配に対して制約が課せられている点が強調され、その際、利益という用語を使用せず、剰余金または余剰利益という言葉が使われます。

また、非営利活動法人の活動分野は多岐にわたります。具体的な活動分野は、特定非営利活動促進法に掲げられているとおり、①保健、医療または福祉の増進、②社会教育の推進、③まちづくりの推進、④学術、文化、芸術、スポーツの振興、⑤環境の保全、⑥災害救援活動、⑦地域安全活動、⑧人権の擁護および平和の推進、⑨国際協力、⑩男女共同参画社会の形成の促進、⑪子どもの健全育成、⑫情報化社会の発展、⑬科学技術の振興、⑭経済活動の活性化、⑮職業能力の開発、雇用機会の拡充の支援、⑯消費者の保護、および前述の活動を行う団体の運営または活動に関する連絡、助言または援助となっています。これらは、公益性を有すると考えられている分野です。

近年の日本経済において、非営利活動法人は、年々存在感を増しており、１９９８年の特定非営利活動促進法の制定以来、数多くの非営利活動法人が認証を受けてきました。その右肩上がりの推移は、注目に値します。では、非営利活動法人は、どのようにして、自らの活動を実施していくのでしょうか。その指針こそが、ミッションと呼ばれるものです。ミッションとは、日本語で社会的使命と呼びます。このミッションを自ら規定し，社会に掲げることにより，特定の組織である非営利活動法人が，公益的な活動を，非営利で行うのです。

NPOのパフォーマンス・戦略と課題

非営利活動法人のパフォーマンスは，営利企業と異なり，利益水準ではなく，ミッションの達成度によって測ることが重要だと考えられます。非営利活動法人が，パフォーマンスやミッションの達成度を高める戦略には，事業的手法と非事業的手法の2つのアプローチがあるといわれています。

事業的手法を用いた戦略には，既存の製品やサービスの改善や，新市場の創出，事業の多角化などがあり，非事業的手法を用いた戦略には，非金銭的な労働力の活用や，提供物資の活用，非事業性収入の獲得などがあるといわれています。そして，事業的手法における重要な点は，直接的便益と社会的便益を同時に実現する仕組みづくりや，負担者のメリットの向上，経営の視点の保持があり，非事業的手法における重要な点は，ビジョンの可視化や，活動内容のアピール，活動成果のフィードバックがあります。

営利と非営利は決して対極にある概念ではなく，非営利活動法人は，状況に応じて事業的手法と非事業的手法を柔軟に組み合わせ，自らの志向性や能力，活動分野の特性，ビジネスとの親和性の高さなど，内外の諸要因を踏まえて戦略を選択することが重要なのです。

このように事業性と非事業性が同居することで生まれる戦略の幅の広さこそが，非営利活動法人の大きな強みであるといえるのです。とはいえ、やはり、非営利活動法人の活動の幅にも限界はあります。それゆえに、多様なステークホルダーが協働することで、それぞれの課題を補い合うことが重要となるのです。

次に、非営利活動法人の課題についてみていきましょう。非営利活動法人が抱えている最大の課題として、収入の確保の問題が、よく挙げられます。収入総額の規模が小さい法人ほど、収入の確保を課題として挙げる法人は多く、たとえ非営利とはいえ、組織や事業の存続には、安定的な収入の確保は欠かせません。また、収入規模が大きくなると、今度は、資金繰りや人材育成、組織のマネジメントなど、活動の質に関する課題を挙げる法人の割合が高くなるといわれています。

次に、非営利活動法人の自立性と財源の多様性に関しての議論を整理しましょう。例えば、レスター・サラモン氏は、非営利活動法人が必要な資源を獲得することの困難性をボランタリーの失敗(Voluntary Failure)として指摘しています。また、石田英夫氏は、非営利活動法人が利潤最大化を目的としないこと、公共性はあるが税金によって供給されない財やサービスを供給すること、の2点を考慮すれば、資金的基盤をいかに確保するかの議論なしでは非営利活動法人による継続的な公共財および公共サービスの供給はされ得ないと指摘しています。

加えて、石田氏は、非営利活動法人における継続的供給と自律性という2つの要素を合わせて非営利活動法人の自立性として定義し、多様な財源から資金を獲得することが重要な影響を及ぼすことについて論じています。非営利活動法人の財源となるものには、個人や企業からの寄付金・会費、行政

〔図表10－２〕　資金調達の方法とその概要

方　法	概　　要
所有資産	事業の主たるメンバーが所有する現金や資産により賄う
寄付金	活動の意義・目的・内容に賛同してくれる個人や企業などの団体からの寄付を募る
会費	活動や事業の結果、何らかの恩恵を受ける個人や企業などの団体に会員登録してもらい、年会費などを支払ってもらう
補助金・助成金	地方自治体や中央省庁・地方局、財団などの補助金・助成金を活用
委託事業	地方自治体や中央省庁などから協働に基づき業務の委託を受ける
事業利益	活動・事業により提供する商品やサービスに応じて得られる資金
融資・借入	民間金融機関、政府系金融機関などからの融資・借入
出資	組合やLLC（Limited Liability Company：有限責任会社）を設立し、事業の賛同者から資金を募り事業を実施する
債券・株式	合同会社および株式会社の場合は債券の発行が、株式会社の場合は株式の発行が制度上は可能
市民ファンド・ソーシャルファイナンス	個人などが直接事業主体に出資するケースと、投資会社に出資し、投資会社が事業主体に投資するケースがある

（出所）経済産業省（2007）より筆者作成

や企業からの補助金・助成金、行政や企業からの委託費事業、そして事業収入による自主財源などがあり（**図表10－2**）、これをいかにバランスよく、本来の非営利活動法人としてのミッションを見失わずに組み合わせるかという工夫が必要不可欠といえるのです。このことは、コミュニティ・ビジネスをどのようにして持続的に運営していくかということと共通しています。

◆日本における事例

ここから、日本におけるソーシャル・アントレプレナーシップとまちづくりの事例を紹介したいと思います。ここでは、非営利活動法人やソーシャル・エンタープライズ、ソーシャル・アントレプレナー、コミュニティ・ビジネス、まちづくりの例を、少しずつではありますが、幅広く取り上げます。

代表的な事例

まず、1993年に宮城治男氏により設立された特定非営利活動法人エティックについて触れましょう。名前のエティック（ETIC）とは、Entrepreneurial Training for Innovative Communities の頭文字を取ったものであり、この法人は、文字どおり、次代を担う起業家型リーダーを育成し、社会の変革に貢献することを活動理念としています。設立者の宮城治男氏がこの活動をスタートさせたのは大学2年生の時であり、以来20年以上、起業家教育に関する、実践型インターンシップなど様々なプログラムを提供し続け、多くの人材を輩出しています。現在の理事には、後ほどご紹介するNPO法人ケア・センターやわらぎ代表理事の石川治江氏やMistletoe株式会社代表取締役社長兼CEOの孫泰蔵氏が名を連ねています。

次に、アショカ・フェローにも選定された片山ます江氏を取り上げます。片山ます江氏は、

1999年に神奈川県横浜市で、金子伸一氏とともに社会福祉法人伸こう福祉会を立ち上げました。片山ます江氏は、1976年、空き家となった企業の独身寮を転用する形で老人ホームを開所し、手頃な価格で高品質な高齢者介護を実現した独身寮改装型福祉施設を発案し、社会福祉に関する活動にそれ以降従事します。

また、日本の高齢者介護施設としては業界で初めて、品質マネジメントシステムの国際規格であるISO9001認証を取得するなど、常に先進的な手法で地域の社会問題解決に取り組むまちづくり活動を実施してきました。2010年には、社会福祉法人伸こう福祉会は足立聖子氏に引き継がれ、足立聖子氏は、片山ます江氏とともにアショカ・フェローにも選定されました。

また、日本における在宅福祉サービスのパイオニアともいえる、ソーシャル・アントレプレナーとして、NPO法人ケア・センターやわらぎや社会福祉法人にんじんの会の代表を務める石川治江氏が挙げられます。NPO法人ケア・センターやわらぎは、看護師とソーシャル・ワーカーを一緒に派遣したり、24時間365日のサービスを最初に打ち出したり、社会福祉の分野で先進的・革新的なことを行っています。

そのほかにも、社会福祉に関する事例は、高齢者対策のみならず、子育て支援や障がい者支援など数多くあります。具体的には、知的障がい者通所授産施設を立ち上げ、同時に障がい者による豆腐や豆乳の製造・販売を行っている、社会福祉法人はらから福祉会や、病児を預かる在宅保育事業を行っている、特定非営利活動法人フローレンス、イギリスのビッグ・イシューの日本版である、有限会社ビッグ・イシュー日本、福岡を拠点として、地域密着型子育て応援情報誌の出版を中心に、環境・食育などの社会テーマについての広報誌制作・イベント・事務局業務受託など、子育て支援を核としたまちづくりや人材育成・NPO支援などの業務を行っている、株式会社フラウなどがあります。

特定非営利活動法人フローレンスでは、子育て経験者を保育スタッフとして登録することで自宅預かり保育を図り、また月会費制の利用者の共済型モデルとすることにより、経費削減と収入の安定化を図るビジネスモデルを確立しました。このビジネスモデルは、優れた事例として様々な媒体で取り上げられています。その創設者である駒崎弘樹氏は、学生時代からITベンチャーの社長として活躍していたものの、その後転身し、ソーシャル・アントレプレナーとして同事業を立ち上げました。駒崎弘樹氏は著書も多く、メディアなどに取り上げられることも多いです。

また、複数の分野をうまく組み合わせて事業を実施している例として、就労支援と都市内交通サービスを組み合わせた、川口加奈氏が設立したNPO法人Homedoorが挙げられます。Homedoorでは、大阪の二大問題であるホームレス問題と放置自転車問題を一挙に解決すべく、2012年より自転車シェア事業のHUBchariを運営しています。この事業では、都市内の複数ステーションで自転車を自由に使える自転車シェア事業において、ホームレスの人々に、事業の管理・運営や、特技である自転車修理を活かせる中間的就労の場を提供しています。そのほかにも、使い捨てされるビニール傘を、ホームレスの人々や生活保護受給者らが修理し、リサイクル販売するHUBgasa事業や、ホームレス状態にある人々への夜回り活動の定期的な実施など、様々な事業を行っています。

また、自転車シェア事業に関連して、電動アシスト自転車による自転車シェア事業や駐輪場事業、超小型モビリティ・レンタル、カーシェア事業など幅広い事業を地域の大学生とともに実施している、NPO法人タウンモービルネットワーク北九州（2018年10月よりI-DO（アイディオ）に法人名を変更）があります。NPO法人タウンモービルネットワーク北九州は、植木和宏氏により設立された、日本国内ではあまり多くない事業型NPO法人として稀有な事例であるといえるでしょう。

まちづくりや途上国支援に関する取り組み事例

他にも、まちづくりや環境問題に取り組む団体は多岐にわたっており、竹石研二氏により2000年に設立されたNPO法人市民シアター・エフは、埼玉県深谷市において、酒蔵を利用した映画館である深谷シネマを運営し、定期的に映画を上映したり、深谷ドキュメンタリー映画祭を開催したりしています。

農業分野に関する事例としては、曽根原久司氏によって2001年に設立された、NPO法人えがおつなげてが挙げられます。NPO法人えがおつなげては、山梨県北杜市において、限界集落となってしまったまちにある遊休農地を再生させるため、都会の若者や外国人、地元や東京の企業を巻き込んで、様々なプロジェクトを実施しています。

また、都会と地方をつなげる活動や地域を活性化させる活動をしている団体として、秋元祥治氏が創業、現在も理事をされているNPO法人G-netがあります。NPO法人G-netは、岐阜市内の経済の衰退化を目の当たりにした秋元祥治氏が、地域の問題を自分の問題として主体的に取り組み、挑戦する人材を育てることが地域を活性化する鍵になると、2001年に学生団体として立ち上げたことに端を発する団体です。学生団体として期間限定のプロジェクトの後、岐阜のために一緒になにかやろうという支援者の声や周囲の期待から事業の継続を決意し、2003年NPOの法人化を行い、長期実践型インターンシップである「ホンキ系インターンシップ」のコーディネートや起業・中小企業支援事業を行っています。

人材育成や教育に関して、特に有名な団体に、今村久美氏が2001年に立ち上げ、2006年に法人化したNPO法人カタリバがあります。NPO法人カタリバは、設立以来、高校生を対象に、大学生など少し年上の先輩と体育館で車座になって対話することにより、高校生の心に火を灯すワークショップ形式の授業、対話型キャリア学習プログラム「カタリ場」を実施し、高校生へのキャリア教育活動を行っています。

ここまで、主に国内における活動をしている事例を挙げてきましたが、日本におけるソーシャル・アントレプレナーシップの事例のなかには、世界の事例と同様に発展途上国支援を行っているものもあります。例えば代表的なものは、本木恵介氏、村田早耶香氏、青木健太氏が共同代表を務めるNPO法人かものはしプロジェクトです。カンボジアやインドの地域を対象とし、児童買春をなくすため、現地に産業を興したり、警察支援を行ったりしています。

また、中村俊裕氏が創設者兼CEOを務めている一般社団法人コペルニク・ジャパンも、異なるアプローチで途上国支援を行っています。コペルニク・ジャパンのアプローチは、現地の人が必要としている技術、例えば、簡易浄水器やソーラーライト、調理用コンロなどを、非営利とビジネス両方の手法で現地に届けることで、途上国支援を行っている点にあります。その仕組みは、募った寄付金をもとに製品を現地に届け、現地パートナーが製品を販売すると売上から現地パートナーの経費を引いた額がコペルニクへ返済され、さらなる製品購入のために再投資されるというものです。したがって、プロジェクトが実施されればされるほど、さらに多くの人々にテクノロジーが届く仕組みになっているのです。

ソーシャル・アントレプレナーシップを持った企業の事例

ソーシャル・アントレプレナーシップの事例として、非営利活動法人を中心としてここまで紹介してきましたが、企業での事例も少なくありません。田口一成氏が２００７年に設立した株式会社ボーダレス・ジャパンは、「ソーシャル・ビジネスしかやらない会社」として、数多くのソーシャル・ビジネス事業を手がけています。同社が手がける各事業は、独立した事業ブランドとして子会社化し、それぞれに社長を置いて、活動しています。例えば、多国籍コミュニティ・ハウスとしてのシェアハウス事業「ボーダレス・ハウス」は李成一社長が、バングラデシュ都市部の貧困層に雇用を生み出す革製品の企画・販売を行う「ビジネス・レザー・ファクトリー」は原口瑛子社長、オーガニック農業を行う「ボーダレス・ファーム」は田崎紗綾香社長が、事業を行っています。特筆すべき点は、社内において、実務を通じたソーシャル・アントレプレナーの育成・教育・ネットワーク構築をしている点であるといえるでしょう。例えば、流通網が乏しいミャンマーの貧困村を対象として、モノを届ける物流インフラ事業を行っている「ボーダレス・リンク」は、当時、入社1年目の加藤彩菜氏が起業しました。加藤彩菜氏は、中央大学の学生時代に発展途上国の貧困問題を目の当たりにし、誰もが自分の未来に希望をもてる世界にしていきたいと、ソーシャル・ビジネスをやることを決意、ボーダレス・ジャパンに就職しました。その後、入社8か月で単身ミャンマーに渡り、同事業を立ち上げたのです。ミャンマー人と国際結婚し、現在は、ボーダレス・リンクの副社長として事業に携わっています。このようなボーダレス・ジャパンの取り組みは、企業が主導するソーシャル・ビジネスの今後の大きな可能性を示しています。

そのほかにも特筆すべき活動を行っている企業は多くあります。例えば、以下のような企業が挙げられます。

例えば、働きたくても育児などで働く機会がない主婦のネットワークを築き、主婦目線を活かしたマーケティング支援や、働きたい女性と企業をつなぐチーム型クラウドソーシングを展開する、株式会社キャリア・マム（創業者：堤香苗氏）が挙げられます。他にも、建築×不動産×テクノロジーを掛け合わせて、起業家や何か事業をやりたい人同士がつながる場を提供する事業を行っている株式会社ツクルバ（代表取締役CEO村上浩輝氏、代表取締役CCO中村真広氏）や、言葉の問題を解決して、外国人にも暮らしやすい日本にしたいと、日本語サークルのメンバーであった戸嶋浩子氏と吉澤弥重子氏によって２０１２年に設立された、ひらがなネット株式会社などがあります。

ひらがなネット株式会社は、日本に暮らす外国人に向けて、ひらがなを中心としたやさしい日本語で情報を発信したり、やさしい日本語への翻訳、冊子やリーフレット等の制作をしたりしています。

また、教育に関する事業を実施している企業としては、森健志郎氏によって設立された株式会社Schooがあります。株式会社Schooは、様々なジャンルや業界から講師を招き、毎日新しい授業を生放送で配信する教育系動画配信サービスを行っています。その他にも、２０１０年に水野雄介氏によって設立されたライフイズテック株式会社（設立当時、ピスチャー株式会社）は、２０１１年より中学生・高校生が参加する国内最大級のＩＴ教育プログラムであるライフイズテックを運営しています。ライフイズテックでは、スマートフォンアプリやＷＥＢ、ゲーム開発などのプログラミングと、ウェブデザイン、メディアアート、音楽、アニメーションなどのデジタルアートという最新のＩＴ技術を学ぶことによって、中学生・高校生の創造する力を培い、つくる技術の習得を目指すプログラムを提供しています。なお、このライフイズテック株式会社は、プロサッカー選手として有名な本田圭佑氏のファンドであるKSK Angel Fundの第一号の投資案件であり、伊藤忠テクノロジーベンチャーズや、ジャフコ、電通デジタル・ホールディングスなど大手企業からの投資を受け、その活動が広く期待されている企業であるといえるでしょう。

また、俳優である伊勢谷友介氏が代表を務める、リバース・プロジェクト株式会社では、社会課題を「素材」、「システム」、「概念」で解決していくというコンセプトのもと、様々なプロジェクトに取り組んでいます。例えば、環境に配慮した制服を広めるプロジェクト「全日本制服委員会」を実施しており、虎ノ門ヒルズで館内配送を担当するヤマト運輸のスタッフの制服を手がけています。また、大塚家具と協働し、アン・ティーク ニューティークという名のブランドを立ち上げ、買い取った古い家具をクリエイターがモダンなデザインにアレンジして販売することも行っています。そのほかにも、途上国支援や食、教育に関する事業など、様々な分野の事業を手がけています。

◆コミュニティ・ビジネスにおけるＮＰＯの事業戦略と評価の事例分析

本節では、コミュニティ・ビジネスの評価事例として、植木和宏氏により設立されたＮＰＯ法人タウンモービルネットワーク北九州を取り上げます。前述したとおり、当該法人は、日本国内では事業型ＮＰＯ法人として稀有な事例であり、評価対象の事例とするにふさわしいといえるでしょう。そこでまず、当該法人の概要をご紹介しましょう。なお、当該法人は２０１８年10月より法人名をI-DO（アイディオ）に変更しましたが、本書では従来の名称で以降統一して呼称することとします。

ＮＰＯ法人タウンモービルネットワーク北九州の概要

ＮＰＯ法人タウンモービルネットワーク北九州は、２００２年４月に任意団体として設立された後、まず、北九州市にあるモノレールの利用促進のためのレンタサイクル事業の社会実験「レンタサイクル＆モノライド社会」に参加しました。これを契機に本格的に自転車を主とした事業を行うべく、2003年3月に、非営利活動法人タウンモービルネットワーク北九州として登記し、同年10月には、現在まで続く事業である、門司港における観光型レンタサイクル事業（レンタサイクル事業）を開始しました。

その後、2004年10月には、のちに当該法人の主要な事業となる駐輪事業の社会実験を、福岡県北九州市の小倉都心部で、「駐輪快適計画社会実験」として実施しました。その後、この社会実験は、2005年5月に本格的な事業として実施され、現在でも当該法人の主要事業として継続されています。また、その間、自転車利用の補完的事業として、カーシェア事業も開始しました。ここで、着目すべきは、当該法人のミッションはあくまで自転車の利用促進にあり、自転車では不便な状況を補完するための自動車利用（カーシェア）であるという位置づけを明確にしている点です。したがって、カーシェア事業の拡大や、カーシェア事業による利益の獲得を目的としていない点が特徴的といえるでしょう。

そして、2006年4月には、駐輪事業とともに当該法人の主要事業となる交通安全教育事業を開始しました。具体的には、「北九州交通公園・交通安全センター」の管理・運営を、北九州市指定管理者に選定され開始したのです。また、2006年7月には、新たな交通安全教育事業として、全国初自転車免許「北九州市自転車運転免許証制度」を開始しました。続いて2008年11月には、自転車の安全で安心な利用促進を目的とした自転車イベント事業「サイクルツアー北九州」を開始し、２０１３年度の大会では、参加者が約１０００人に達するほどの大規模なイベントとなりました。

その後、２０１０年４月からは、レンタサイクル事業を応用したものとして、電動アシスト自転車のみによる自転車シェア事業であるシティバイク事業を開始します。そして、２０１８年には、中国発の自転車シェアサービス提供会社である ofo Japan および北九州市と業務提携、協働して、シティバイク事業の規模を拡大させています。そこでは、ユーザーは、電動アシスト自転車のみならず、世界21か国の２５０都市以上ですでに広まっている ofo のシェア自転車を、スマートフォンにアプリをダウンロードし、自転車のＱＲコードを読み取ることで借りることができます。

ＮＰＯ法人としての収益事業

初期の頃の２００５年度は、駐輪場事業が収入と費用のほとんどを占めており、当該法人の主たる事業でした。そして、２００６年に交通安全教育事業をはじめてからは、駐輪場事業と交通安全教育事業の２つが、当該法人の事業の主たる事業となっていきます。

ちなみに、事業の費用に関して、最も顕著なことは、その約半分が人件費であることです。ＮＰＯ法人にとって、いかに人件費が重要であるかがわかります。人件費とは具体的に、理事長、理事、事務職員、駐輪場の巡回員、アルバイトのための人件費です。その次に多い費用が変動費です。ここにおける変動費とは、具体的に、事業に係る旅費、通信費、保険料、自転車などの修繕費、光熱費、消耗品費、広告費、雑費などです。

さて、駐輪場事業は、当該法人の事業のなかでは主軸の事業になっていることは前述したとおりですが、当該法人の駐輪場事業の運営にあたっては、行政による比較的大規模な駐輪場事業を補完する形態で運営されていることに留意する必要があるといえます。当該法人は、まちなかの違法駐輪対策として駐輪場事業を開始した経緯がありますが、その間、行政も駐輪場施設設置を含む違法駐輪対策を実施してきました。行政の違法駐輪対策は、まず、自転車放置禁止区域を設定し、違法駐輪を撤去する代わりに、比較的大きな駐輪場事業を運営するというものであるといえます。一方で、当該法人の領域とするものは、商業施設や公共交通機関の駅前周辺の小規模の、主に私有地のスペースにおける駐輪場事業など、行政の駐輪場事業だけでは解決できない領域かつ民間事業者も導入ノウハウを有していない領域でした。

例えば、具体的に、北九州市小倉駅前において、小倉駅北口、小倉駅南口、西小倉駅の公共交通機関の結節点かつ広いスペースがあるところでは、行政がそれぞれ、自転車４７０台とバイク（１２５CC以下）30台（小倉駅北口）、自転車３０５台とバイク（１２５CC以下）50台（小倉駅南口）、自転車２６９台とバイク（１２５CC以下）21台の比較的大きな規模で駐輪場事業を行っている一方、当該法人は、例えば、公共交通連絡通路（東側、西側）の端や、デパート（旧ラフォーレ原宿、コレット）の前に、自転車１９４台、１７５台、１３１台、１０９台と、行政の駐輪場の規模と比べて小さい規模の駐輪場事業を行っています。また、行政による駐輪場が日々の通勤・通学の駐輪利用を

〔図表10－3〕　駐輪場事業の構造

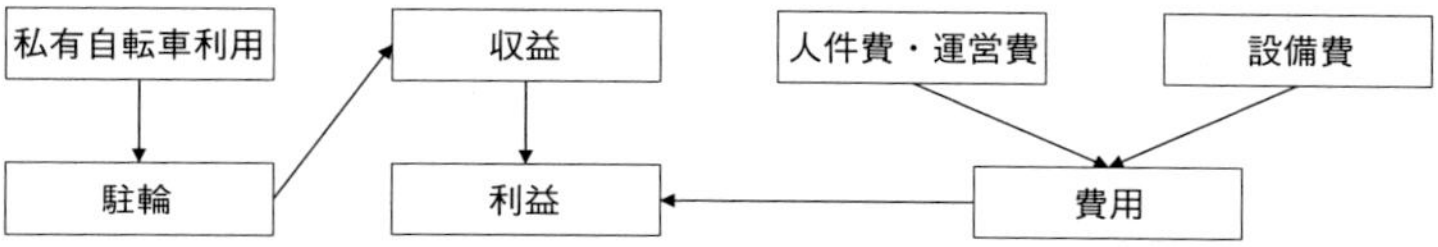

（出所）筆者作成

対象としており、料金設定が１日１００円など、日単位で設定されているのに対し、当該法人が行う駐輪場事業は、買い物利用などを対象にしているものもあるため、料金設定も１日単位の設定のみではなく、２時間まで無料、２時間以後24時間ごとに２００円など、時間により異なった料金設定をしているのです。

また、当該法人の駐輪場事業における、駐輪場の日ごとの稼働率をみてみましょう。ここでいう稼働率とは、駐輪場の駐輪可能台数に対して、１日に何回の利用があったかを表しているものです。当該法人が運営している駐輪場事業の稼働率は、毎年約80％に及んでいます。

駐輪場の稼働率が高い、もしくは高くなるということは、当該法人にとって３つの大きな意味を持ちます。１つめは、駐輪場に駐輪する自転車が多いということは、それだけ自転車を利用している人が多いということです。これは、環境負荷の少ない移動の促進や人々の健康増進につながります。２つめは、駐輪場に駐輪する人が多いということは、自転車の放置をしていない人が多いということです。これは放置自転車の削減という社会課題の解決につながります。３つめは、駐輪場に駐輪する人が多いということは、駐輪場事業の事業収益となっているということです。

これらの関係を含めて、駐輪場事業の構造は、**図表10－3**のとおりに表すことができます。具体的には、自転車利用を促進することで、自転車を持つ人が増え、自転車を利用する人が増えます。その結果、駅周辺など外出先による駐輪需要が増えます。駐輪する人が増えることにより、駐輪場に駐輪するための料金を利用者は支払うので、それが事業運営主体の収益につながります。一方、費用としては、駐輪機器が初期費用としてかかるものの、運営自体は、巡回や受付などのための人件費がかかるのみとなり、比較的、事業の採算性の予測がしやすい事業であることがわかります。つまり、社会的課題を解決する事業でありながら、比較的採算をとることのできる事業といえるのです。

新しい事業としての電動アシスト自転車シェア事業

NPO法人タウンモービルネットワーク北九州は、駐輪場運営事業を主たる事業としつつ、新しい事業に積極的に取り組む点に特徴があります。その1つが、前述した、2010年からはじめた電動アシスト自転車シェア事業です。

ここで、自転車シェア事業をよくご存じない方に簡単に説明すると以下のようになります。自転車シェア事業に似た事業としてレンタサイクル事業があります。レンタサイクル事業は、1か所で自転車を借りて、その場所に借りた自転車を返すというレンタル事業です、一方で、自転車シェア事業とは、シェア（共用）専用の自転車を、地域にある複数のステーションで相互に貸出・返却を可能とした交通システムのことです。日本では、別名、自転車共用システム、コミュニティサイクル、バイクシェアリングとも呼ばれます。

日本における自転車シェア事業は、パリやロンドンなどの海外の有名な事例と比較すると規模が小さいところに特徴があります。その背景には、様々な要因があることが指摘されていますが、それらのうち、重要な要因として、地下鉄やバスなどの公共交通機関がかなり発達していることや、自転車保有率が高いこと、さらに、放置自転車対策として、公共交通機関の駅周辺に駐輪場事業とレンタサイクル事業がすでに行われており、海外の事例と比べると大規模な自転車シェア事業を実施することの効果がそれほど高くないと思われていることなどが挙げられます。

ＮＰＯ法人タウンモービルネットワーク北九州が実施する北九州の自転車シェア事業においても、北九州市には、すでに一定程度の自転車保有率があり、鉄道やモノレール、路線バスなどの公共交通も充実しているという状況がありました。しかし、それでも移動が不便な場所というのは必ず存在します。当該法人は、北九州市内において、そのような点に着目して自転車シェア事業を開始しました。

規模の大きくない自転車シェア事業において重要なことは、いかに戦略的かつ効率的に、地域内にステーションを配置するかです。**図表10－4**の北九州の自転車シェア事業の空間利用コンセプトおよびステーション配置図を見てください。その空間利用コンセプトについて言及すると次のようになります。

まず、地域の中心となる小倉駅は、ＪＲ線とモノレールの交差するところに位置していることがわかります。そして、その小倉駅の周辺が、商店街などがある、いわゆる都市中心部となっています。

〔図表10－4〕　北九州の自転車シェア事業に関わる空間利用コンセプト

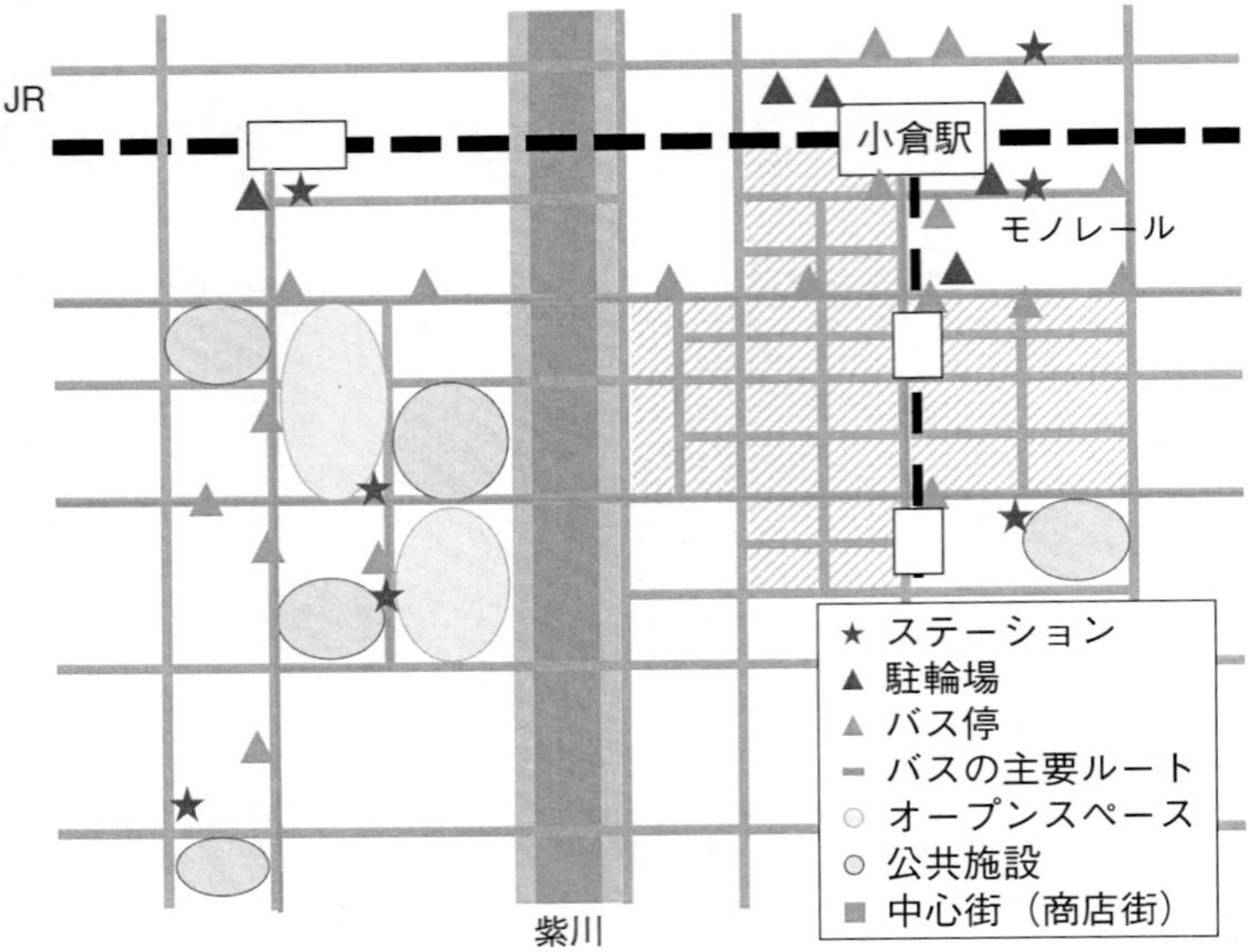

（出所）筆者作成

それゆえ、バス停や駐輪場もその近辺に設置されています。

その一方で、都心部からやや離れた位置に公共施設やオープンスペースがあり、紫川という比較的大きな川により、それらが分断されているかのような配置となっています。中心市街地の内部やオープンスペースは、大きな車両が進入できないこともあり、バスのルートは、十分にきめ細かく地域を結びつけているとはいえない状況となっているのです。

そこで、その地域をきめ細かくつなぐ機能を担うために、電動アシスト自転車のステーションが戦略的に配置されているのです。基本的には、鉄道の駅と公共施設やオープンスペースの周辺にステーションが設置されています。**図表10－5**

〔図表10－5〕　空間利用コンセプト図における月平均利用回数

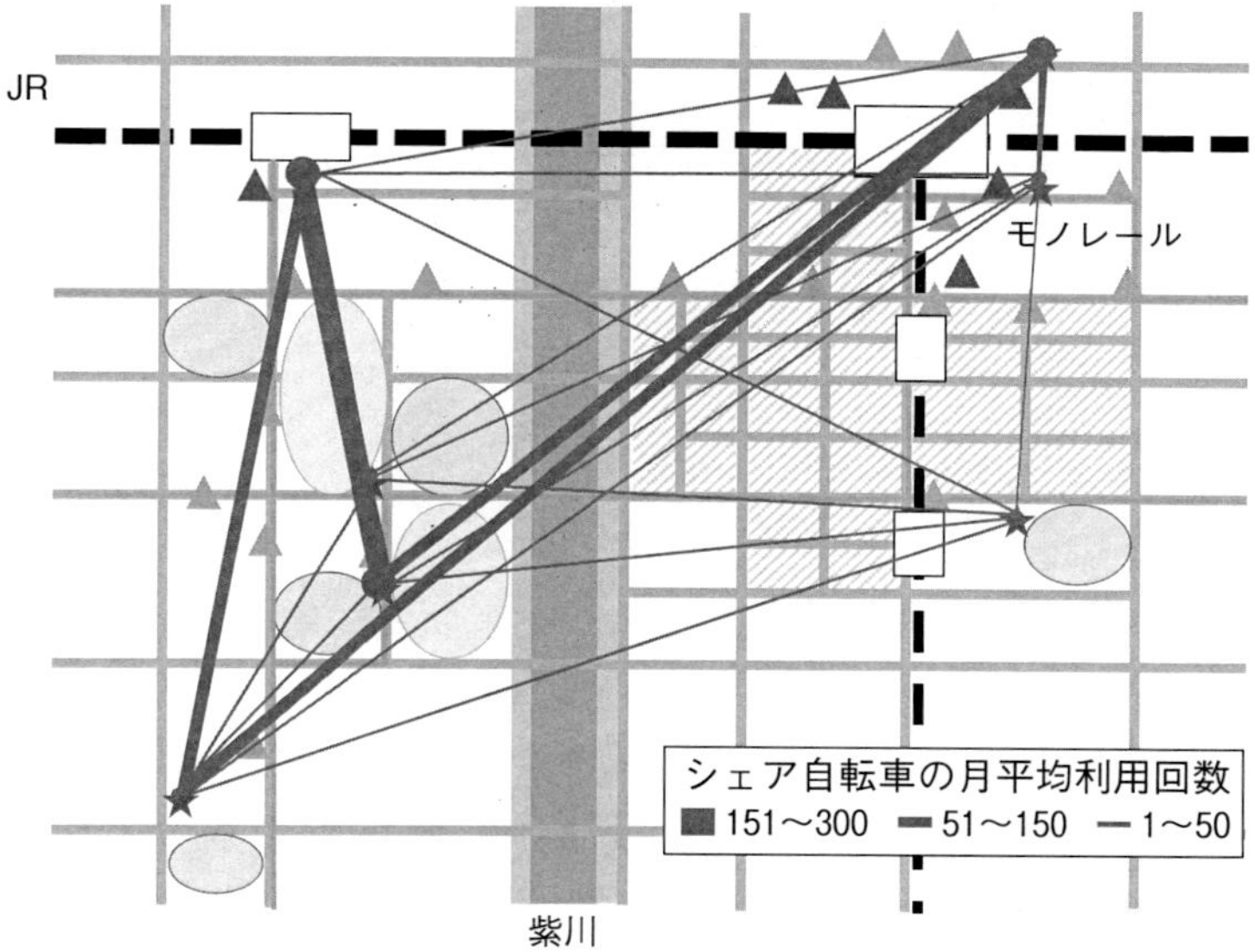

（出所）筆者作成

は、空間利用コンセプト図における月平均利用回数を表したものですが、ステーションを中心として、分断されている地域をうまくつないでいることがわかると思います。

この電動アシスト自転車シェア事業では、他にも様々な工夫が行われています。例えば、この自転車シェア事業の運営スタッフは、事業の総括、戦略立案、事務、総務に携わる常勤スタッフに加えて、上述した当該法人の関連事業のうち、交通安全指導を行っている常勤スタッフ、さらに、実際にまちなかで自転車シェア事業と駐輪事業を見回り、自転車運転の安全指導や、設備の美化、機器のチェック、緊急時の即時対応等を行うジョブシェアの経験豊富な非常勤スタッフがいます。

〔写真10－1〕　電動アシスト自転車シェア事業

特徴的な点として、それらの運営スタッフは、自転車シェア事業だけでなく他の関連事業にも幅広く携わっていることが挙げられます。自転車シェア事業のステーションが隣接されている、活動の拠点である小倉駅近くにある事務所では、自転車シェア事業を含む様々な事業の日常業務のなかで発見した課題や、事業の改善案、さらに、新しい事業案を柔軟に協議・実行できる環境にあります。また、スタッフは、常勤、非常勤にかかわらず、地域活性化、環境美化など、市や関連団体が地域で開催するイベントやその他の関連事業にも、積極的に参加することで、地域とのつながりを密に保つことができるのです。また、自転車シェア事業の1日利用者向けには、そのようなスタッフが、対面でのシステムの説明や、簡単な観光案内まで行うなど、柔軟な対応を適宜行っています。

また、前述したように、2018年4月には、中国発ベンチャー企業の自転車シェアサービス提供会社であるofo Japanと業務提携し、海外からの観光客への対応や、規模の拡大を図っています。異なるシステムが同じ事業で運営される事例は，国内外を見ても珍しく，ここにも，それぞれの強みを生かしながら，事業を運営していこうという戦略を見てとることができます。しかしながら，本書執筆中の２０１８年10月末に，ofo Japan が日本市場から撤退したため，業務提携は，わずか半年で解消されました。このことはコミュニティビジネスを地域で持続的に行うことの難しさと，地域に根差した運営主体の存在の重要性を象徴しています。

事業評価の視点と手法——採算性分析と費用便益分析

では，ここから，そのような事業をどのように評価すべきかという点について話を進めていきたいと思います。まず，事業評価の視点と手法について整理しましょう。特に，採算性と社会的便益性に着目します。事業の評価は，事業の投資効率性や波及的影響，実施環境といった多様な視点から総合的に行うべきものであり，そのなかで，ある事業がその投資に見合った成果を得られるものであるかどうかを確認することが重要です。事業評価にあたっては，事業の投資効率性を評価し，その結果を事業採択時の判断材料の1つとして活用するのです。その際，投資効率性について，純現在価値（ＮＰＶ：Net Present Value），費用便益比（ＣＢＲ：Cost Benefit Ratio），内部収益率（ＩＲＲ：Internal Rate of Return）の3指標がよく使用されます。

まず，純現在価値は，各期の便益（Ｂ）から費用（Ｃ）を差し引いた額の割引後の合計です。ここで，割引とは，割引率を用いて，ある時点での価値を，基準時点の価値で評価することをいいます。

通常、事業の費用や便益の発生は数年から数十年にわたり、ある時点で支払う（または、得られる）経済的価値は、その数年から数十年後に支払う（または、得られる）経済的価値より大きいと考えられるため、割引率を設定して、その経済的価値を基準年にそろえる操作を行うのです。

次に、費用便益比についてです。公共事業の評価では、よくこの費用便益比が用いられます。これは、事業に要した費用の総計に対する事業から発生した便益の総計の比率であり、その値が1以上であれば、総便益が総費用より大きいことから、その事業は妥当なものとして考えられます。

最後に、内部収益率ですが、上記の2指標のような割引率を用いない指標として知られています。割引率を用いる際、最も重要な視点として、割引率の値の設定があります。例えば、国土交通省のマニュアルでは、国債の実質利回りを参考に4％を用いることが多いとされていますが、割引率の値の設定によって、純現在価値と費用便益比は大きく変わります。特に、純現在価値は、その変化が著しいものとなります。そこで、内部収益率を求めることが重要になります。内部収益率は、各期の便益の割引後の値の総計が、各期の費用の割引後の値の総計と一致するような割引率を意味します。しかしながら、内部収益率は、その意味が直感的にはわかりにくいうえに、その値から事業の妥当性を検討するためには、比較の基準として用いる何らかの割引率が事後的には必要となるといえるでしょう。

ところで、事業の費用と便益の比較を行う場合、費用と便益の範囲をどこまで考えるかによって、いくつかの段階が考えられます。これを事業の採算性と社会的便益性という2つの視点から考えてみましょう。ここでは、事業評価における、採算性と社会的便益性の2つに対応して、採算性分析と費用便益分析の2つを考えてみましょう。

まず、一般的なプロジェクト分析として行われているのが、事業として採算がとれるかどうかを判断する採算性分析です。費用、収入とも実際の市場価格をもとに計算し、事業主体の収支を求めるもので、プロジェクトに関する企業の投資判断や銀行の融資判断等に利用されています。第三セクターによる収益事業や、公共事業でも、有料道路など事業性の高いものについては、採算性の分析が実施されています。採算性分析に関しては、純利益（ＮＰＶ）、収支採算性（Ｂ／Ｃ）、財務的内部収益率（ＦＩＲＲ）を算出します。

次に、費用と便益の範囲を、事業者のみではなく、社会全体に拡大したのが、費用便益分析といえます。評価の尺度として潜在価格を想定し、市場価格に修正して評価を行う手法で、公共投資プロジェクトの分析で注目されています。具体的には、例えば国道バイパスの建設による時間短縮を便益と考え、時間当たり賃金等を基準に金銭化して積算し、建設費と比較するというものです。公共事業の多くが、無償の便益を発生させており、費用便益分析の対象となり得ます。

例えば、自転車シェア事業による社会的な便益を考慮に加えた費用便益分析を行う際、社会的な便益として、移動費用の削減、移動時間の削減、交通渋滞緩和、健康増進、環境負荷の低減などが考えられるのです。費用便益分析では、純便益（ＮＰＶ）、費用対効果（Ｂ／Ｃ）、さらに、経済的内部収益率（ＥＩＲＲ）の算出をします。

電動アシスト自転車シェア事業の事業評価と考察

それでは、前項で整理した事業評価の考え方を基に、実際に当該法人が実施している電動アシスト自転車シェア事業の評価を行いましょう。まず、自転車シェア事業の基本的な収益構造に関して、この事業では、利用者がシェア自転車を使用すると、使用料および定期的に使う場合は会員として会員費を払うことになります。これが収益となるのですが、一般的に、自転車シェア事業は、会員数が多くなればなるほど、つまり、規模が大きくなればなるほど、設備費や人件費、運営費といった費用が大きくなります。例えば、大規模な自転車シェア事業においては、ステーション間の自転車利用に偏りが生じるため、その再配分のコストがかかります。また、大量の自転車のメンテナンスをする必要がでてくるため、大規模になればなるほど、運営に時間とお金を要することになるのです。

その一方で、そのような運営上の難しさがあるにもかかわらず、多くの都市で自転車シェア事業が導入される背景には、交通手段の確保といった交通の視点からの利点のみならず、公共交通の利用促進、渋滞緩和、健康促進地域コミュニティの活性化、環境負荷の削減など、多くの社会的便益をもたらすと考えられています。これらの社会的な便益および収益、費用は、詳細は紙面の都合上割愛しますが、**図表10－6**に示している算出式で計算することができます。

ここで、簡単にまとめると、採算性を見るには、収益と総費用のみを、社会的な便益を含めた社会的便益性を見るには、総便益と総費用との関係を見ることになります。前述の採算性分析と費用便益分析を、実際のデータを用いて計算した結果が**図表10－7**です。この結果を見ると、電動アシスト自

〔図表10－6〕　事業評価に係る項目と算出式

項目	単位	算出式
収益	円	＝［1日利用者数］×［1日利用料］＋［会員数］×［月会員費］
総便益	円	＝［移動時間費用削減による便益］＋［利用者費用削減による便益］＋［燃料使用量削減による便益］＋［混雑緩和による便益］＋［環境負荷物質削減による便益］＋［医療費削減による便益］＋［事故費用削減による便益］
総費用	円	＝［初期費用］＋［管理運営費］

〔図表10－7〕　分析結果

採算性分析				費用便益分析			
純利益（万円）		収支採算性		純便益（万円）		費用対効果	
割引率3％の時	割引率7％の時	割引率3％の時	割引率7％の時	割引率3％の時	割引率7％の時	割引率3％の時	割引率7％の時
－8,580	－8,790	0.36	0.32	－5,170	－5,870	0.61	0.54

（出所）筆者作成

転車シェア事業は、初期費用にかなりの額がかかることもあり、単独の事業としては、採算性がかなり低く、赤字の事業となることがわかると思います。また、費用便益分析の結果を見ても、費用対効果が、割引率3％、7％のどちらにおいても1を下回るなど、十分な費用対効果が示されないことがわかります。それでは、この電動アシスト自転車シェア事業は実施する価値がないのでしょうか。社会的な便益が一定程度あることを考えると必ずしもそうとは言い切れません。

駐輪場事業と電動アシスト自転車シェア事業の一体的運営と評価

それでは、どのようにすれば、この事業は実施される可能性があるのでしょうか。採算性を上げるには、まず、費用の削減と収益の増加が必要となりますが、それは、前述したように容易なことではありません。事業実施では、運営上の工夫が必要となります。NPO法人タウンモービルネットワーク北九州の事例において、その工夫とは何でしょうか。その工夫を簡単に説明すると、主として、駐輪場事業と電動アシスト自転車シェア事業を一体的に運営している点にあるといえます。収益性の高い駐輪場事業の運営ノウハウを生かし、駐輪場事業と電動アシスト自転車シェア事業を一体的に運営することで、費用の削減や収益および社会的便益の増加を達成しているといえるでしょう。

従来、駐輪場事業と自転車シェア事業は、別個の事業として考えられることが多かったといえます。しかし、両事業とも事業運営の管理運営ノウハウに関して共通する部分も多く、また、設備に関しても、統合することによるメリットはあります。**図表10－8**は、駐輪場事業と電動アシスト自転車シェア事業を一体的に運営する事業構造を示しています。

この運営上の工夫に関する戦略は、次のとおりです。まず、両事業に共通する目標の大前提として、自転車の安全で適正な利用の促進とそれと同時に公共交通利用の促進があることが挙げられます。適正な自転車利用を促進することにより、自転車利用および駐輪場事業の需要が高まるのです。したがって、その需要を満たし、違法駐輪が出ないように、駐輪事業を行います。

そして、公共交通を利用した後の目的地までの移動、いわゆるイグレス・トリップや、通常の自転

〔図表10－8〕 駐輪場事業と電動アシスト自転車シェア事業の一体的運営事業の構造

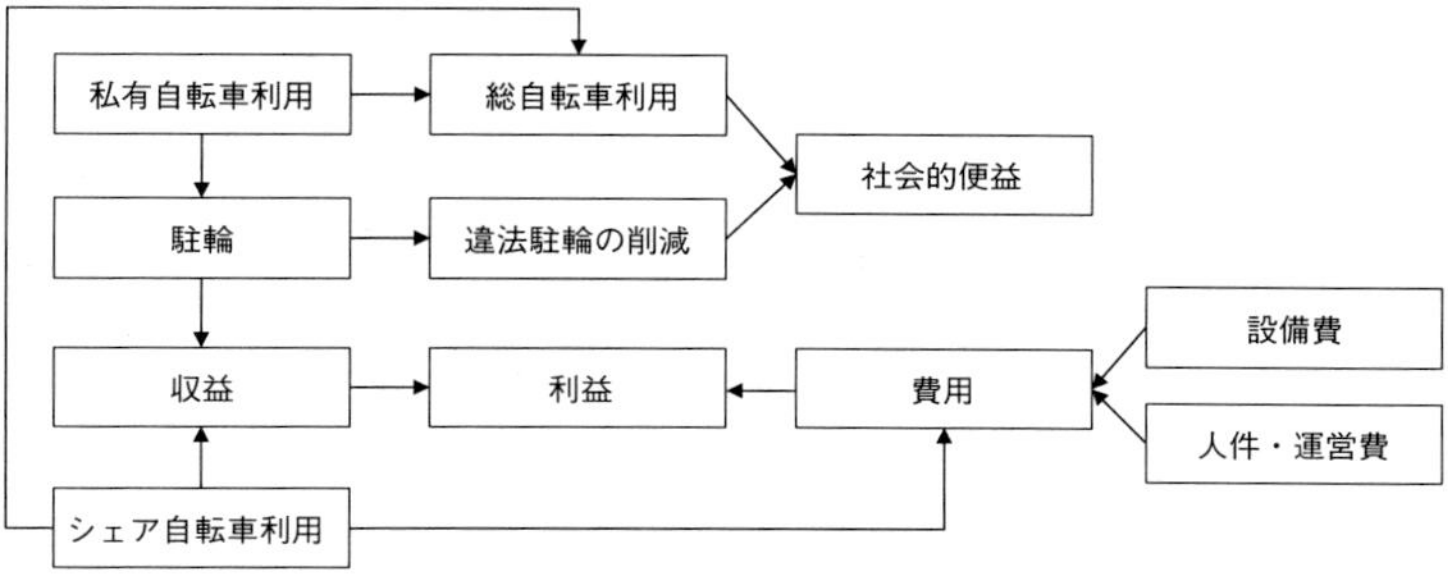

（出所）筆者作成

車では利用しにくいところなど、電動アシスト自転車シェアの需要があるところに、電動アシスト自転車シェア事業を導入するのです。その際、巡回員による、定期的な駐輪監視や自転車整備、まちなかの清掃活動など両事業に共通するところは一体して行うことができます。また、巡回員は、まちなかを巡回する際に、自転車シェア事業においてステーションごとに偏りが生じるシェア自転車の配分をすることもできます。したがって、両事業を一体的に運営することにより、運営上の費用は削減することができるのです。

また、事業運営において、例えば、駐輪場事業の会員と自転車シェア事業の一体的な会員制度は、会員費として得られる収入を、駐輪指導と自転車シェアの管理運営のみならず、地域の一体的な運営（エリア・マネジメント）に充てる根拠とインセンティブとなります。さらに、公共交通機関とも連携することができれば、駐輪場事業と電動アシスト自転車シェア事業のみならず公共交通とも共通する会員制により、その相乗効果はより大きくなるでしょう。通常、自転車シェア事業は、その他の

〔図表10－９〕　一体的運営評価のための追加算出式

項　目	算　出　式
追加的社会便益	＝［駐輪場事業の規模］×［駐輪場事業の稼働率］×365（日）×［違法駐輪による社会的費用］
追加的収益	＝［駐輪場事業の規模］×［駐輪場事業の稼働率］×365（日）×［駐輪料金］
追加的費用	＝［駐輪場事業の初期費用］＋［追加的管理・運営費］

〔図表10－10〕　一体的運営評価の結果

採算性分析				費用便益分析			
純利益（万円）		収支採算性		純便益（万円）		費用対効果	
割引率３％の時	割引率７％の時	割引率３％の時	割引率７％の時	割引率３％の時	割引率７％の時	割引率３％の時	割引率７％の時
701	－1,728	1.04	0.91	13,052	8,836	1.66	1.46

（出所）筆者作成

公共交通に競合する交通システムになると誤解される傾向があるのに対して、駅前駐輪場など公共交通機関の利用を明白に促進する駐輪場事業と一体化することで、自転車シェア事業もまた公共交通を促進する要素もあるということ示すことができるのです。

ここまで駐輪場事業の運営ノウハウを生かした、駐輪場事業と電動アシスト自転車シェア事業の一体的運営の利点や可能性について議論しました。次に、それらを前述した事業評価の手法を用いて評価してみましょう。

具体的には、**図表10－９**の計算項目を加えることで評価を行います。これは、主に、駐輪場事業による社会的便益と収益を加算することになる一方、費用は、前述のとおり、電動アシスト自転車シェア事業と共通するところがあるため、費用を按分することができ、低めに抑えることができるのです。つまり、ここでは、追加的な管理運営費は、通常の駐輪場事業のみの管理費よりも安くなります。

以上の計算式により算出された採算性分析および費用便益分析結果は、**図表10－10**のとおりです。**図表10－7**と比較すると、採算性は高くなり、割引率の設定値によってはなんとか黒字の事業になります。また、費用便益分析の結果からは、事業の社会的便益性は高く、事業を実施する意義がより認められることがわかると思います。

以上は、あくまで、対象事例のＮＰＯ法人における主たる事業のうち、２つの事業に特に着目して、戦略をわかりやすく分析・評価したものです。実際は、前述のとおり、交通安全教育事業の市からの指定管理者事業などにより、人件費の費用負担の削減などもっと複雑な構造となっています。しかしながら、ソーシャル・ビジネスを実施するにあたっては、収益事業と非収益事業をいかに組み合わせるかなどの視点が必要不可欠であり、ここで挙げた事例は、それを具体的に考えるうえで少なからず有効ではないかと思われます。

●参考文献

石田英夫（２００８）「『高い志』をもつ起業家と社会起業家」『東北公益文科大学総合研究論集』14号、１－22頁。

北九州市（2013）『北九州市立交通安全センター指定管理者募集要項』平成25年9月、北九州市市民文化スポーツ局安全・安心推進部安全・安心都市整備課。

経済産業省（2004）『はじめよう環境コミュニティ・ビジネス』。

経済産業省（2004）『コミュニティビジネス創業マニュアル―NPOなどを通じて地域課題に取り組むには―』。

経済産業省（2007）『ひろげよう環境コミュニティ・ビジネス―環境コミュニティ・ビジネス運営マニュアル―』。

斎藤槙（2004）『社会起業家―社会責任ビジネスの新しい潮流』岩波新書。

神野直彦・牧里毎治編著（2012）『社会起業入門―社会を変えるという仕事―』ミネルヴァ書房。

ソーシャルビジネス研究会（2008）『ソーシャルビジネス研究会報告書』経済産業省。

田中弥生（2006）『非営利活動法人が自立する日―行政の下請け化に未来はない―』日本評論。

中小企業庁（2004）『中小企業白書』2004年版。

塚本一郎・山岸秀雄編著（2008）『ソーシャル・エンタープライズ 社会貢献をビジネスにする』丸善。

中川雄一郎（2007）『社会的企業とコミュニティの再生』第2版、大月書店。

中村寛樹（2012）「北九州市におけるNPO主導型官民連携コミュニティサイクル事業シティバイクの戦略と特徴」『新都市』66⑷、65‐69頁、財団法人都市計画協会。

中村寛樹（2012）「北九州市におけるNPO主導型コミュニティサイクル事業シティバイクの戦略と特徴」『新都市』66(4)、65－69頁。

中村寛樹・濱田千夏・植木和宏（2013）「シティバイクで魅力的な地域づくり―北九州市職員も公務に利用、市民の貴重な足に―」『地域づくり』2013年6月号、32－33頁、財団法人 地域活性化センター。

日本経営診断学会編（2004）『コミュニティ・ビジネスの診断―公共性・共同性を意識して―』同友館。

服部篤子（2007）「社会起業家と事業型NPO（社会的企業研究会）」『社会運動325』28－36頁。

広井良典（2008）「『コミュニティの中心』とコミュニティ政策」『千葉大学公共研究』5(3)、48－72頁。

細内信孝（1999）『コミュニティ・ビジネス』中央大学出版部。

渡邊奈々（2005）『チェンジメーカー―社会起業家が世の中を変える』日経BP社。

渡邊奈々（2007）『社会起業家という仕事―チェンジメーカーII』日経BP社。

Hillery, G.A. (1955) Definition of community: Areas of agreement, *Rural Sociology*, 20(2), 111-123.

Nakamura, H. and Abe, N. (2014) Evaluation of the hybrid model of public bicycle-sharing operation and private bicycle parking management, *Transport Policy*, 35, 31-41.

Nakamura, H. and Abe, N. (2014) The Role of a Non-profit Organisation-run Public Bicycle-sharing Programme: The Case of Kitakyushu City, Japan, *Journal of Transport Geography*, 41, 338-345.

Salamon, L. M. (1987) Of Market Failure, Voluntary Failure, and Third-Party Government: Toward a Theory of Government-Nonprofit Relations in the Modern Welfare State, *Nonprofit and Voluntary Sector Quarterly*, 16 (1-2), 29-49.

索　引

〔欧文索引〕

〔和文索引〕

【あ】

【か】

【さ】

〈著者紹介〉

馬奈木俊介（まなぎしゅんすけ）

九州大学 主幹教授・都市研究センター長、ユヌス&椎木ソーシャル・ビジネス研究センター長

九州大学大学院工学研究科修士課程修了。米国ロードアイランド大学大学院博士課程修了(Ph. D.)。東北大学などを経て、現職。日本学術会議会員、OECD貿易・環境部会政府代表を兼任。学術誌 Economics of Disasters and Climate Change 編集長、IPCC代表執筆者、IPBES統括代表執筆者、国連「新国富報告書2023」代表。

専門：都市工学、経済学

著書：馬奈木（編著）『人工知能の経済学』ミネルヴァ書房（2018）、馬奈木『環境と効率の経済分析』日本経済新聞出版社（2013）

中村寛樹（なかむらひろき）

久留米大学　教授

東京工業大学工学部開発システム工学科卒業（学士（工学））。同大学院社会理工学研究科価値システム専攻修士課程修了（修士（工学））。同大学院理工学研究科国際開発工学専攻博士課程修了（博士（工学））。財団法人日本生産性本部、北九州市立大学、九州大学，中央大学，東京大学社会科学研究所准教授などを経て、現職。

専門：社会システム工学

著書：馬奈木・池田・中村『新国富論―新たな経済指標で地方創生』岩波ブックレット，岩波書店（2016）等

松永千晶（まつながちあき）

福岡女子大学　准教授

博士(工学)。九州大学大学院工学研究科修士課程、フランス・パリテック修士課程（エコール・ポリテクニク、国立土木学校、パリ国立高等鉱業学校）修了。九州大学などを経て、現職。

専門：交通工学、都市計画学

著書：馬奈木（編著）『豊かさの価値評価―新国富指標の構築』中央経済社（2017）共著等

持続可能なまちづくり
■データで見る豊かさ

2019年6月10日　第1版第1刷発行
2024年9月15日　第1版第2刷発行

著　者　馬奈木　俊　介
中　村　寛　樹
松　永　千　晶

発行者　山　本　　継
発行所　㈱中央経済社
発売元　㈱中央経済グループ
パブリッシング

〒101-0051　東京都千代田区神田神保町1-35
電　話　03（3293）3371（編集代表）
03（3293）3381（営業代表）
https://www.chuokeizai.co.jp
製版／三英グラフィック・アーツ㈱
印刷・製本／昭和情報プロセス㈱

ISBN978-4-502-29151-7　C3033